August Hess, Wilhelm Montenuovo

Die siebenbürgischen Münzen des Fürstlich Montenuovoschen

Münzkabinets

August Hess, Wilhelm Montenuovo

Die siebenbürgischen Münzen des Fürstlich Montenuovoschen Münzkabinets

ISBN/EAN: 9783743662445

Hergestellt in Europa, USA, Kanada, Australien, Japan

Cover: Foto ©ninafisch / pixelio.de

Weitere Bücher finden Sie auf **www.hansebooks.com**

DIE

SIEBENBÜRGISCHEN

MÜNZEN

DES

FÜRSTLICH MONTENUOVO'SCHEN MÜNZCABINETS

GESCHRIEBEN

A. HESS

MIT 6 TAFELN

FRANKFURT AM MAIN

ADOLPH HESS, BOCKENHEIMER LANDSTRASSE 55

1880

or etwa 10 Jahren wurde von Sr. Durchlaucht dem Fürsten Wilhelm von Montenuovo die Sammlung, deren Catalogisirung in den folgenden Bogen unternommen ist, begonnen und mit seltener Ausdauer, grosser Sachkenntniss und ausserordentlichster Munificenz im Laufe der Jahre zu dem Range der grössten Spezialsammlung siebenbürgischer Münzen erhoben, welche existirt. Auch nachdem die numismatischen Sammlungen des Fürsten immer weiter ausgedehnt, und anfänglich auf die übrigen österreichisch-ungarischen, dann auf die sudslavischen Länder, endlich noch auf ganz Italien und viele andere Nebengebiete erstreckt worden waren, blieb die siebenbürgische Abtheilung stets das Schooskind, welches vor allen andern Abtheilungen sich noch einer ganz besonders sorgfältigen Pflege zu erfreuen hatte und für welches kein Opfer zu gross war, wenn es galt, eine noch nicht vorhandene Variante zu erlangen.

So fanden sich denn zur Zeit, als die gesammte fürstlich
Montenuovo'sche Münzsammlung, oder besser gesagt, die
Sammlung von Sammlungen, welche das fürstlich Montenuovo'sche Münzcabinet bilden, in unseren alleinigen Besitz
überging, in der siebenbürgischen Abtheilung allein nahezu
2000 Stücke eingelegt, eine geradezu überwaltigende Anzahl,
wenn man bedenkt, dass in dem Werke von Erdy über
die Münzen Siebenbürgen's sich im Ganzen nur 807, bei
Széchényi aber sogar nur 467 verschiedene Stempel beschrieben
finden! Es mussten allerdings bei näherer Prüfung nicht
nur einige 30 Stücke als falsch, sondern auch in Folge
sorgfältigster Vergleichung eine weitere Anzahl von circa
120 Stücken als Doubletten ausgeschieden werden, die
wegen Erhaltungs- oder Gewichts-Differenzen, wegen Verprägungen oder dergleichen unwesentlichen Abweichungen
Aufnahme in die fürstliche Sammlung gefunden hatten.
Immerhin aber verblieb noch (mit Einschluss der auf über
100 Stücke sich belaufenden neueren österreichischen Gepräge
aus der Münzstätte Carlsburg, welche von der vorliegenden
Arbeit ausgeschlossen worden sind) die gewaltige Anzahl von
rund 1600 verschiedenen Stempeln siebenbürgischen Gepräges.

Diese ausserordentliche Sammlung, angelegt von einem
Sammler, dessen Tüchtigkeit und Sachkenntniss nur von
seiner fürstlichen Liberalität übertroffen wurden, zu dem
Zweck und mit der Idee, auf ihrer Grundlage einstmals
eine erschöpfende Monographie der siebenbürgischen Münzen
herauszugeben, war nun auf dem Punkte, wieder in alle

Winde zerstreut und auseinandergerissen zu werden, ohne
dass sich von irgend einer der berufenen Stellen ein Interesse
für deren Zusammenhalten wahrnehmen liess.

Glücklicherweise ermöglichte es da ein Zusammen-
treffen von günstigen Umstanden, die Zertheilung der
Sammlung noch auf einige Zeit zu sistiren, und wir zögerten
nicht einen Augenblick, die damit gewonnene Frist zur
Anfertigung eines detaillirten Verzeichnisses ihres Inhaltes
zu benützen, welches wir in den folgenden Bogen dem
Druck übergeben*).

Wir verbinden mit dieser Beschreibung der siebenbürgischen Sammlung keinen anderen Zweck, als eine

---

*) Leider waren, bevor der Entschluss der Catalogisirung der Sammlung gefasst
werden konnte, auf dringendes Ersuchen der betr. Reflektanten doch bereits einige
Stücke abgegeben worden, welche (zur Vervollständigung) hier in aller Kürze
wenigstens aufgezählt sein mögen.

Es sind dies:

1. Sigismund Bathory, 10 Ducatenstuck 1598, Wesz. t IV. 1.
2.   Ducat 1598, Wesz. t. IV. 7.
3.   Desgleichen, Varietät.
4. Gabriel Bathory, Ducat 1611, Wesz. t. VIII.
5.   Ducat 1612.
6. u. 7.   Ducat 1613, 2 Varietäten.
   (Die Nr. 1 bis 7 sämmtlich mit dem moldau-wallachischen Titel)
8. Stephan Bocskay, 10 Ducatenstuck 1605 (verschieden von unsere Nr. 31)
9. Gabriel Bethlen, 10 Ducatenstuck 1628 (Thaler-Stempel)
10. Georg Rakoczi I., 10 Ducatenstuck 1631 (wie unsere Nr. 832 bis 834, aus aus gothischer Schrift).
11. Georg Rákóczi II., 10 Ducatenstuck 1657 (Thaler-Stempel)
12. Michael Apafi, 10 Ducatenstuck 1671 (desgl.).
13. General Castaldo, die Medaille Nr. 33, in Silber
14. Die Medaille auf Georg Deidricius von Tekkendorf, Wiener Numismatische Monatshefte Bd. IV. pag. 325.

Constatirung des vorhandenen Materials vor seiner end-
gültigen Zerstreuung und werden einen genügenden
Lohn für die aufgewendete Mühe und den entstandenen
Zeitverlust darin finden, wenn unsere Arbeit den Münz-
sammlern, namentlich aber, wenn sie denjenigen Münzforschern von Nutzen sein könnte, welche einstmals die
Herausgabe einer erschöpfenden Monographie der so überaus
interessanten, in Bezug auf die wichtigsten Punkte, wie
Münzgeschichte, Erklärung der Münzzeichen u. s. w. aber
noch so wenig aufgeklärten siebenbürgischen Münzkunde
unternehmen werden.

Im Hinblick auf diesen Zweck musste mit einer ganz
besonders grossen Sorgfalt und Genauigkeit in der Beschreibung der Münzen zu Werke gegangen werden. Es
ist in dieser Hinsicht nichts unterlassen worden, um dem
Leser ein möglichst treues Bild der beschriebenen Münzen
zu geben und jede einzelne Stempelverschiedenheit so genau
als möglich zu charakterisiren*). Nur bei den kleinen
Münzen finden sich hier und da verschiedene, nur in der
Zeichnung oder durch kaum zu beschreibende Punkt-
verschiedenheiten von einander abweichende Stempel unter
einer Nummer vereinigt. Aus dem gleichen Grunde ist
besondere Sorgfalt darauf verwendet worden, die Erhaltung

*) Eine wiederholte Nachrevision hat leider doch noch eine Anzahl Druck-
und Schreibfehler ergeben, welche zu spät bemerkt worden sind. Da diesen Fehlern
auch noch einige Nachträge angeschlossen worden sind, empfiehlt es sich, die am
Schlusse befindlichen Berichtigungen bei der Benutzung des Cataloges zu berück-
sichtigen.

jeder beschriebenen Münze so genau wie möglich zu
bezeichnen und ferner durch Angabe der erfahrungsmassigen
Seltenheitsgrade den Zweck des Cataloges nach der prak-
tischen Seite hin zu fördern. Die angewendete Raritäts-
Bezeichnung (von R¹ in aufsteigender Folge bis zum
höchsten Seltenheitsgrade R⁸) ist schon seit Mionnet in
Gebrauch und bedarf daher keiner näheren Erläuterung; es
sei nur bemerkt, dass wir für die als einzige Exemplare
bekannten Stücke (welche Mionnet durch ein Sternchen
als »pièces uniques« bezeichnet) keine besondere Rubrik
geschaffen, sondern sie nur mit dem höchsten Seltenheitsgrade R⁸ bezeichnet haben.

Angesichts der möglichst genauen Beschreibungen ist
im Wesentlichen nur auf die Abbildungen bei Széchényi*)
und Weszerle**) Bezug genommen. Der zu Weszerle's
Tafeln gehörige Text von Erdy***) stand bei Anfertigung
des Cataloges nicht zu Gebote, wäre aber auch kaum
benützbar gewesen, da Verfasser von der magyarischen
Sprache, in welcher das Erdy'sche Werk abgefasst ist, leider
nicht eine Silbe versteht.

Nach dem Vorgange L. Reissenberger's in seiner be-
gonnenen, sehr fleissigen Arbeit über die siebenbürgischen

---

*) »Catalogus nummorum Hungariae ac Transilvaniae instituti Nationalis
Széchényani. Pars II. Pestini 1807«.

**) »Tabulae nummorum Hungaricorum. Weszerl. Josef Herausgegeben Erdy ge-
Táblái. Pest 1873«.

***) »Erdély érmei képatlaszszal, ko h Dr. Erdy János — Pesten 1862«

Münzen des Freiherrl. von Brukenthal'schen Museums zu
Hermannstadt, welcher wir manchen nützlichen Fingerzeig
für unsere Arbeit verdanken, beginnen wir dieselbe mit dem
1538 zwischen Ferdinand I. und Johann Zapolya zu Grosswardein abgeschlossenen Vertrage, welcher dem Letzteren
nebst den in seinem Besitze befindlichen ungarischen Gebiets-
theilen die Herrschaft von Siebenbürgen auf Lebenszeit recht-
mässig zusprach und damit die spätere gänzliche Loslösung
Siebenbürgens von Ungarn vorbereitete. — Wir schliessen
unsere Arbeit mit denjenigen Münzen Maria Theresia's,
welche durch Inschrift, Wappen oder Münzfuss sich noch
als speziell für Siebenbürgen bestimmte Gepräge ausweisen;
die spateren Münzen rein österreichischen Gepräges, welche
sich von den sonstigen österreichischen Landesmünzen nur
noch durch den Münzbuchstaben der Carlsburger Münzstätte unterscheiden, sind dagegen sämmtlich ausgeschieden
worden.

Bezüglich der Anordnung des Cataloges wurde in erster
Linie auf eine möglichst leichte Uebersichtlichkeit Bedacht
genommen, die rein chronologische Folge jedoch, die zwar
immer die logischste, für die praktische Benützbarkeit aber
nicht immer die zweckmässigste ist, nur in soweit verlassen, als es zur Erleichterung der schnellen Auffindung
absolut geboten erschien. Zur Abbildung sind nur solche
Stücke ausgewählt worden, welche entweder überhaupt noch
nicht bekannt, oder in den bekannten einschlägigen Werken
nicht, oder nur ungenügend abgebildet sind.

Wie bereits oben erwähnt, wurde aus der Sammlung eine Anzahl mehr oder minder täuschend hergestellter Falsificate ausgeschieden. Ausser diesen enthielt die Sammlung nur wenige nicht gleichzeitige Stücke, welche, wie die Nr. 133, 340 und 1004, mit der erforderlichen Bemerkung zur Vervollständigung unseres Cataloges Aufnahme gefunden haben. Die Nr. 339, Bleimedaille Moyses Szekely, fand sich in der Sammlung als Original eingelegt und besonders als solches hervorgehoben, wesshalb ihre Aufnahme erfolgt ist; angesichts der ziemlich verwitterten Erhaltung und des ungünstigen Metalles ist jedoch ein sicheres Urtheil über ihre Aechtheit kaum möglich. Die Existenz aechter numismatischer Denkmäler des genannten ephemeren Regenten erscheint uns übrigens um so problematischer, als die bekannten Medaillen mit Doppelkopf (unsere Nr. 323—328), welche man ihm gewöhnlich attribuirt findet, richtiger unter Rudolph II. einzutheilen sind, sammtliche uns bis jetzt vorgekommenen Exemplare der Nr. 339/340 in Gold sowohl als in Silber aber Becker'sches Machwerk waren.

Ausserdem bleiben noch einige in den Catalog aufgenommene Stücke unserer Sammlung zu erwähnen, deren Aechtheit nicht über alle Zweifel erhaben ist, die aber gleichwohl durchaus nicht als entschieden unächt betrachtet werden dürfen. Wir halten uns für verpflichtet, diese Stücke hier zu bezeichnen:

Nr. 51. Isabella Zapolya. Thaler 1557. Gewicht 28.; Grm.

     52. Halber Thaler 1557 . . .   13.0

  150. Christoph Bathori. Feldthal 1581er „   28.1

       (Der Thaler ist ächt, allein die letzte Ziffer 1 steht etwas tiefer
       wie die anderen Ziffern der Jahrzahl, woher der Verdacht ent-
       standen ist, es könnte eine vorher dagestandene o künstlich ent-
       fernt und die Ziffer 1 dann durch Vertiefung der umliegenden
       Stelle aus dem Grunde herausgearbeitet worden sein.)

  333. Wojwode Michael. Schauthaler 1600. Gewicht 26.; Grm.

       (vgl. das in der gediegenen Abhandlung über die Münzen der
       Moldau-Wallachei, in der Wiener Zeitschrift 1872, pag. 112, von
       D. Sturdza über diesen Punkt Gesagte.)

Grosse Raritäten wie diese, begegnen zwar bei Vielen
von vornherein Zweifeln gegen ihre Aechtheit, allein bei
den vorliegenden Stücken lässt sich sagen, dass ebensoviele
ernsthafte Kenner sich für als gegen ausgesprochen haben.
Obwohl wir selbst uns mehr auf die Seite der Letzteren
neigen, vermögen wir die Stücke daher nicht definitiv zu
verurtheilen, und lassen eine endgültige Entscheidung darüber
einstweilen in suspenso.

Dagegen wollen wir nicht versäumen, noch einige Bemerkungen beizufügen, zu welchen die Hermannstädter
Huldigungsmünzen Gabriel Bethlen's, unsere Nr. 559 —
562, Veranlassung geben. Es sind diese Münzen nämlich
insgesammt als falsch bezeichnet worden, von einer Seite
aus, welche zur Abgabe eines solchen Urtheils sehr com-
petent erschiene, wenn nicht ihre Uneigennützigkeit in
dieser Hinsicht berechtigtem Zweifel unterworfen wäre.
Dieser Umstand veranlasste aber immerhin eine wiederholte,
ganz besonders sorgfältige Prüfung der Nr. 559 — 562, in

Folge welcher wir zu der Ueberzeugung gelangt sind, dass
der Ducat Nr. 559 und der Silberabschlag Nr. 561, beide
von ein und demselben Stempel, unbedingt acht sind,
dass die 2 Ducatenklippe Nr. 560 und die mit dieser corre-
spondirende Dickmünze Nr. 562 aber ebenso unbedingt
von einem modernen Stempel herrühren, welcher nach dem
Originale sehr genau copirt ist. Die Exaktheit der Nach-
ahmung ist so gross, dass sie auch hier, wie bei den
Becker'schen u. a. Imitationen, jene Aengstlichkeit und Steif-
heit der Buchstaben und Linien bewirkte, welche allen,
auch den besten Fälschungen immer anhaftet. Als Merk-
male zur sofortigen Unterscheidung des falschen Stempels
von dem ächten genügt es in unserem Falle, auf folgende
Punkte aufmerksam zu machen:

1) Bei dem falschen Stempel ist der obere Anfangs-Strich der
sämmtlichen Buchstaben C immer nach oben zu geschweift und spitz
verlaufend, während er bei dem ächten nur wenig nach einwärts
biegt und mit einem kurzen, gleichmässig nach oben und unten
gerichteten Ansatzstriche abschliesst.

2) Die Buchstaben CHRI in der zweiten Reihe der Aufschrift
stehen alle in gleicher Höhe, bei dem ächten ist das C bedeutend
kleiner wie die folgenden Buchstaben.

3) Im Worte CORONET stossen die Buchstaben O und N dicht
aneinander, bei dem ächten sind sie vollständig getrennt, auch ist
das N bei dem falschen Stempel viel zu klein gerathen und steht
nur in gleicher Höhe mit dem O.

4) Die Perlen des inneren und äusseren Schriftkreises sind dicker,
plumper und weiter von einander abstehend, als bei den ächten
Exemplaren.

Fälschungen wie die besprochene verlieren stets, so-
bald sie einmal richtig erkannt worden sind, das Gefährliche

ihres Charakters und auch ein weniger geübtes Auge wird,
einmal darauf aufmerksam gemacht, nicht leicht mehr von
ihnen getäuscht werden. Schlimmer ist die Verwirrung,
welche die, sagen wir »Herausgeber« derartiger Fälschungen
öfters in den Köpfen wenig erfahrener Sammler dadurch
anzurichten verstehen, dass sie mit Absicht ächte Münzen
als falsch, falsche aber als ächt bezeichnen, dann aber, wenn
eine ihrer Fälschungen erkannt worden ist, keck die Be-
hauptung aufstellen, die betreffende Münze existire überhaupt nicht ächt. Dieses Treiben hat in gewissen Provinzen
leider bereits eine ziemliche Unsicherheit in der Beurthei-
lung der Aechtheit seltener Münzen hervorgerufen und es
wäre sehr zu wünschen, dass von befähigter Seite die
daselbst bekannt gewordenen neueren Fälschungen und die
damit zusammenhängenden Manipulationen einmal einer
kritischen Beleuchtung unterzogen würden.

Nach den obigen Bemerkungen können wir mit Be-
stimmtheit sagen, dass das in der Sammlung vorhanden
gewesene Material, in Bezug auf den Punkt der Aechtheit,
nunmehr derart gesichtet ist, dass alle in dem Vorwort
nicht besprochenen Stücke unseres Cataloges, soweit unsere
eigene Kenntniss und Erfahrung reichen, als unzweifelhaft
ächte betrachtet werden dürfen.

Wir haben uns über den Punkt der Aechtheit der ein-
zelnen Stücke der Sammlung so eingehend verbreitet, nicht
nur weil wir es für Pflicht erachten, unsere Erfahrungen
auf diesem Gebiete den Sammlern und Münzforschern zu-

gängig zu machen, wo sich die Gelegenheit dazu bietet,
sondern auch weil der Zweck, den wir im Auge haben,
die praktische Benützbarkeit des Cataloges für sammlerische
und wissenschaftliche Zwecke dies in erster Linie zu er-
fordern schien. Weit entfernt von irgend welchen wissen-
schaftlichen Pratensionen werden wir, wir wiederholen es,
vollständig befriedigt sein, wenn unsere Arbeit gleichzeitig
das Andenken an diese ausserordentliche Schöpfung eines
der tüchtigsten Sammler zu erhalten und künftigen wissen-
schaftlichen Forschungen auf dem theilweise noch so wenig
geklärten Gebiete der siebenbürgischen Münzkunde irgend
welchen Nutzen zu gewahren vermag.

Frankfurt a. M., März 1880.

A. HESS.

Nachweis
der erwähnten Werke.

Sz. — Széchényi's } Abbildungen. Siehe Vorwort pag. V *
Wesz. — Weszerle's }

> * Wo in unserem Texte das Citat der Abbildungen in den Werken in Klammern gesetzt ist, soll dasselbe nur zur Markirung des Typus dienen, stimmt also mit der beschriebenen Münze nicht völlig überein, nur bei den (eingeklammerten) Citaten ist die betr. Abbildung mit dem beschriebenen Exemplare einer Sammlung identisch.

Cat. imp. = Catalogue des monnaies en argent, qui composent une des différentes parties du Cabinet Impérial. Nouv. Ed. Vienne 1769.

M. en or — Monnaies en or, qui composent une des différentes parties du Cabinet de S. M. l'Empereur. Vienne 1759.

Maill. — Mailliet, Pr., Catalogue déscriptif des monnaies obsidionales et de nécessité. Bruxelles 1870—73.

Mad. = Madai, D. S., Vollständiges Thaler-Cabinet. Königsberg 1765—68.

Sch. — v. Schulthess-Rechberg, Thaler-Cabinet. Wien u. München 1840—67.

Cat. Sch. = Die Ritter von Schulthess-Rechberg'sche Münz- und Medaillen Sammlung. Als Anhang zum »Thaler-Cabinet«, bearbeitet von J. und A. Erbstein. Dresden 1868—69.

Köhl. D. C. — Köhler, Joh. Tob., Vollständiges Ducaten-Cabinet. Hannover 1759—60.

Racz. — Raczynski, Cte. E., Le Médailler de Pologne. Breslau 1838.

Zag. — Zagórski, J., Monety Dawney Polski. Warschau 1845.

Erklärung einiger Abkürzungen.

Grm. = Grammes.	m m	Millimeter
Stgl. = Stempelglanz.	leidl. erh.	leidlich erhalten
vorzügl. erh. = vorzüglich erhalten.	schl. erh	schlecht erh
s. sch. = sehr schön.	gch. — gehenkelt
s. g. e. == sehr gut erhalten.	gel. — gelocht.
g. e. == gut erhalten.	verg. — vergoldet

Uebersicht.

IOHANN I. von Zapolya

1538 — 1540,

Gegenkönig von Ungarn seit 1526, wird durch den Grosswardener Vertrag 1538 erblicher gesetzmässiger Fürst von Siebenburgen, er starb 22 Juli 1540.

Clausenburger Ducaten.

1. *Av.* IOANNES * D * G — R * HVNGARIE * die auf einem Halbmond sitzende Muttergottes, darunter, die Umschrift theilend, das Wappen Zapolya (ein aus einem Dreiberg steigender Wolf).

Rv. S * LADISLAVS   REX * 1538 Der stehende Heilige, links das Clausenburger Castell, rechts ein Schild mit einem steigenden Einhorn, darunter F — G (Frater Georgius Martinizzi, ungarischer Schatzmeister 1530—40).

Sz. t. 16. 6. — R· N· · · ·

2. Wie der vorige, aber im *Av.* IOANNES * D   G * R * VNGARI
R· N· · · · ·

3. Genau wie Nr. 1, aber mit 1539.
R· · · N· · · sch

4. Ganz wie Nr. 1 mit 1539, doch fehlt im *Rv.* das Münzmeisterzeichen F—G.
R· N· vorige · ch

5. Wie der vorige, aber im *Rv.* nach LADISLAVS ein Stern.
R· N· · · R· ·

6. Wie Nr. 1, aber 1539 * und statt des Münzmeisterzeichens F—G die Buchstaben P—P.
R· N· vorig · ch

7. Wie Nr. 1, aber 1540.
R· N· vorig · ch

8. Wie der vorige, aber mit S * LADISLAVS * — REX * 1540
R² — A' — s. sch.

9. *Av.* IOANNES * DEI * G * REX * HVNGARIE * Das gekrönte, qua-
drirte ungarische Wappen mit dem quadrirten Familienwappen als
Mittelschild; zu beiden Seiten F —G
Rv. S * LADISLAVS — REX * 1539 Der stehende Heilige wie bei
Nr. 1. Münzmeisterzeichen F— G
Wesz. t. 17. 12.   R² A' — s. sch.

10. Wie der vorige, aber im *Rv.* statt F—G, die Buchstaben P — P
R² — A' — s. g. c.

11. Wie der vorige, aber im *Rv.* ohne Münzmeisterzeichen.
R² — A' — vorzügl. erh.

12. Wie Nr. 9. aber 1540
R² — A' — s. sch.

Hermannstädter Ducat 1540.

13. *Av.* IOANNES * DG — R * HVNGARIE Die Muttergottes wie bisher,
darunter, die Umschrift theilend, das Familienwappen.
Rv. S * LADISLAVS — REX * 1540 Der Heilige wie bisher, zwischen
seinen Füssen eine Rosette, an den Seiten: links der Buchstabe H,
rechts das Hermannstädter Wappen (2 gekreuzte Schwerter unter
einer Krone), darunter das Münzmeisterzeichen F—G.
(Sz. t. 16. 8/9.)   R² - A' — s. g. c.

14. Wie der vorige, aber S * LADISLAVS   * REX 1540
R² - A'   s. g. c.

15. Wie der vorige, aber S * LADISLAVS   * REX * 1540
R² — A' -- s. g. c.

16. *Av.* Wie vorher, aber IOANNES * D * G — R * HVNGARIE *
Rv. S · LADISLAVS — REX · 1540
R² — A' -- s. sch.

17. Wie vorher. *Rv.* S . LADISLAVS · REX · 1540
R² — A' — s. sch.

18. Wie vorher. *Rv.* S · LADISLAVS   · REX · 1540
R² -- A' — Stgl.

19. Wie vorher. *Rv.* S · LADISLAVS *   · REX * 1540   *
R² - A' -- s. g. c.

20. Wie vorher. *Rv.* S * LADISLAVS *   * REX * 1540
R² A'   s. sch.

21. *Av.* IOANNES * D : G   R * HVNGARIE
Rv. S ⊛ LADISLAVS   ⊛ REX ⊛ 1540 Sonst wie vorher.
R² -- A'   s. g. c.

22. *Av.* Wie vorher, aber IOANNES * D * G   R * VNGARIE *
   Rv. S * LADISLAVS   *   REX * 1540 *

                                          R⁴ · N⁴   · ⁴⁶

23. *Av.* Wie vorher, aber IOANNES · DG (das G verkehrt)   R ·
   VNGARIE *
   Rv. S * LADISLAVS — * - REX * 1540

                                          R² · N²   · g · c

24. Wie vorher, aber im *Rv.* dicke Punkte statt der Rosetten.

                                          R² · N²   · z · c

25. *Av.* Wie vorher, aber mit richtig gestelltem G.
   Rv. S * LADISLAVS   S   REX * 1540

                                          R⁴ · N⁴   c

26. *Av.* Wie vorher, aber IOANNES * DG   RVNGARIE (sic!)
   Rv. Wie bei Nr. 13.

                                          R² · N²   · z · c

FERDINAND I.

1551 — 1556.

Nach den Bestimmungen des Grosswardeiner Vertrags sollte nach Iohann Zapolya's Tode die Herrschaft an Kaiser Ferdinand zurückfallen. Gleichwohl liess Zapolya's Wittwe, Isabella von Polen, ihren wenige Wochen alten Sohn Iohann Sigmund zum König von Ungarn ausrufen, behauptete mit Unterstützung des Sultans ihre Ansprüche bis 1551, musste aber in diesem Jahre zu Gunsten Ferdinand's entsagen. Von diesem Zeitpunkt blieb Siebenbürgen von kaiserlichen Truppen unter General Castaldo besetzt, bis 1556, wo die Stände Isabellen und ihrem Sohne aufs Neue huldigten und die Kaiserlichen zum Abzug zwangen.

Klippe auf den Besuch des Kaisers in Siebenbürgen, 1551.

27. *Av.* Gekrönter Kopf des Kaisers rechtshin zwischen 2 Dreiblättern, darunter Aufschrift in 5 Zeilen: ∗ SVB — VMB: | RA·ALARVM ·T: | VARVM·PRO | TEGEN | OS

Rv. PATERNA | REGIS · FERD ' INANDI · PII · VI : | SITATIO . TRANSI: | LVANIAE · REG: | NI · SVB · ANO | · M · D · LI · | oben und unten ein blattartiger Zierrath.

(Sz. I. 8. Wesz. I. 1, beide mit ungenauer Interpunktion.)

R⁶ — Æ 14,8 Grm. - geh., s. g. e.

Hermannstädter Feldklippen 1552 (einseitig).

28. Einköpfiger Adler mit dem ungarisch-österreichischen Wappen auf der Brust, oben ·F·R·V· unten die gekreuzten Schwerter von Hermannstadt, zu beiden Seiten derselben die abgekürzte Jahreszahl 5 – 2 (Thalerklippe).

Wesz. I. 2. Mad. 2712. R⁶ — Æ 28,9 Grm. vorzügl. erh.

29. Wie die vorige, aber ∗ F ∗ R ∗ V ∗ (Sternchen statt der Punkte). R⁵ — Æ 29 Grm. – vorzügl. erh.

30. Wie Nr. 28 mit · F · R · V ·, von leicht abweichender Zeichnung (Halbthalerklippe).

R⁶ Æ 15 Grm. - vorzügl. erh.

31. Genau vom Stempel der Nr. 28 (Viertelthalerklippe).
    Siehe Abbildung, Tafel I.   R⁵   Æ 7,25 Grm.   vorzugl. erh

Hermannstädter Ducaten.

32. *Av.* FERDINAND · D   G * R * VNGARI *   Die Muttergottes auf
    dem Halbmond, unten. die Umschrift theilend. das österreichische
    Bindenschild.
    Rv. S * LADISLAVS   *   REX * 1553 Der stehende Heilige wie
    bisher, links H, rechts das Hermannstädter Wappen, zwischen
    seinen Beinen eine zweite Rosette.
    Wesz. I. 3.   R²   N   s. g. e

33. *Av.* Wie vorher, aber FERDINAND * D   G * R * VNGARIE *
    Rv. S * LADISLAVS *   REX * 1554 Wie vorher. aber zwischen
    den Beinen keine Rosette.
                                                       R¹   N   Stgl

34. Wie der vorhergehende, mit 1555
                                                       R³   N   s. sch

Giovanni Baptista Castaldo.

General-Statthalter von Siebenbürgen . ; 1561

Contrefait-Medaille von ANIB.

35. *Av.* IO · BA · CAS · CAR · V · CAES · FER · RO · REG · EI · (E und I
    verbunden) BOE · RE · EXERCIT · DVX · Geharnischtes Brustbild
    mit langem Bart nach links, am Armabschnitt der Name des Künstlers:
    ANIB.
    Rv. TRANSILVANIA · CAPTA · In einer bergigen Landschaft, vor
    einer aus Waffen errichteten Trophäe ein ruhendes Weib, in der
    Linken das Scepter, mit der Rechten die Krone hoch emporhaltend.
    Links neben ihr ein Flussgott, rechts am Boden MAVRVSCIVS.
    Wesz. VIII. 2.   R¹   Æ   s. g. e

IOHANN II. SIGMUND

1556 — 1571,

Titularkonig von Ungarn und Fürst von Siebenburgen.

a) Unter Vormundschaft seiner Mutter Isabella Zapolya, Prinzessin von Polen, 1556 — 1559.

Nagybanya'er Ducaten.

36. *Av.* IOHAN + SIGISM — + R : VNG + S · F · V ⁎ (Sic Fata Volunt). Die Muttergottes auf dem Halbmond, unten in der Umschrift zwei gekreuzte Berghämmer.

Rv. YSABE + D : G : REG + VNGA + 1.5.5.6 ⁑ Unter einer Krone das quadrirte Wappen: im 1. quadrirten Felde der Wolf, das ungarische Kreuz, die ungarischen Streifen, das Einhorn, im 2. der polnische Adler, im 3. die mailänder Schlange, im 4. die dalmatinischen Pantherköpfe.

(Sz. I. 1.)   R⁴ — A⁷ — vorzügl. erh.

37. *Av.* Wie vorher, aber IOHAN ⁎ SIGISM — ⁎ R ⁎ VNG : S : F · V ⁎

Rv. YSABE ⁕ D ⁕ G ⁕ REG ⁕ VNGA ⁕ 1558 ⁕ Sonst wie vorher.

Sz. I. 3.   R³ — A⁷ — s. sch.

38. *Av.* IOHAN ⁎ SIGISM — ⁎ R ⁎ VNG ⁎ S · F · V ⁕

Rv. YSABE ⁕ D ⁕ G ⁕ REG ⁕ VNGA ⁕ 1.5.5.9 ⁕ Sonst wie vorher.

Wesz. I. 15.   R³ — A⁷ — s. sch.

39. *Av.* Wie vorher, aber · R ⁕ VNG ⁕ S ⁕ F ⁕ V ⁕ ⁕

Rv. Wie der vorige, aber 1 5.5 9 ⁕

           R³ — A⁷ — s. sch.

Hermannstädter Ducat 1557.

40. *Av.* IOHAN · SIGISM · R · VNG ● 1.5.5.7 ● Die Muttergottes wie vorher, aber in der Umschrift das Hermannstadter Wappen.

Rv. YSABE ● D : G ● REG ● VNGA ● S ● F ● V ● Das quadrirte Wappen wie bisher.

R · V

Clausenburger Ducaten.

41. *Av.* IOHAN * SIGISM * R * VNG * S : F : V * Die Muttergottes wie bisher, unten, die Umschrift theilend, das Clausenburger Castell

Rv. YSABE * D * G * R * EG * VNGA * 1558 * Das quadrirte Wappen wie bisher.

Wesz. I. 7.   R · V · · ·

42. *Av.* IOHAN ● SGISM (sic) — ● R ● VNG ● S · F · V ·

Rv. YSABE ● D ● G ● REG ● VNGA ● 1.5.5.9 ● Sonst wie vorher.

R · V · · ·

Nagybanya'er Denare.

43. *Av.* IOAN * SECVN * D * G * R * VN * 1556 * Das quadrirte ungarische Wappen mit dem Wappen Zapolya im Mittelschild.

Rv. PATRONA ● - ··· - ● VNGARIE · Die Muttergottes mit dem Kinde, an den Seiten N P

(Wesz. t. II. 5.)   R R · · ·

44. *Av.* IOAN · SECVN · D · G · R · VNG · 1556 ·

Rv. PATRONA *   * VNGARIE * Sonst wie vorher

R R ·

45. Wie vorher, aber mit R · VNGA · 1556 · im *Av.* und PATRONA ·   · VNGARIE * im *Rv.*

R · R · ·

46. Wie die vorigen, mit IOAN · SECVN · D · G · R · VNG ● 1557 · im *Av.* und PATRONA *   · ● VNGARIE ● im *Rv.*

(Wesz. I. 8, in Gold)   R · R · ·

47. Wie vorher, mit DG · R · VNGA * im *Av.* und PATRONA VNGARIE · im *Rv.*

R R · ·

·· Wie die vorigen, mit VNGARI ● 1557 ● im *Av.*

R R · ·

49. *Av.* IOHAN · SEC · N · D · G · VNGA · 1557.
   Rv. PATRONA. – * VNGARIE ⁞ sonst wie die vorigen.   Interes-
   sant wegen des fehlenden Rex im Titel.
   (cf. Wesz. t. II. 6.)   R⁴ — Æ · g. e.

Nagybanya'er Obol 1556.

50. *Av.* Das quadrirte Wappen mit dem Zapolya-Mittelschild: darüber
   die Jahrzahl . 1556 .. an den Seiten zwei Rosetten.
   Rv. Die Muttergottes wie stets. an den Seiten N — P
   Siehe Abbildung Tafel I.   R⁶ — Æ   s. g. e.

Thaler 1557, zu Ehren der Isabella Zapolya.

51. *Av.* YSABELLA ⁞ D ⁞ G ⁞ R ⁞ HVNG ⁞ DALMA ⁞ CROVA * ETC ⁞
   Das gekrönte. quadrirte Wappen wie auf den Ducaten.
   Rv. In fünf Zeilen: .1.5.5.7. | ⁞ SI ⁞ DEVS ⁞ | NOBI : SCVM ⁞ |
   QVIS ⁞ CONTRA ⁞   ⁞ NOS ⁞   darunter ein Blatt zwischen zwei
   Sternchen.
   (cf. Wesz. I. 10.)   R⁸ — Æ – vorzügl. erh.

Halber Thaler 1557, zu Ehren der Isabella Zapolya.

52. *Av.* YSABELLA ⁂ D ⊛ G ⊛ R ⊛ HVNG ⊛ DALMA ⊛ CROA ⊛ ETC ⁞
   Quadrirtes Wappen, wie bei dem vorigen Thaler.
   Rv. In fünf Zeilen: ⊛ 1 ⊛ 5 ⊛ 5 ⊛ 7 ⊛ | SI ⁂ DEVS ⁂ | NOBI · SCVM ⁂ |
   QVIS ⁂ CONTRA ⁂ | NOS ⁂ S ⁂ F ⊛ V ⁂
   Unedirt.   R⁹ — Æ — War geh., sonst s. g. e.

b) Nach dem Tode seiner Mutter Isabella, 1559—1571.

Clausenburger Doppelducat 1562 (Dickmünze).

53. *Av.* IO * SECV * D * G * ELE * REX * VN * 156z *   Das gekrönte,
   quadrirte Wappen wie bisher.
   Rv. * PATRONA * — * VNGARIE *   Die Muttergottes wie zuvor,
   unter ihr, die Umschrift theilend, das Clausenburger Castell.
                                                           R⁸ — A' — s. g. e.

Nagybanya'er Ducaten.

54. *Av.* IO ⊛ SECVN ⊛ D ⊛ G ⊛ ELEC ⊛ R ⊛ VN ⊛ 1560.   Das quadrirte
   Wappen wie bisher.
   Rv. ⊛ PATRONA ⊛ – ⊛ VNGARIE ⊛   Die Muttergottes. unten zwei
   gekreuzte Berghämmer.
                                                           R⁴ — AJ · s. g. e.

55. *Av.* IO ● SEC ● D ● G ● ELE ● REX ● VN ● 1.5.6.1 ● Sonst ganz wie der vorige.

R⁰ ─ N⁰ ─ sel

56. Wie der vorige, aber ohne die Punkte zwischen den Ziffern der Jahrzahl. ●

R⁰ N⁰ ─ selt

Clausenburger Ducaten.

57. *Av.* IO * SEC * D * G * ELE * REX * VN * 1561 * Das Wappen wie vorher.
Rv. PATRONA * * VNGARIE · S · F · V · Die Madonna, unter das Clausenburger Castell.
(Wesz. II. 2)

R⁰ N⁰ ─ s.c.

58. *Av.* IO * SECV * D * G * ELE * REX * VN * 1561 Das gekrönte, quadrirte Wappen wie vorher.
Rv. IOHAN * SIGISM * R * VNG * S * F * V * Die Muttergottes, unten das Castell.
Auffallend wegen des auf beiden Seiten wiederholten Titels
Wesz. II. 4.

R⁰ ─ N⁰ vorzügl erh

59. Ganz wie der sub No. 53 beschriebene Doppelducat, im *Av.* von wenig veränderter Zeichnung.

R⁰ N⁰ s.c.

60. Wie der vorige, aber mit 1564 *

R⁰ N⁰ s.s.c.

61. Wie der vorige, nur REX · und 1564 ● im *Av.*

R⁰ N⁰ ─ Selt

62. Wie der vorige, mit 1565 ● im *Av.* u. ● PATRONA ● VNGARIE ● ● im *Rv.*

R⁰ N⁰ vorzügl erh

63. Wie der vorige, mit PATRONA ● ● ● VNGARIE ●
(Wesz. II. 1.)

R⁰ N⁰ s.g.e.

64. Wie der vorige, mit REX · VN · 1565 * im *Av.*

R⁰ N⁰ s.g.e.

Hermannstädter Ducaten.

65. *Av.* IO ● SECV ● D ● G ● ELE ● REX ● VN ● 1565 ● Quadrirtes Wappen wie bisher.
Rv. ● PATRONA ● ● VNGARIE ● Die Muttergottes wie seither, unten in der Umschrift die gekreuzten Hermannstädter Schwerter.
(Sz. 1. 5, ungenau.)

R⁰ N⁰ s.sch

66. Wie der vorige. aber REX VN ❀ 1565 ❀

                               R^3 – A' – z. g. e.

67. Wie der vorige, aber REX · VN · 1565 ❀ im *Av.* und VNGARIE ❀❀ im *Rv.*

                               R^3 — A' — s. g. e.

68. Wie der vorige. mit REX ❀ VN · 1566 ❀ im *Av.* und VNGARIE ❀ im *Rv.*

                               R^2 — A'   s. g. e.

69. Genau wie Nr. 65. mit 1566 ❀

                               R^3 — A' — Stgl.

70. Wie Nr. 65, aber 1567 ❀ im *Av.* und VNGARIE ❀ ❀ im *Rv.*

                               R^4 — A' – s. g. e.

71. Wie Nr. 65, aber VN 1567

                               R^4 — A' – s. sch.

72. Wie Nr. 65, aber 1568 ❀

                               R^4 — A' — g. e.

73. Wie Nr. 65, aber 1569 ❀

                               R^3 — A' — s. sch.

74. Wie der vorige, aber im *Rv.* zu beiden Seiten der Muttergottes eine Rosette.

                               R^3 — A' — s. g. e.

75. Wie der vorige, aber ❀PATRONA   VNGARIE ❀

                         R^3 — A' — Sprung, sonst s. g. e.

76. Wie Nr. 65, aber 1570 ❀ Wesz. I. 11.

                               R^3 — A' — s. sch.

77. Wie Nr. 65. aber 1 ❀ 5 ❀ 7 1 ❀

                               R^3 — A' — s. g. e.

78. Wie Nr. 65. aber ELEC ❀ REX · VN .1.5.7.1 ❀

                               R^3 — A' — gel., g. e.

79. Wie Nr. 65, aber 1571 ❀ und zu beiden Seiten des Wappens eine Rosette.

                               R^4 — A' - s. sch.

80. Wie Nr. 65. aber 157z ❀ und zu beiden Seiten des Wappens eine Rosette.

                               R^3 — A' — s. sch.

Goldene Obolusprobe 1562.

81. *Av.* Die Muttergottes auf dem Halbmond, zu beiden Seiten I — R. im Felde über dem R Stern und Halbmond.

Rv. Das quadrirte Wappen mit dem Wolf im Mittelschild, oben eine Rosette, zu beiden Seiten eine Blume mit Stengel nach oben, darunter die getheilte Jahrzahl 1 — 5 | 6 — z

Wesz. I. 9.   R^3 — A' 1,1 Grm.   s. g. e.

Einseitige Feldthaler 1562 (mit I · E · R · V ·)

82. Auf glattem Schrötling ein mehrfach ausgeschweiftes Schild mit
dem Wappen Zapolya (der aus einem dreihügeligen Grasberg wachsende halbe Wolf nach links), darüber · I · E · R · V · (Johannes
electus rex Ungariae). Links vom Kopfe des Wolfs ein Halbmond
rechts ein Stern, weiter unten die getheilte Jahrzahl 15 - 62.
Sz. I. 6. Sch. 2385,2. Stpl.   R· .R · c ·

83. Fast wie der vorige, aber die 6 der Jahreszahl berührt den Rücken
des Wolfes nicht, wie bei Nr. 82.   Der Schrötling ist viel kleiner
aber dicker wie beim vorhergehenden und auf dem Av ein sauber
gravirtes behelmtes Familienwappen, daneben I · C.
R· - .R · · ·

84. Wie der vorige, aber Av. glatt und breiter Schrötling.
R· .R · sch

85. Wie vorher, aber der Halbmond steht unter dem I der Ueberschrift, während er bei den vorigen zwischen das I und E der
selben trifft.   Die 6 der Jahrzahl berührt den Rücken des Wolfes
und der Schwanz des Wolfes die 6.
R· .R - · · ·

86. Wie der vorige, aber der Wolf ohne Schwanz.
Wesz. I. 12.   R· .R - · · ·

87. Der Wolf nach rechts gewendet, links der Stern, rechts der Halbmond, oben I · E · R · V · unten die getheilte Jahrzahl 1.5. 6 2
Unedirt, siehe Abbildung Tafel I.   R· .R · · ·

Einseitige Feldthaler 1562 (mit I · S · R · V ·).

88. Wie No. 82, aber mit der Ueberschrift · I · S · R · V · in rechteckiger
Vertiefung; die ausgestreckte Zunge des Wolfes ist gegen die obere
Spitze des Halbmonds gerichtet.
Wesz. I. 13.   R· - .R · · ·

89. Wie der vorige, aber die kleineren Seiten des Rechtecks sind aus-
gebuchtet; die ausgestreckte Zunge des Wolfes trifft die untere
Spitze des Halbmonds.
R· .R · · ·

Einseitige Feldthaler 1563.

90. Die Darstellung wie bei dem Thaler von 1562, aber das Schild
ist breiter und die Ueberschrift in bogenförmiger Vertiefung lautet:
IO · SE · REX · VN Neben dem Wolf die getheilte Jahrzahl 1.5 6 5
(Sz. I. 9.) Sch. 2386 Anm.   R· - .R · · ·

91. Wie vorher, aber 15 - 65 Die erste 5 berührt die Vorderfüsse
des Wolfes, die 6 dessen Rücken, — der Schrötling ist klein und
dick wie bei Nr. 83.

R² · Æ — s. g. e.

92. Wie der vorige mit 15 — 65, aber weder die 5 noch die 6 der
Jahrzahl berühren den Wolf, ferner ohne den Punkt zwischen REX
und VN und auf grossem Schrötling.

R² · Æ — s. sch.

93. Wie vorher, aber 1.5 — 6.5 und REX · VN
Cat. Sch. 1320.

R² · Æ — s. sch.

94. Wie der vorige mit 1.5 — 6.5 Die erste 5 der Jahrzahl berührt
die Vorderfüsse des Wolfes und der Schwanz des Wolfes den Punkt
zwischen 6.5, was bei dem vorigen beides nicht der Fall ist.

R² — Æ — s. g. e.

95 Wie vorher, mit 15 — 65 (die 6 stark geschweift). Die Zunge des
Wolfes ist nach unten gerichtet und gleicht einem Horn oder Schnabel.

Ist der von Schulthess (Nr. 2386 Anm.) nach Sander citirte und von
ihm für verdächtig gehaltene Stempel; der vorliegende Feldthaler ist
aber ein geprägtes und völlig unverdächtiges Exemplar.

R² — Æ — s. g. e.

96. Wie vorher: hat IO · SE REX VN und 15   65

R² — Æ — g. e.

97. Wie vorher; hat IO · SE : REX · VN und 1.5. - 6 5

R² — Æ — s. g. e.

98. Wie vorher; hat 1.5. — 6.5. Das E im Worte REX ist erst nachträglich vom Stempelschneider hinzugefügt worden.
Sch. 2387.

R⁴ — Æ — s. sch.

99. Wie vorher. Das V in VN sieht durch einen Querstrich am unteren
Ende wie Y aus. Jahrzahl 15 — 65
Sch. 2388.

R² — Æ — s. sch.

100. Wie der vorige, aber o 1 o 5 o - 6 o 5 o Die Ringel sind sehr schwach
ausgeprägt und scheinen nachträglich vom Stempelschneider hinzugefügt zu sein.
Sch. 2388 Anm.

R² — Æ — s. sch.

101. Wie vorher, mit IO o SE o R o V o und 1 5 — 6 o 5 Das Wappenschild ist schmäler und von veränderter Zeichnung; der Wolf hat
keinen Schwanz.
Sch. 2389.

R³ — Æ — s. g. e.

102. Wie der vorige, mit IO o SE o R o V o, aber 15 — 65

R³ — Æ — s. g. e.

Einseitige Feldthaler 1568.

103. IO · SE · REX · VN Darstellung wie vorher, neben dem Wolf 15 — 68, der Schwanz des Wolfes reicht bis an die 68, seine Vorderfüsse berühren die 5 der Jahrzahl.

R⁴   ÆR — s. g. e.

104. Wie der vorige, aber der Schwanz des Wolfes trennt die Zahl 6 8 vollständig und die 5 stösst nicht an die Vorderfüsse.

R⁴ — ÆR   s. sch.

Einseitige Viertelthalerklippe 1565.

105. IO · SE · REX · VN Darstellung genau wie auf dem Thaler. Jahrzahl zu beiden Seiten des Wolfes 1.5 — 6.5
Unedirt.

R⁵   ÆR — s. sch.

Denar 1571, mit B - T.

106. *Av.* IOHANNES · R · VNGA · 1571. Das quadrirte Wappen wie bei Nr. 43.

Rv. PATRONA   VNGARIE Die heilige Maria, an den Seiten B T

Unedirt, *siehe Abbildung Tafel I.)*

R⁵   ÆR   s. sel

Denar 1572, mit K - T.

107. Wie der vorige, mit ❀ 1572 ❀ im *Av.* und Münzzeichen K I im *Rv.*

Unedirt.

R⁵   ÆR   s. g. e

STEPHAN BATHORI

1571 — 1575.

Stephan Bathori de Somlyo ward nach Johann Sigmund's Tode am 25. Mai 1571 von den Ständen zum Fürsten von Siebenbürgen erwählt. Er nahm, unter Beibehaltung der Oberhoheitsrechte in Siebenbürgen, die polnische Krone an, als ihn der polnische Reichstag am 14. December 1575 zum König erwählte, und starb als solcher im Jahre 1586.

Hermannstädter Ducaten.

108. *Av.* MONE + TRAN — S — IL + S + B D S Der stehende heilige La-
dislaus, in der Rechten die Hellebarde, in der Linken den Reichs-
apfel haltend, zwischen seinen Füssen das S der Umschrift, zu beiden
Seiten die getheilte Jahrzahl 15 — 72.
Rv. + PATRONA ⁝ - + VNGARIE + Maria auf dem Halbmond
wie bisher, darunter, die Umschrift theilend, das Hermannstädter
Wappen.
(Wesz. II. 8.)   R⁴ — A⁷ — s. g. e.

109. Wie der vorige, aber B + D + S + und kleinere Kreuze in der Umschrift.
R⁴ — A⁷ — s. g. e.

110. Wie der vorige, aber ❀ PATRONA ❀ VNGARIE ❀
R⁴ — A⁷ — s. g. e.

111. *Av.* ❀ MONETA ❀ TR   ANS ❀ S ❀ B ❀ D ❀ S ❀ Sonst wie Nr. 108.
R⁴ — A⁷ — s. g. e.

112. *Av.* ❀ MON ❀ TRAN — S - IL ❀ S ❀ B ❀ D ❀ S und 15 — 73
Rv. Wie bei Nr. 110.
R⁴ — A⁷ — Stgl.

113. Wie vorher, aber D ❀ S ❀ Der Schaft der Hellebarde steht auf
der äusseren Seite des rechten Fusses, beim vorigen auf der inneren.
R⁴ — A⁷ — war gel., s. g. e.

114. *Av.* ❀ MON ❀ TRAN — S   IL ❀ S ❀ B ❀ D ❀ S : Der Heilige wie bisher mit 15   74, sonst wie vorher.
R⁴ — A⁷   Stgl.

115. Wie der vorige, aber D ● S ●

R¹   A˙   vorzügl. erh.

116. *Av.* ● MON ● TRANS · I — L ● S ● B ● D ● S ● und 15 – 75
Rv. ● PATRONA — VNGARIE ● Sonst wie bisher.

R¹ — A˙ -- vorzügl. sch.

117. Wie der vorige, aber D ● S

R⁴ — A˙   vorzügl. erh.

118. Wie der vorige, mit ● MON ● TRAN — S — II ● S ● B ● D ● S ●

R⁴ — A˙ — s. sch.

119. Wie der vorige, aber D ● S

R¹ — A˙ — Stgl.

120. *Av.* Wie der vorige, aber D ● S ●
Rv. ● PATRONA ● — ● VNGARIE ● Wie bisher.

R⁴   A˙ — s. g. e.

121. Wie der vorige, aber 15 — 76 Die Ziffer 6 sieht fast wie eine o aus.

R⁰ — A˙ — g. e.

Nagybanya'er Ducaten von 1586.

122. *Av.* · STEPHANV · D — G · REX · PO · PRV · Die Muttergottes auf
dem Halbmond wie bisher, unten in der Umschrift ein Schildchen
mit dem Wappen Bathori (3 Drachenzähne).
Rv. · S · LADISLAVS — REX · 1586 Der stehende Heilige wie bisher,
zu beiden Seiten N — B
(Wesz. II. 9.)   R⁶ — A˙ - s. sch.

123. *Av.* · STEPHANVS · D   G · REX · POL · PRV ·
Rv. · S · LADISLAVS   · REX · 1586 Sonst wie vorher.

R⁶   A˙ — s. sch.

124. *Av.* · STEPHANVS D   G · REX · POL · PRV (Das Schluss · S in
STEPHANVS ist erst nachträglich vom Stempelschneider hinzuge-
fügt.) Wie vorher, ohne den inneren Schriftkreis.
Rv. Vom Stempel des vorigen.

R⁰   A˙   s. sch

Nagybanya'er Thaler.

125. *Av.* STEPHAN · D : G · REX · POLON · MAG · DVX   I. Gekröntes,
geharnischtes Brustbild nach rechts, mit der Rechten das Scepter
schulternd, mit der kaum sichtbaren Linken den Schwertgriff haltend.
Rv. RVS · PRVS · MAS · SAM · LIVO · PRIN · TRAN Das gekrönte,
quadrirte polnisch-lithauische Wappen mit dem Wappen Bathori
im Mittelschild, zu beiden Seiten 15   85, darunter N   B
(Wesz. II. 10.) Mad. 555. Sch. 1654.   R³   ·R   s. g. e

126. *Av.* Wie der vorige, aber das Brustbild von anderer Zeichnung: auch fehlt der Punkt nach dem L am Schluss der Umschrift.

Rv. Genau wie beim vorigen.

R⁴ . Æ   s. sch.

127. *Av.* Wie vorher, mit DVX · — L ·

Rv. Wie vorher, aber von abweichender Zeichnung.

Wesz. II. 10.   ·   R³ — Æ — war geh. u. verg., sonst s. g. e.

128. *Av.* Wie der vorige, aber das L am Schluss der Umschrift stösst nicht an die Krone wie beim vorigen, auch ist das Brustbild von anderer Zeichnung.

Rv. Wie vorher, aber mit Punkt nach TRAN ·

R³ — Æ — g. e.

129. *Av.* Wie vorher mit DVX -- L · Das Bb. etwas bauchiger, namentlich der Hals gedrungener.

Rv. Wie vorher mit 15 — 86 und TRAᴺ (das N ist viel kleiner wie die übrigen Buchstaben, berührt mit der unteren äusseren Spitze das Blatt der Krone).

R⁴ — Æ — s. sch.

130. *Av.* Wie der vorige, aber DVX · — L und von abweichender Zeichnung des Brustbildes.

Rv. Wie der vorige, aber das N in TRAᴺ ist noch kleiner und stösst mit der ganzen Aussenlinie an das danebenstehende Blatt der Krone.

R¹ — Æ — war geh., s. g. e.

131. *Av.* Wie bisher, aber von abweichender Zeichnung des Brustbildes. Die bei den sämmtlichen bisher beschriebenen Thalern g e r u n d e t e Achselschiene des Harnisch läuft oben auf der Schulter in eine nach aussen gerichtete Spitze aus. — Hat DVX — L

Rv. Wie bisher mit TRAN (das N in gleicher Höhe mit den übrigen Buchstaben).

Zag. XII. 146.   R⁴   Æ — s. sch.

132. *Av.* Wie vorher mit DVX · — L und abweichender Zeichnung des Brustbildes.

Rv. Wie der vorige, aber von anderem Stempel.

R⁴ — Æ — s. sch.

Ovale Medaille 1582 (ciselirter, späterer Guss).

133. *Av.* Brustbild nach rechts in pelzbesetztem Wamms und Pelzmütze
mit Reiherbusch und Agraffe. Umschrift: STEPHANVS Í · D · G ·
REX · POLONIAE A° 158 z

Rv. Unter einer geschlossenen Krone ein ausgeschweiftes Schild mit
dem polnischen Adler, welcher auf der Brust das Bathori'sche Familienwappen trägt. Umschrift: PRINCEPS TRANSYLV.

(cf. Racz. 16.) R⁶ ℛ 38,5 Grm s. g. e

CHRISTOPH BATHORI

1576 — 1581.

Nach Stephan Bathori's Wahl zum König von Polen führte sein Bruder Christoph die Regierung unter dem Titel eines »Wojwoden von Siebenbürgen« bis zu seinem 1581 erfolgten Tode.

10 Ducatenstück 1577.

134. *Av.* CHR * BATH * DE * SOM * VAIVODA * TRANSILVA * ET * SIC * COMES * Z * Gekrönter, mehrfach ausgeschweifter und von zwei Engeln gehaltener Schild mit dem Wappen Bathori.

Rv. * ANNO * DOMINI * MILESIMO ⁑ QVINGENTESIMO * SEPTVAG * SEPTIMO * eine Blattranke * Im Felde, gross in drei Zeilen ● VIRTVS ¡ ● VNITA * | * VALET * Oben und unten eine reiche Ranken-Arabeske.

Sz. I. 13. Wesz. II. 11.   Rᵃ — Aᵛ — vorzügl. erh.

135. *Av.* Umschrift und Darstellung wie auf dem vorigen, aber von ganz abweichender Zeichnung. Die Krone über dem Wappen ist viel grösser und die Drachenzähne stehen frei in dem Schild, während sie bei dem vorigen aus dem rechten Schildesrand hervorwachsen.

Rv. Ebenfalls abweichend, das S in VIRTVS steht frei, während es bei dem vorigen sich an das vorhergehende V anlehnt, ferner am Schluss SEPTIMO⁑ (statt SEPTIMO * Blattranke *).

Rᵃ ·· Aᵛ — s. g. e.

5 Ducatenstück 1577.

136. Vom Stempel des 10 Ducatenstückes Nr. 134.

Rᵈ   Aᵛ · s. g. e.

2 Ducatenstück 1577.

137. *Av.* CHR ∗ B ∗ D ∗ S ∗ VAIVODA ∗ TR ∗ ET ∗ SI · CO ∗ Z : ∗ Das gekrönte von zwei Engeln gehaltene Wappen Bathori.

Rv. ANNO ∗ DO ∗ MI ∗ QVI ∗ SEPT ∗ SEPTIMO ∗ Im Felde in drei
Zeilen: ∗ VIRTVS ∗ ! ∗ VNITA ∗   ∗ VALET ∗   Oben und unten
eine Arabeske.

Wesz. II. 12.   R⁵ A'   Stgl.

1¹/₂ Ducatenstück 1577.

138. Vom Stempel der vorigen Nr.

R⁵ A' – s. sch.

Hermannstädter Ducaten.

139. *Av.* ∗ MON ∗ TRAN — S — IL ∗ C ∗ B ∗ D ∗ S Der stehende Heilige
wie bisher.

Rv. ∗ PATRONA ∗ — ∗ VNGA ∗ 1577 ∗ Maria auf dem Halbmond,
unten die gekreuzten Schwerter von Hermannstadt.

Unedirt.   R⁶ – A' s. g. e.

140. *Av.* ● MON ● TRAN -- S — IL ● C ● B ● D ● S Der stehende Heilige
wie bisher, zu beiden Seiten die Jahrzahl 15 — 77

Rv. ● PATRONA ● — ● VNGARIE ● Die Muttergottes wie auf dem
vorigen.

(Wesz. III. 1.)   R³ – A'   Sprung im Schrötling, sonst s. sch.

141. Wie der vorige, aber 15 · 78 Die Füsse des Heiligen treten kaum
über den inneren Perlenzirkel hinaus.

R   A'   s. sch.

142. Wie der vorige, nur 15   79

R⁴ A' Stgl.

143. *Av.* Wie vorher, aber 15   80   Auch fehlt der Stern zu Anfang
der Umschrift, dagegen steht ein solcher zwischen den Beinen des
Heiligen, über dem S der Umschrift.

R   A'   Stgl.

Hermannstädter ¼ Ducat 1579 (Denarprobe).

144. *Av.* CH ∗ B ∗ D ∗ S ∗ V ∗ TRANS ∗ 1579 ∗   Quadrirtes Wappen mit
dem Bathori'schen Mittelschild.

Rv. ◈ PATRONA ∗ ◈ VNGARIE ◈ Die sitzende Muttergottes, links
C (Cibinium), rechts die Hermannstädter Schwerter.

Wesz. II. 14.   R⁵ A' s. g. e.

Einseitiger Feldthaler 1580 (grosses Wappen).

145. In einem ausgeschweiften Schild das Bathori'sche Familienwappen, die 3 Drachenzähne nach links, darüber in einer bogenförmigen Banderole * C * B * D * S * und zu beiden Seiten des Schildes in den aufgerollten Enden der Banderole die getheilte Jahrzahl 15   80

Wesz. III. 3.   R⁶ — Æ — vorzügl. sch.

146. Wie der vorige, aber von anderem Schnitt; die Zähne sind bedeutend grösser, so dass der untere mit der Wurzel beinahe den Schildesrand berührt, während er auf dem vorigen durch einen breiten Zwischenraum davon getrennt ist.

R⁶   Æ - s. g. e.

Einseitiger Feldthaler 1580 (kleines Wappen).

147. Das von zwei gekrönten Engeln gehaltene Wappen Bathori im ausgeschweiften Schild, darüber auf einem sanft gebogenen Bande die Jahrzahl 1580 auf granulirtem Grunde, oben zwischen den beiden Engelsköpfen : C : B : D : S :

Wesz. III. 2. Maill. CXIII. 1.   Rª — Æ — vorzügl. erh.

148. Wie vorher, aber von anderem Stempel. Der oberste Zahn ist nach oben gerichtet und berührt den Schildrand, während er bei dem vorigen horizontal steht. Der Grund des Bandes, auf dem die Jahrzahl steht, ist glatt, der obere Rumpf der Engel ist kleiner wie beim vorigen und die Ueberschrift lautet : C : B : D : S (Engelskopf) : (Mad. 1598.)   Rª — Æ — s. g. e.

149. Darstellung wie vorher, aber gänzlich verschiedener Stempel. Das Wappenschild läuft unten spitz zu, während es bei den vorher beschriebenen nach innen eingebuchtet ist. Die Aufschrift zwischen den Engelsköpfen lautet : C : B + D : S : und die Jahrzahl auf glattem Bande . 1:5:8:0.

R⁵ — Æ — s. sch.

Einseitiger Feldthaler 1581.

150. Wie Nr. 148, von wenig veränderter Zeichnung und mit der Jahrzahl : 1:5:8:1 auf glattem Bande.

R⁶ — Æ — s. g. e.

Flacher Schauthaler 1577.

151. Silberabschlag des sub. Nr. 134 beschriebenen 10 Ducatenstückes.

R⁷   Æ 18.5 Grm..   gel., sonst s. g. e.

ELISABETH BOCSKAI,

Gemahlin Christoph Bathori's

(1577).

10 Ducatenstück 1577.

152. *Av.* ELIZAB * BOCIKAI * CONSORS * ILI * PRINC * TRANSSYL-
VANIE * (Blatt). Im ausgeschweiften Schild das Wappen Bocskai
(sitzender Löwe, in der Rechten einen Pfeil haltend).
Rv. ANNO * DOMINI * MIL * QVING * SEPTVAGE * SEPTIMO *
(Blatt). Im Felde * VICTRIX * CASTA * * FIDES * oben und
unten eine Arabeske.
Wesz. III. 4. R° N° s. sch.

3 Ducatenstück 1577.

153. *Av.* Darstellung und Umschrift wie auf dem vorigen, aber II. * PRI *
TRᴬ * (kleines A).
Rv. ANNO * DO * MI * QVI * SEPT * SEPTIMO * Im Felde:
* VICTRIX * | · * · CA · STA * · · * · FIDES * Oben und unten
Arabeske.
Wesz. III. 5. R° N° s. g. e

Thaler 1577.

154. *Av.* Wie der *Av.* des 10 Ducatenstücks Nr. 152, aber von etwas
abweichendem Stempel, namentlich erscheinen in der Umschrift
Rosetten statt der Sternchen. Dasselbe gilt vom *Rv.* namentlich bei
der dreizeiligen Aufschrift im Felde: das Sternchen nach FIDES fehlt.
Nirgends beschrieben (der Thaler Madai Nr. 1597 weicht erheblich
von unserem Exemplare ab).
R° R vor. u.gl. erh

SIGISMUND BATHORI

1581 — 1602,

Sohn Christoph Bathori's, folgte seinem Vater als neunjähriger Knabe in der Regierung, trat 1598 Siebenbürgen an Kaiser Rudolf ab, setzte sich jedoch nach drei Monaten wieder in dessen Besitz; nach kurzer Zwischen-regierung seines Vetters Andreas Bathori (18/3 – 30/10 1599) führte er seine unruhige Regierung weiter bis 1602, in welchem Jahre er sein Land zum zweiten Male dem Kaiser gegen das böhmische Schloss Lobkowitz und eine Jahresrente von 50,000 Ducaten überliess; er starb zu Prag 1613.

10 Ducatenstück 1583.

155. *Av.* Vom Stempel des sub. Nr. 134 beschriebenen 10 Ducatenstücks von Christoph Bathori.

Rv. ANNO : D : MILLESI : QVINGEN : OCT : TERTIO + Im Felde: * VIRTVS ! * VNITA * | * VALET * | Oben und unten eine Ara-beske. — Dieses Stück wurde von Sigismund Bathori bei Gelegen-heit der im Jahr 1583 abgehaltenen Exequien seines Vaters Christoph Bathori geschlagen und dazu der oben erwähnte Aversstempel benutzt.

Sz. I. 14.   R⁶ — A⁷ — s. sch.

10 Ducatenstück 1590 (Thalerstempel).

156. *Av.* (Unten links beginnend) ∴ SIGISMVNDVS · · BATHORI · Geharnischtes Brustbild im blossen Kopf nach rechts, mit der Rechten den Buzogan schulternd, die Linke am Schwertgriff.

Rv. PRINCEPS · TRANSSYLVANIÆ · 1590 ∴ Das von zwei Engeln gehaltene Wappen Bathori unter einem Fürstenhut.

R⁷ — A⁷ — s. g. e.

Hermannstädter Ducaten.

157. *Av.* MON * TRAN *   S   H. * S * B * D * S Der stehende heilige
Ladislaus, zu beiden Seiten die Jahrzahl 15   82
   Rv. * PATRONA *   * VNGARIE * Die Muttergottes auf dem
Halbmond, unten in der Umschrift das Hermannstädter Wappen.
  (Wesz. III. 1.)   R⁴ N s. ch

158. *Av.* MON * TRAN   S   H. * S * B * D * S Sonst wie der vorige.
                                      R² N s. g. c

159. *Av.* MON * TRANS   H. *   SIGI * B * D * S Sonst wie vorher.
                                       R² N s. g

160. *Av.* MON * TRAN   H. (sic)   SIGI * B * D * S Sonst wie vorher.
                                       R² N s. g. c

161. *Av.* MON * TRAN   H. — SIGI : B : D : S und 15   83
                                       R² N s. sch

162. *Av.* MON * TRAN   H.   SIGI * B * D S und 15   83
   Rv. PATRONA ❀   VNGARIE ❀ ❀ Sonst wie zuvor.
                      R² N gel., sonst s. . c

163. *Av.* MON * TRAN   H.   SIGI * B * D * S und 1584
   Rv. Wie Nr. 157.
                                 R N s. g. c

164. *Av.* MON : TRAN   H.   SIGI : B : D : S und 15   84 Sonst wie
der vorige.
                                 R² N s. sch

165. *Av.* MONE · TRAN   H. · SIGI · B · D : S Der stehende Heilige
mit 15   85
   Rv. ❀ PATRONA   VNGARIE ❀ Wie vorher.
                               R² N vorzügl. ch

166. *Av.* MONE · TRAN   H.   SIGI : B · D · S und 15   85 Wie vorher.
   Rv. Wie bei Nr. 162.
                               R² N s. c

167. *Av.* MONE : TRAN   H.   SIGI : B : D : S Sonst wie der vorige.
                               R N s. c. c

168. *Av.* MON · TRAN   H.   SIGI : B : D : S Wie der vorige.
                               R² N s. sch

169. *Av.* MONE · TRA   H.   SIGI · B · D · S und 15   86
   Rv. Wie bei Nr. 165.
                               R² N vorzügl. ch

170. *Av.* MONE · TRA   H.   SIGI · B · D · S Sonst wie der vorige.
                               R² N s. g. c

171. *Av.* MONE : TRA   IL   SIGI · B · D : S   Sonst wie vorher.
R² — A′   s. g. e.

172. *Av.* MONE · TRAN   IL   SIGI · B · D : S · und 15   86   Sonst wie vorher.
R² — A′   s. g. e.

173. *Av.* MONE · TRA · — IL   SIGI · B · D : S und 15   87
Rv. PATRONA ✿ — VNGARIE ✿ Sonst wie vorher.
R² — A′ — s. sch.

174. Wie der vorige, aber ohne Punkt nach TRA und mit 15 - 88
(Sz. II. 2.)
R² — A′ — s. sch.

175. *Av.* MONE · TRAS — IL — SIGI · B : D : S und 15   89
Rv. ✿ PATRONA — VNGARIE ✿ Sonst wie die vorigen.
R⁴ — A′ — g. e.

176. *Av.* MONE · TRAN — IL   SIGI · B · D · S · und 15 — 90
Rv. PATRONA ✿ — ✿ VNGARIE ✿ Wie bisher.
R⁴ — A′ — s. sch.

177. *Av.* MONE · TRAN : · IL — SIGI · B · D : S · Sonst wie der vorige.
R² — A′ — s. g. e.

178. *Av.* MONE · TRA — IL — SIGI B D S und 15 — 91 Die Umschrift ohne alle Trennungszeichen.
Rv. ✿ PATRONA — VNGARIE ✿ Wie bisher.
R⁴ — A′ — s. sch.

179. *Av.* · MONE : TRA : — IL — : SIGI : B : D : S : — · und 15 — 92
Rv. Wie der vorige.
R⁴ — A′ — s. sch.

180. *Av.* · MONE : TRA : — IL — : SIGI : B : D S und 15 — 93
Rv. Wie bei Nr. 178.
R² — A′ — s. sch.

181. *Av.* : MONE : TRA :   IL · — : SIGI : B · D · S — · Sonst wie der vorige.
R² — A′ — s. g. e.

182. *Av.* ✦ MONE · TRA · — IL — SIGI · B · D S · Jahrzahl ¹5 9³ In der Jahrzahl steht die 5 unter der 1 und die 3 höher wie die 9.
Rv. PATRONA ❀ — ❀ VNGARIE ❀ Die Muttergottes wie bisher.
(Wesz. IV. 4.)
R² — A′ — Stgl.

183. Wie der vorige, aber SIGI · B · D · S
R² — A′ — vorzügl. erh.

184. *Av.* Wie vorher, aber SIGI · B · D · S
Rv. Wie bei Nr. 178.
R² — A′   Stgl.

185. Wie der vorige, aber IL·   SIGI·B·D·S und ¹5   93 Die 5 der
Jahrzahl unter der 1, die 3 aber in gleicher Höhe der 9.
                                                R² — A'   s. g. e.

186. *Av.* +MONE·TRA·   IL   ·SIGI·B·D·S· und 15   94
Rv. Wie Nr. 178.
                                                R²   A'   g

187. *Av.*·MONE·TRA·   IL   ·SIGI·B·D·S   Sonst wie der vorige.
                                                R²   A'   s. g. e.

188. Wie der vorige, aber ·SIGI·B·D·S
                                                R²   A'   vorzügl. erh

189. *Av.* +MONE·TRA·   IL   SIGI·B·D·S und ¹5   9⁴ Die Stellung der Ziffern wie bei Nr. 182.
Rv. Wie bei Nr. 178.

190. *Av.* ·MONE·TRA   IL   ·SIGI·B·D·S· Sonst wie der vorige.
                                                R²   A'   g. e.

191. *Av.* ·MONE·TRA·   IL — SIGI·B·D·S· Sonst wie vorher.
                                                R² — A'   vorzügl. erh

192. Wie der vorige, aber B·D·S
                                                R² — A'   s. g. e

193. *Av.* ·MONET·RA·(sic)   IL   ·SIGI·B·D·S· Sonst wie vorher.
                                                R² — A' — s. sch

Clausenburger Ducaten.

194. *Av.* MONE:TRA — IL·   SIGI:B·D:S   Der stehende Heilige
wie bisher mit 15   91
Rv. ⊛PATRONA   VNGARIE· Die Muttergottes auf dem Halbmond; unten, die Umschrift theilend, das Clausenburger Castell.
Siehe Abbildung Tafel I.   R⁰ — V·   s. sch

195. *Av.* ·MONE·TRA+   IL   ·SIGI·B·D·S   und ¹5   93
Rv. Wie der vorige.
                                                R·   V·   s. sch

196. *Av.* ·MONE·TRA·   IL   ·SIGI·B·D·S   und 15   94
Rv. ⊛PATRONA   VNGARIE⊛ Wie vorher.
                                                R·— A·   s. sch

197. *Av.* ·MONE·TRA·   IL   SIGI·B·D·S   ·und ¹5   9¹ Der
stehende Heilige.
Rv. +PATRONA 4   VNGARIE·+ Die Muttergottes, unten das
Castell.
                                                R ·· A' - Stgl

198. Wie der vorige, aber ohne den Punkt vor MONE.

                                    R^3 A'   s. sch.

199. *Av.* + MONE · TRA   II.   SIGI · B · D S · und ^{1}5   9⁴

    Rv. Wie vorher.

                                      R^3 A'   s. g. e.

200. Ganz wie der vorige, aber Punkt nach TRA ·

                                      R^3 A'   s. g. e.

201. *Av.* + MONE · TRA ·   II.   · SIGI · B · D S   · und ^{1}5   9⁴

    Rv. Wie vorher.

                                    R^3 - A' - s. g. e.

    Av. · MONE · TRA ·:·   II.   · SIGI · B · D S und ^{1}5   9⁴

    Rv. + PATRONA +   + VNGARIE + Sonst wie bisher.

[handwritten: Okz in Pujlemeijcunde agy 1895 böt.] R^3 — A'   s. g. e.

Nagybanya'er Ducaten.

203. *Av.* · SIGISMVND : — · BATHORI ⊛   Die Muttergottes auf dem Halbmond, unten, in der Umschrift das Wappen Bathori (die 3 Zähne nach rechts gewendet).

    Rv. · PRINCEPS · — · TRANSSYLVA : Der stehende Heilige, aber in der Rechten den Reichsapfel, in der Linken die Hellebarde. Zu beiden Seiten die Jahrzahl 15 - 90

        Der erste Ducat dieses Fürsten mit dem Titel PRINCEPS.

    Wesz. IV. 2. R^0 — A' — s. g. e.

204. *Av.* Wie vorher, aber : SIGISMVND · — BATHORI (Rosette mit Stengel.)

    Rv. PRINCEPS — TRANSSYLV und 15 — 91 Sonst wie der vorige.

                                    R^3 — A' — s. g. e.

205. Wie der vorige, aber im *Rv.* · PRINCEPS · — · TRANSSYLV

                                    R^3 — A' — g. e.

206. *Av.* ƧIGIƧMVND ⊛ — ⊛ BATHORI ⊛   Die S der Umschrift stehen verkehrt und die Zähne des Bathori'schen Wappens nach links.

    Rv. S LADIS + + - + — + LAVS + REX Der Heilige wie vorher mit 15 — 9z

    (Köhler DC. 2246.) R^3 — A' — s. sch.

207. *Av.* SIGISMVND ✠ — ✠ BATHORI Die Muttergottes wie vorher.

    Rv. S LADISLA — ⊛ — VS ⊛ REX ⊛ und 15 — 9z (die Ziffer 2 verkehrt gestellt).

                                    R^3 — A' — s. g. e.

208. *Av.* Ganz wie Nr. 206 mit den verkehrt gestellten S.

Rv. SLADISLAV - S ⊛ REX ⊛ 1593 Die Jahrzahl in der Umschrift, das Feld neben dem Heiligen ist leer.

R¹ A' vorzugl. erh

209. Wie der vorige, aber SLADISLA VS ⊛ REX ⊛ 1593

R¹ A' s. g. e

210. *Av* Genau wie bei Nr. 206.

Rv. ✚ SLADIS ✚ — ✚ ✚ LAVS ✿ REX ✚ Die Jahrzahl 15 94 zu beiden Seiten des Heiligen.

R⁴ A' — s. g. e.

211. *Av.* SIGISMVNDVS BATHORI ⊛ Die Muttergottes wie bisher.

Rv. . SLADISLAV — S - · REX · 1595. Zu beiden Seiten des Heiligen N B

R³ — A' — s. sch.

212. Wie der vorige, aber im *Rv.* · S LADISLAW (sic) S ✱ REX ✱ 1595 In der Ziffer 5 der Jahrzahl ist ein Kreuz sichtbar.

R⁴ - A' - s. sch.

213. *Av.* SIGISMVND ⊛ — ⊛ BATHORI · ⊛ Die Muttergottes wie bisher.

Rv. S ⊛ LADISLAV — S — REX ⊛ 1.5 9 6 Der stehende Heilige wieder, wie früher, nach rechts gewendet, in der Rechten die Hellebarde, in der Linken den Reichsapfel. An den Seiten N B

R⁴ — A' — s. g. e.

214. *Av.* Genau vom Stempel des vorigen.

Rv. Wie der vorige, aber 1.5.9.7

Wesz. IV. 6.

R⁴ — A' — Stgl

215. Ganz wie der vorige, aber 1597 (ohne die Zwischenpunkte).

R³ A' g. e.

Nagybanya'er Thaler 1589 (mit N B).

216. *Av.* · SIGISMVNDVS · BATORI · PRINCEPS · TRANSIL ⊛ Geharnischtes, jugendliches Brustbild des Fürsten nach rechts, im blossen Haupt, ohne Bart, mit der Rechten den Buzogan schulternd, in der Linken den mit einem Reiherbusch verzierten Helm haltend.

Rv. MONETA · PRINCIPIS · REGNI · TRANSILVANIE ✚ Auf einem Kreuze liegend das gekrönte Wappen Bathori, oben zu beiden Seiten die Jahrzahl 15 — 89, unten N — B

Wesz. IV. 8. Mad. 1599.

R¹ - R — s. sch.

Nagybanya'er Thaler (ohne Münzzeichen) 1589.

217. *Av.* (Unten links beginnend) ∴ SIGISMVNDVS – ∴ BATHORI
Geharnischtes Brustbild nach rechts wie vorhin, aber in der Linken
statt des Helms den Säbelgriff haltend.
Rv. PRINCEPS · TRANSSYLVANIÆ · 1589 ∴ Zwei Engel, das Bathori'sche Familienwappen haltend; über dem geraden oberen Schildrand ein Fürstenhut, welcher unten offen ist.
R² — R – s. g. e.

218. *Av.* Wie der vorige, aber die Spitze des Buzogan trifft das zweite
V in SIGISMVNDVS, während sie auf dem vorigen das D trifft,
auch steht hinter DVS ein Punkt.
Rv. Wie der vorige, von abweichender Zeichnung. Bei dem vorigen
trifft die Ziffer 1 der Jahrzahl den Kopf des linken Engels, bei
diesem die 5. — Der Fürstenhut unten geschlossen.
R³ — R – s. sch.

219. *Av.* Wie der vorige, aber die Spitze des Buzogan trifft die viel
dichter neben einanderstehenden Buchstaben VS in SIGISMVNDVS.
Rv. Wie Nr. 217, von leicht abweichender Zeichnung.
R² — R – war geh. u. verg., sonst s. g. e.

220. *Av.* Wie vorher, die Spitze des Buzogan trifft genau das V in
DVS wie bei Nr. 218, aber die Spitze der Ellenbogenschiene trifft
zwischen I und G in SIGI. während sie beim ersteren das G trifft.
Rv. Wie vorher, von veränderter Zeichnung, die den oberen Schild-
rand fassenden Hände der Engel fehlen. Der Fürstenhut unten offen.
R² — R – s. g. e.

221. *Av.* · SIGISMVNDVS ∴ — · BATHORI · Etwas schmäleres Brustbild
wie vorher.
Rv. Genau wie der vorige.
R² — R – s. g. e.

Thaler 1590.

222. *Av.* ∴ SIGISMVNDVS ∴ — · BATHORI · Brustbild wie bisher.
Rv. PRINCEPS · TRANSSYLVANIÆ · 1590 ∴ Das Wappen wie
bisher, der Fürstenhut unten offen, die Hände der schildhaltenden
Engel sind sichtbar.
R¹ – R – s. sch.

223. *Av.* Genau wie der vorige.
Rv. Abweichender Stempel. Die 1 der Jahrzahl trifft den Kopf des
linken Engels, auf dem vorhergehenden die 5. ferner fehlen die
den oberen Schildrand fassenden Hände der Engel.
R¹ R – s. g. e.

224. *Av.* ∴ SIGISMVNDVS — · BATHORI · Die Spitze des Buzogan
berührt das V in DVS.
Rv. Wie der vorige, aber die Engelbände sind sichtbar, durch
VANIÆ ı ein Stempelriss.
R¹ .R s. sch

225. *Av.* Genau wie der vorige.
Rv. Wie der vorige, aber 1590 ə und abweichende Zeichnung.
R¹ — R war geh., sonst s. g. e.

226. *Av.* Wie vorher, aber ∴ SIGISMVNDVS · · BATHORI · Die Spitze
des Buzogan berührt das zweite V.
Rv. Genau wie bei Nr. 223.
R¹ .R s. sch

227. *Av.* Wie der vorige, aber die Spitze des Buzogan trifft zwischen
V und S in DVS, und die Spitze des Ellenbogens auf das G statt
auf das I in SIG.
Rv. Wie Nr. 222, von leicht abweichender Zeichnung.
R¹ .R s. sch.

228. *Av.* Genau wie der vorhergehende.
Rv. Aehnlich dem vorhergehenden: auf jenem trifft die I. auf diesem
die 5 das Ohr des linken Engels.
R¹ .R s. g. e

229. *Av.* ∴ SIGISMVNDVS · — · BATHORI ·
Rv. Wie der vorige.
R¹ .R s. sch

230. *Av.* ∴ SIGISMVNDVS · · BATHORI ∴ (N und D verbunden.)
Spitze des Buzogan zwischen D und V in DVS.
Rv. Wappen und Umschrift wie bisher.
R¹ .R s. sch

231. *Av.* Wie der vorige, aber ∴ SIGISMVNDVS · (N und D getrennt)
Die Halsberge zählt sechs Ringe, sonst vier.
Rv. Wie der vorige.
R¹ .R s. g. e

232. *Av.* Umschrift wie beim vorigen: die Spitze des Buzogan trifft das
S in DVS, während sie bei jenem zwischen D und V trifft
Rv. Wie bisher.
R¹ .R g. e

Thaler 1591.

233. *Av.* ∴ SIGISMVNDVS · · BATHORI ∴ Brustbild wie vorher, Spitze
des Buzogan auf S in DVS, des Ellenbogens auf I in SIG treffend.
Rv. Wappen wie gewöhnlich. Fürstenhut offen. Umschrift wie bisher,
aber 1591 ∴
R¹ .R s. g. e.

234. *Av.* Wie vorher, aber MVNDVS · Spitze des Buzogan zwischen D und V, des Ellenbogens zwischen S und I wie bei Nr. 230.

Rv. Wie vorher von leicht veränderter Zeichnung.

R¹ — Æ   s. sch.

235. *Av.* Wie Nr. 233, Spitze des Buzogan auf V, des Ellenbogens auf I treffend, ferner BATHORI · statt BATHORI ·:·

Rv. Aehnlich dem vorigen; der Fürstenhut hat am unteren Rande als Verzierung × ● × ● ×, bei den vorigen ● × ● × ●

R¹ — Æ — s. g. e.

236. *Av.* Dem vorigen gleich, mit unwesentlichen Verschiedenheiten, der rechte Schenkel des M durch einen Stempelriss über den inneren Linienkreis verlängert.

Rv. Wie der vorige; der Ellenbogen des rechten Engels trifft das S in CEPS, bei dem vorigen das P.

R¹ — Æ — s. g. e.

237. *Av.* Wie der vorige, die Spitze des Buzogan trifft das S in DVS (anstatt des V).

Rv. Wie vorher, aber der Fürstenhut hat wieder ● × ● × ●

R¹ — Æ — s. sch.

238. *Av.* Wie der vorige, der Buzogan trifft das V. Durch den oberen Theil des Kopfes geht ein Stempelfehler in Form einer Stricklinie ; ein zweiter geht vom Kinn an durch Hals und Buzogan bis zum N in MVNDVS.

Rv. Wie der vorige.

R¹ — Æ — s. sch.

239. *Av.* Genau vom Stempel des vorigen, mit dem gleichen Stempelfehler.

Rv. Aehnlich dem vorigen, aber die Verzierung des Fürstenhutes wieder × ● × ● × und über dem mittleren Zahn des Wappens drei Punkte (···).

R¹ — Æ — s. g. e.

240. *Av.* Wie vorher. Spitze des Buzogan auf D in DVS, die des Ellenbogens zwischen S und I in SIG gerichtet. Hand mit Säbelgriff horizontal.

Rv. Wie vorher, aber Fürstenhut mit ● × ● × ●

R¹ — Æ — s. sch.

241. *Av.* Wie der vorige, die Hand mit dem Säbelgriff nach oben gerichtet.

Rv. Aehnlich dem vorigen, die 1 der Jahrzahl trifft das Ohr des linken Engels, auf jenem die 5.

R¹ — Æ — s. sch.

242. *Av.* Wie vorher, der Buzogan trifft das V, der Ellenbogen das G. Zwischen dem M der Umschrift und dem Oberarm ein horizontaler Stempelfehler. 5 auf eine Leiste gezogenen halben Ringeln zu vergleichen.

Rv. Wie vorher, aber der Fürstenhut wieder mit ⚫ × ⚫ ×

R¹ · R — s. sch.

243. *Av.* · SIGISMVNDVS · — · BATHORI · Brustbild nach rechts wie gewöhnlich, aber der Harnisch nicht wie bei sämmtlichen vorhergehenden der Länge nach mit abwechselnd glatten und verzierten Streifen versehen, sondern überall geblümt und mit grossen Arabesken verziert. Buzogan auf V. Ellenbogen auf G treffend.

Rv. Wie gewöhnlich. aber der Fürstenhut wieder ⚫ × ⚫ × ⚫ verziert.

R² — .R — s. sch.

Thaler 1592.

244. *Av.* ⁙ SIGISMVNDVS · — · BATHORI · Geharnischtes Brustbild nach rechts wie bisher, mit längs gestreiftem Harnisch.

Rv. PRINCEPS · TRANSSYLVANIÆ · 159 Z ⁙ Wappen wie bisher. Fürstenhut ⚫ × ⚫ × verziert.

R¹ — .R — s. g. e.

245. *Av.* (Unten links beginnend) ⚫ SIGISMVNDVS ⚫ — ⚫ BATHORI ⚫ Brustbild nach rechts, aber von gänzlich verschiedenem Typus. Der bisher unbärtige Fürst erscheint hier zum ersten Male mit Schnurr- und Backenbart. An Stelle des enganschliessenden, mit breiten Längsstreifen versehenen Harnisch tritt ein sogenannter Krebs (aus horizontalen mit zahlreichen Nietköpfen versehenen Ringschienen zusammengesetzter, vor der Brust bauchig erweiterter Brustharnisch), die Halsberge noch einmal so breit wie auf den vorigen, das Achselstück ebenfalls bedeutend grösser und mit Arabesken verziert. Die Rechte schultert den Buzogan wie gewöhnlich, die Linke hält den Säbelgriff, der an diesem Exemplar in einen Adlerkopf ausläuft.

Rv. ⚫ PRINCEPS ⚫ TRANSSYLVANIÆ ⚫ 159 Z ⚫ Das von zwei Engeln gehaltene Wappen Bathori wie bisher unter einem Fürstenhut. letzterer unten geschlossen. Das Wappenschild hat einen doppelten Rand, oben, unten und an beiden Seiten eine Verzierung. Die oberen Engelhände fehlen.

Sz. II. 10 (ungenau).   R¹ — .R   vorzugl. erh.

246. *Av.* (Oben rechts beginnend) SIGISMVNDVS ⚜ — ⚜ BATHORI ⚜ Brustbild wie auf dem vorigen, der Buzogan trifft den geraden Schenkel des R, der Säbelgriff wie gewöhnlich (ohne Adlerkopf). *Rv.* Wie der vorige, das Wappen aber wie gewöhnlich mit einfachem Schildrand. die oberen Engelhände wieder sichtbar.

R¹ - - Æ - - s. sch.

247. *Av.* Wie vorher, aber ⚜ SIGISMVNDVS — ⚜ BATHORI ⚜ Die Spitze des Buzogan trifft das O der Umschrift. statt des R. *Rv.* Wie vorher. mit leicht veränderter Zeichnung. — Auf diesem trifft das N in PRINC das Ohr des rechten Engels, auf dem vorigen das I.

R¹ — Æ — s. g. e.

248. *Av.* SIGISMVNDVS — ⚜ BATHORI ⚜ Wie vorher, von etwas abweichender Zeichnung, namentlich ist der Kopf bedeutend kleiner: die Spitze des Buzogan trifft das R wie bei Nr. 246. *Rv.* Wie der vorige, mit geringen Abweichungen.

R¹ — Æ — vorzügl. erh.

249. *Av.* Genau der Stempel von Nr. 246, doch ist noch unten vor der Brust des Fürsten (dem S in DVS entsprechend) ein stehendes Kreuz hinzugefügt. *Rv.* Aehnlich Nr. 246. das N in PRINC trifft das Ohr des rechten Engels; auf jenem das I.

R¹ - - Æ   s. g. e.

250. *Av.* SIGISMVNDVS - - ⚜ BATHORI ⚜ Brustbild mit kleinem Kopf ganz wie Nr. 248, aber der Harnisch ist vorne längs der Brust und unterhalb der Halsberge mit einer breiten Randverzierung versehen. Stempelsprung durch den rechten Unterarm. *Rv.* Wie vorher.

R¹ — Æ — vorzügl. erh.

251. *Av.* SIGISMVNDVS ⚜ - - ⚜ BATHORI ⚜ Wie der vorige, mit gleicher Randverzierung des Brustharnisch, aber der Kopf ist grösser und der Buzogan trifft das O (beim vorigen das R). *Rv.* Wie bisher.

R¹ — Æ — s. g. e.

252. *Av.* + SIGISMVNDVS — + BATHORI + Brustbild wie zuvor, aber der Brustharnisch glatt. statt quergerieft; die Randverzierung ist geblieben, noch etwas breiter und zierlicher. Der Buzogan trifft zwischen O und R. *Rv.* Wie gewöhnlich (das E und P in PRINCEPS stossen aneinander).

R¹ — Æ   Stgl.

253. *Av.* Genau vom Stempel des vorigen, doch hat der Stempelschneider wieder, wie bei Nr. 249, ein Kreuz vor der Brust hinzugefügt, diesmal etwas höher, dem V in DVS entsprechend.

Rv. Wie bisher.

         R¹   Æ   s. sch

Thaler 1593.

254. *Av.* (Oben rechts beginnend) SIGISMVNDVS ❋ — ❋ BATHORI Brust-bild nach rechts wie vorher, im gerippten Harnisch, Achselstück und Armschienen o h n e Verzierung. Vor der Brust ein Kreuz. Der Buzogan trifft mit Unterbrechung des inneren Strichelkreises die linke Seite des O in der Umschrift.

Rv. PRINCHPS (sic) ❀ TRANSSYLVANIÆ ❀ 1593 ❀ Zwei Engel, das o v a l e oben und unten mit einer Verzierung versehene Bathori'sche Wappen haltend. (Die Zähne desselben sind nach l i n k s statt wie bisher nach r e c h t s gewendet.) Ueber dem Wappen ein geschlos-sener Fürstenhut, unter demselben eine Lilie zwischen zwei Punkten.

         R¹   Æ -- war geh., s. g. e.

255. *Av.* Genau vom Stempel des vorigen.

Rv. ❀ PRINCHPS (sic) ❀ TRANSSYLVANE (sic) ❀ 1593 ❀ Aehnlich dem vorigen; die den oberen Schildrand haltenden Arme der Engel, welche auf dem vorigen fehlen, sind sichtbar; unter dem Wappen 3 Punkte (∴)

         R¹   Æ gel. s. g. e

256. *Av.* Wie der vorige, aber ❀ BATHORI ≈ Das Achselstück des Harnisch mit Arabesken verziert, der Buzogan trifft den rechten Schenkel des H; vor der Brust ein Kreuz.

Rv. PRINCHRS (sic) ❀ TRANSSYLVANIÆ ❀ 1593 ❀ Das Wappen wie bei Nr. 254.

         R¹   Æ war geh., s. g. e.

257. *Av.* SIGISMVNDVS BATHORI Brustbild wie vorher von wenig veränderter Zeichnung, die Spitze des Buzogan trifft das O ziemlich in der Mitte.

Rv. ❀ PRINCEPS ❀ TRANSSYLVANIÆ ❀ 1593 ❀ Das Wappen nach dem früheren Typus mit geradem oberen Schildrand, die Drachen zähne nach r e c h t s wie bei Nr. 246. Zur Herstellung des Rv ist ein alter Stempel verwendet und die 2 der Jahrzahl ganz deut-lich in eine 3 umgeändert worden.

         R¹   Æ   s

258. *Av.* und *Rv.* genau wie bei dem vorhergehenden, aber auf dem
Av. sind über dem Kreuz vor der Brust 3 Punkte (∴) und unter
demselben der Buchstabe C hinzugefügt. Ausserdem erscheint durch
eine eigenthümliche, der intakten Oberfläche beider Seiten nach
zu schliessen. schon bei der Prägung vorgenommene Manipulation,
der Thaler s c h ü s s e l f ö r m i g und zwar der *Av.* concav, der *Rv.*
convex.　　　　　　　　　　　　　　　　　　R⁴ — Æ — s. sch.

259. *Av.* SIGISMVNDVS — BATHORI ⊛ Brustbild wie vorher, das letzte
S in Sigismundus berührt den Säbelgriff, das Achselstück ist glatt,
der Buzogan trifft die rechte Seite des O. — Vor der Brust ein Kreuz
Rv. Aehnlich dem vorigen, ebenfalls mit Benützung eines alten
Stempels von 1592 und abgeänderter 2. R¹ — Æ — war geh., s. g. e.

260. *Av.* und *Rv.* wie bei dem vorhergehenden, nur sind auf dem *Av.*
über dem Kreuz vor der Brust die 3 Punkte hinzugefügt.
　　　　　　　　　　　　　　　　　　　　　R¹ — Æ — s. g. e.

261. *Av.* SIGISMVNDVS — BATHORI Brustbild wie bisher; das Achselstück ist geblümt, der Buzogan trifft die linke Seite des O ohne
den inneren Kreis zu durchbrechen. Vor der Brust ein Kreuz.
Rv. PRINCEPS ⊛ TRANSSYLVN (sic) IÆ ⊛ 1593 ⊛ Das ovale Wappen mit links gewendeten Zähnen wie auf Nr. 254, unter demselben
zwischen 2 Schnörkeln die umgekehrte Lilie zwischen 2 Punkten.
　　　　　　　　　　　　　　　R² — Æ — war geh., sonst s. g. e.

262. *Av.* Wie der vorige, das Brustbild von leicht veränderter Zeichnung. Die Spitze des Buzogan trifft mit Unterbrechung des inneren
Kreises das O gerade in der Mitte.
Rv. PRINCEPS ⊛ TRANSSYLVANIÆ ⊛ 1503 ⊛ (sic) Das ovale Wappen wie vorher. Der Stempelschneider hat bei der 9 der Jahrzahl
den unteren Strich vergessen, so dass dieselbe einer o gleicht.
　　　　　　　　　　　　　　　　R² — Æ — war geh., s. g. e.

263. *Av.* SIGISMVNDVS — BATHORI Brustbild wie vorher, aber der
Harnisch von anderer Zeichnung. Das Achselstück ist geblümt,
über den vorderen Theil des Brustharnisch und über die vorher
glatten Armschienen läuft ein mit Arabesken verzierter breiter
Streifen. Das R der Umschrift ist vom Stempelschneider deutlich
aus einem O umgravirt. Der Buzogan trifft den rechten Schenkel
des H. Vor der Brust ein Kreuz.
Rv. ⊛ PRINCEPS ⊛ TRANSSYLVANIÆ ⊛ 1593 ⊛ Wieder vom alten
Typus und unter Benützung eines früheren Stempels von 1592 mit
abgeänderter 2.　　　　　　　　　　　　R¹ · Æ · s. sch.

264. *Av.* und *Rv.* ganz wie bei dem vorigen Thaler, doch sind über dem Kreuz im *Av.* 3 Punkte (∴) und unter demselben 2 Punkte (:) hinzugefügt.

R¹ — .R — s. sch

265. SIGISMVNDVS — BATHORI Brustbild wie vorher, mit ähnlich gezeichnetem Harnisch. Die Spitze des Buzogan trifft, den inneren Kreis unterbrechend, die linke Seite des O. Vor der Brust ein Kreuz.
Rv. PRINCEPS ❁ TRANSSYLVANIÆ ❁ 1593 ❁ Das ovale Wappen wie bei Nr. 254.

R¹ .R - war geh, s. g. e.

266. *Av.* SIGISMVNDVS ❁ - ❁ BATHORI Brustbild wie vorher, von leicht veränderter Zeichnung. Vor der Brust das Kreuz.
Rv. PRINCHPS (sic) ❁ TRANSSYLVANIÆ ❁ 1593 ❁ Ovales Wappen, die Zähne nach links gerichtet wie bei Nr. 204, aber von abweichender Zeichnung. Bei Nr. 254 berührt der Kopf des linken, bei diesem Exemplar derjenige des rechten Engels den inneren Kreis.

R¹ .R war geh., sonst s. sch

267. *Av.* SIGISMVNDVS — BATHORI Brustbild wie vorher, aber mit veränderter Zeichnung des Harnisch. Das Achselstück bleibt geblümt, aber die über den vorderen Theil des Brustharnisches sowie die Armschienen laufenden Streifen sind statt der Arabesken mit kleinen, durch Doppelpunkte getrennten Kreuzchen verziert (:+:+). Vor der Brust ein Kreuz.
Rv. PRINCEPS ❁ TRANSSYLANIE (sic) ❁ 1593 ✳ Das ovale Wappen wie bei Nr. 261.

R .R s. sch

268. *Av.* Wie der vorige, mit wenig veränderter Zeichnung des Brustbildes. Der horizontale Balken des Kreuzchens vor der Brust trifft in seiner Verlängerung das D in DVS, beim vorigen genau die Spitze des V.
Rv. ❁ PRINCEPS ❁ TRANSSYLVANIÆ ❁ 1593 ❁ Wieder vom alten Typus, unter Benützung eines Stempels von 1592. Durch die o der Jahrzahl und den Rumpf des linken Engels ein grosser Stempelriss.

R¹ .R s. sch

269. SIGISMVNDVS BATHORI ❁ Brustbild wie bisher, aber der ganze Harnisch und das Achselstück geblümt. Ober- und Unterarm mit einem fein gegitterten Panzerhemd bekleidet. Vor der Brust ein Kreuz.
Rv. Wie der vorige, vom alten Stempel von 1592 mit umgeänderter 2

R¹ .R - s. sch

5

270. *Av.* und *Rv.* genau wie der vorige, aber im *Av.* sind über dem
Kreuz die 3 Punkte hinzugefügt.

$R^1 - R$ — s. sch.

271. *Av.* Wie vorher, aber BATHORI (ohne Rosette). Brustbild wenig
abweichend; der Buzogan trifft mit Unterbrechung des inneren
Kreises das O in der Mitte.

Rv. PRINCEPS ✱ TRANSSYLVANIÆ ✱ 1593 ✱ Das ovale Wappen
wie bei Nr. 261. Die Buchstaben NCEP sind vom Stempelschneider,
der ursprünglich PRICEPS gravirt hatte, aus CEPS umgravirt worden.

$R^1 - R$ — war geh., s. sch.

272. *Av.* SIGISMVNDVS ✺ — ✺ BATHORI ✺   Brustbild wie vorher von
leicht veränderter Zeichnung.

Rv. ✺ PRINCHPS (sic) ✺ TRANSSYLVANE (sic) ✺ 1593 ✺ Aehnlich
Nr. 255, mit denselben Stempelfehlern, aber von abweichender
Zeichnung; die Lilie unter dem Wappen ist durch einen plumpen
Zierrath ersetzt; zwischen dem oberen und mittleren Zahn ein
Punkt, der bei Nr. 255 fehlt.

$R^2 - R$ — s. sch.

Thaler 1594.

273. *Av.* · SIGISMVNDVS — ✺ BATHORI · Brustbild nach rechts wie bisher; der gerippte Harnisch ist vorne und auf den Armschienen
mit einem schmalen, mit kleinen Kreuzchen besetzten Streifen versehen; auf dem Achselstück ein Löwenkopf. Der Buzogan trifft das
R. Vor der Brust ein Kreuz, darüber die 3 Punkte.

Rv. PRINCEPS ✱ TRANSSYLVNIÆ (sic) ✱ 1594 ✱ Das ovale Wappen wie bisher. am unteren Rande eine Lilie zwischen zwei Schnörkeln als Zierrath.

$R^2 -$, R — vorzügl. sch.

274. *Av.* SIGISMVNDVS — ✺ BATHORI Wie vorher, aber der Harnisch
von abweichender Zeichnung; die vorher glatten Rippen desselben
sind mit Nietköpfen versehen, desgleichen die schmalen über den
Armschienen laufenden Streifen: das Achselstück ist geblümt. Der
Buzogan trifft das R wie vorher; vor der Brust das Kreuz mit
3 Punkten.

Rv. Wie der vorige. aber richtig TRANSSYLVANIÆ Durch das
Wappen läuft vom oberen Schildrand bis zum untersten Zahn ein
vertikaler Balken.

$R^2 \cdot \cdot R$ — s. sch.

275. *Av.* ·SIGISMVNDV — S — ✿ BATHORI · Der gerippte mit Nietköpfen besetzte Harnisch zeigt vorne auf der Brust nicht mehr
den bei den vorigen vorhandenen mit Kreuzchen verzierten Streifen,
dagegen ist das Achselstück mit vielen Kreuzchen verziert. Der
Buzogan trifft das O; vor der Brust das Kreuz mit 3 Punkten.

Rv. Wie bei Nr. 273, von abweichender Zeichnung; durch das S
in CEPS bis in den Arm des Engels ein Stempelriss.

R² ·R – vorzugl. sch.

276. *Av.* ·SIGISMVNDVS ✿ — ✿ BATHORI · Der ganze Harnisch, das
Achselstück, die über die Armschienen laufenden Streifen sind geblümt, nur unterhalb der Halsberge ein mit Kreuzchen verzierter
Streifen. Der Buzogan trifft das O; vor der Brust das Kreuz mit
3 Punkten.

Rv. Wie der vorige, von leicht veränderter Zeichnung. Stempelriss
durch den Oberkörper des rechten Engels und durch das A in
TRANS.

R² .R s. sch.

277. *Av.* SIGISMVNDVS — ● BATHORI ● Der Harnisch geblümt, auf
dem Achselstück ein Löwenkopf, die Streifen auf den Armschienen
gegittert. Der Buzogan trifft das R. Vor der Brust das Kreuz, darüber die 3 Punkte, darunter 1 Punkt.

Rv. Wie bisher mit leichten Verschiedenheiten.

R² .R war geh., sonst s. sch.

Thaler 1595.

278. *Av.* ·SIGISMVNDVS ● — ✿ ● ● BATHORI Brustbild nach rechts
wie gewöhnlich, im einfach gerippten Brustharnisch. Achselstück
geblümt, Armschienen glatt. Der Buzogan trifft das letzte I. Vor
der Brust ein Kreuz.

Rv. ✿ PRINCEPS TRANSVLVANIÆ ✿ ✿ 1595 ✿ ● Das ovale
Wappen von äusserst schlechtem Schnitt, die Gewänder der Engel grob
granulirt, zwischen den beiden obersten Zähnen 3 horizontale Punkte.

R¹ .R vorzugl. erh

279. *Av.* Vom Stempel des vorigen.

Rv. ✿ PRINCEPS ✿ TRANSVLVANIÆ ● 1595 ✿ ● Von etwas
besserem Schnitt; die 9 der Jahrzahl scheint vom Stempelschneider
aus einer 8 umgravirt zu sein.

R¹ .R s. sch.

280. *Av.* SIGISMVNDVS × — × BATHORI Brustbild wie bisher im einfach gerippten Harnisch, Achselstück geblümt. auf der Brust beim
Ansatz der Halsberge ein grosser Ring, auf den über die Armschienen laufenden Streifen kleinere Ringe. Der Buzogan, welcher
an seiner Spitze ein Kreuz statt wie bisher einen Knopf trägt.
trifft das O. Vor der Brust das Kreuz.

Rv. ❀ PRINCEPS ❀ TRANSSYLVANIÆ ❀ 1595 . Das Wappen wie
bisher.

                                              R¹ — Æ — s. sch.

281. *Av.* SIGISMVNDVS ❀ — ❀ — BATHORI ❀ Der aus wenigen breiten.
mit sparsamen Nietköpfen besetzten Rippen zusammengesetzte Harnisch zeigt unterhalb der Halsberge und vorne an der Brust einen
breiten Streifen, der mit einer Reihe elliptischer Perlen verziert
ist. Achselstück geblümt, Arme mit einem fein gegitterten Panzerhemd bekleidet, welches auch unterhalb des Gürtels statt der bisher üblichen Schenkelwehren erscheint. Der Buzogan trifft zwischen
O und R. Vor der Brust ein Kreuz.

Rv. ❀ PRINCEPS ❀ TRANSYLVANIÆ ❀ 1595 ❀ ❀ Wappen wie
zuvor.   R¹ — Æ — vorzügl. sch.

282. *Av.* Vom Stempel des vorigen Thalers.

Rv. PRINCEPS TRANSYLVANIÆ ❀ ❀ 1595 ❀ Wie bisher, von
äusserst nachlässigem Schnitt.

                                   R¹ — Æ — war geh., s. g. e.

283. *Av.* ·SIGISMVNDVS ❀ — BATHORI ❀ Die Rippen des Harnisch
sowie der Halsberge mit zahlreichen grossen Ringeln bedeckt.
Achselstück geblümt, Arme mit dem Panzerhemd bekleidet. Der
Buzogan trifft das letzte I. Vor der Brust ein Kreuz.

Rv. ❀ PRINCEPS ❀ TRANSSYLVANIÆ ❀ 1595 ❀ Wie vorher, von
besserem Schnitt.

                                   R¹ — Æ — vorzügl. erh.

284. *Av.* × SIGISMVNDVS — × BATHORI × Die Rippen des Harnisch
mit kleinen Kreuzchen verziert, das Achselstück sowie der vor der
Brust befindliche Streifen geblümt. Das die Arme bedeckende
Panzerhemd aus groben Ringeln zusammengesetzt. Der Buzogan
trifft das O. Vor der Brust ein Kreuz. Der Stempelschneider hatte zuerst nach dem T ein O gravirt, welches unter dem H noch sichtbar ist.

Rv. ❀ PRINCEPS ❀ TRANSSYLVANIÆ ❀ 1595 ❀ Wappen wie vorher, mit geringen Abweichungen.

                                   R¹ — Æ — s. g. e.

285. *Av.* SIGISMVNDVS ❀ ❀ BATHORI ❀ Harnisch gerippt, die Rippen
mit weit von einander stehenden, drei regelmässige Langsreihen bil-
denden Nietköpfen versehen, Achselstück geblümt, die über die
Armschienen laufenden Streifen mit liegenden Kreuzchen verziert.
Der Buzogan zwischen O und R, vor der Brust ein Kreuz.

Rv. ❀ PRINCEPS ❀ TRANSYLVANIÆ ❀ 1595 ❀ ❀ Das Wappen
wie gewöhnlich.

R¹ .R Sgl

286. *Av.* Vom Stempel des vorigen Thalers.

Rv. PRINCEPS · TRANSYLVANIE ❀ ❀ 1.5.9.5 ❀ Wappen von
sehr rohem Schnitt, der Fürstenhut durchbricht den inneren Perlenkreis.

R¹ .R s. sch.

287. *Av.* SIGISMVNDVS ❀ – ❀ ❀ BATHORI ❀ Brustharnisch und
Achselstück geblümt, der über die Arme laufende Streifen zeigt
oben eine, unten zwei sternförmige Figuren. Der Buzogan trifft
das R, vor der Brust ein Kreuz.

Rv. ❀ PRINCEPS ❀ TRANSYLVANIÆ ❀ 1595 ❀ ❀ Der Wappen
von besserem Schnitt.

R¹ .R vorzügl. erh

288. *Av.* Vom Stempel des vorigen.

Rv. ❀ PRINCEPS TRANSYLVANIÆ ❀ ❀ 1595 ❀ Das Wappen
wie vorher, aber viel schlechtere Arbeit, namentlich die Buchstaben
ganz unregelmässig, beim R in PRIN ein Stempelfehler.

R¹ .R s. g. e

289. *Av.* ✶ SIGISMVNDVS ✶ BATHORI Brustharnisch und Achselstück
reich geblümt, bauchiger wie die vorigen. Der über den Arm laufende Streifen ist oben mit 2, unten mit 4 Kreuzchen verziert.
Der Buzogan trifft das O. Kreuz vor der Brust.

Rv. ❀ PRINCEPS ❀ TRANSSYLVANIÆ ❀ 1595 ❀ Das Wappen
wie bisher, von besserem Schnitt.

R¹ .R vorzügl sch

290. *Av.* ❀ SIGISMVNDVS ❀ ❀ BATHORI ❀ Achselstück und Brustharnisch geblümt, aber nicht so bauchig wie beim vorigen; Ober-
und Unterarm mit gegittertem Panzerhemd bekleidet. Der Buzogan trifft das R. Kreuz vor der Brust.

Rv. ❀ PRINCEPS ❀ TRANSSYLVANIÆ ❀ 1595 ❀ Wappen wie zuvor. Beim R in TRAN ein Stempelriss.

R¹ .R s. sch.

291. *Av.* SIGISMVNDVS ✿ ✿ ✿ BATHORI ✿ Harnisch geblümt,
Achselstück glatt, die Arme mit dem Panzerhemd bekleidet. Der
Buzogan trifft den geraden Schenkel des R. Kreuz vor der Brust.
Rv. ✿ PRINCEPS ✿ TRANSYLVANIÆ ✿ 1595 ✿ ✿ Derselbe Stem-
pel wie Nr. 279 mit der aus 8 geänderten 9.

R¹ — R — vorzügl. sch.

292. *Av.* Vom Stempel des vorhergehenden.

Rv. ✿ PRINCEPS ✿ TRANSYLVANIÆ ✿ 1595 ✿ ✿ Gute Arbeit.

R¹ — R — vorzügl. sch.

293. *Av.* Vom Stempel des vorigen.

Rv. ✿ PRINCEPS TRANSYLVANIÆ ✿ ✿ 1595 ✿ Von rohem
Schnitt, unregelmässige Buchstaben.

R¹ — R — s. sch.

Thaler 1596.

294. *Av.* · SIGISMVNDVS · — · – · BATHORI · Brustbild bis zum halben
Leib nach rechts wie bisher, aber viel schmäler. Der gerippte
Harnisch hat vorne an der Brust und an der Seite einen Streifen
mit einfachen Nietköpfen, Achselstück geblümt, Arme mit dem
Panzerhemd bekleidet. Der Buzogan trifft den gebogenen Schenkel
des R. Vor der Brust ein Kreuz.

Rv. PRINCEPS ✿ TRANSILVANIÆ ✿ 1596 ✿ Das ovale Wappen
wie bisher, von äusserst rohem Schnitt.

R² — R — vorzügl. sch. erh.

295. *Av.* SIGISMVNDVS — · – · BATHORI · Wie vorher, mit geringen
Abweichungen. Der Buzogan trifft den geraden Schenkel des R.
Rv. PRINCEPS ✿ TRANSYLVANIÆ ✿ .1.5.9:6 ✿ Wie der vorige.

R² — R — s. sch.

296. *Av.* SIGISMVNDVS   – BATHORI · Brustbild wie vorher mit
wenig veränderter Zeichnung. Der Buzogan trifft zwischen die
beiden Schenkel des R.
Rv. PRINCEPS ✿ TRANSILVANIÆ ✿ 1.5.9.6. ✿ Von sehr nachlässigem Schnitt, das R in TRANSIL sieht aus wie ein P und das
L wie I.

R² — R s. sch.

Nagy-Banya'er Thaler 1597 (mit N   B).

297. *Av.* SIGISMVNDVS — ✦   BATHORI· Brustbild nach rechts bis
zum halben Leib wie bisher, Harnisch ganz wie bei den vorhergehenden Thalern von 1596. Kreuz vor der Brust.
Rv. PRINCEPS ● TRANSILVANIÆ 1.5.9.7 ● Das gekrönte Familienwappen im mehrfach ausgeschweiften Schilde, auf einem
Kreuze liegend. Unten zu beiden Seiten des Schildes N   B

                                                    R⁴ .R s. g. e

Nagy-Banya'er Thalerklippe 1597 (mit N   B).

298. *Av.* Wie der vorige, aber SIGISMVNDVS   ·BATHORI·
Rv. Wie vorher, aber PRINCES (sic) ● TRANSYLVANIÆ ● 1 ●
5 ● 9 ● 7 ●
Siehe Abbildung, Tafel I.   R⁵   .R gel., s. g. e.

Nagy-Banya'er Thaler 1597, für die Moldan-Wallachei.

299. *Av.* ● SIGISMVNDVS ● D ● G ● TRANSYLVANI ● Brustbild wie
vorher, der Rumpf theilt aber die Umschrift nicht, über der Halsberge ist vorne ein kleiner doppelter Kragenumschlag sichtbar.
Der Buzogan, dessen Knopf im inneren Perlenkreis liegt, trifft den
linken Schenkel des N in ANI. Vor der Brust ein Kreuz.
Rv. MOLDAVI : WALA : TRAN : S : R : I : PRIN : 1 ● 5 ● 9 ● 7 ✿ Das
gekrönte Wappen Bathori auf einem Kreuz wie bei Nr. 297. Unten
N   B
    Mad. 1601. Cat. Sch. 1843.   R² — .R vorzügl. sch.

300. *Av.* Wie vorher mit wenig veränderter Zeichnung. Der Buzogan
durchbricht den inneren Kreis und trifft zwischen die beiden
Schenkel des N. Der wagerechte Kreuzbalken trifft das V (auf dem
vorigen den rechten Schenkel des M) in MVN.
Rv. Aehnlich dem vorigen, der linke Kreuzbalken trifft das I in
PRIN (auf dem vorigen das R), der untere trifft das N in TRAN
(auf dem vorigen das A).
                                                    R² .R vorzugl. sch

301. Aehnlich dem vorigen. Der Buzogan trifft ebenfalls das N in der
Mitte, bleibt aber innerhalb des inneren Kreises, die Spitze des
Ellenbogens, welche auf den beiden vorigen in das A in TRANS
dringt, theilt die Umschrift zwischen R und A.
Rv. Wie vorher, leicht abweichend. Der linke Kreuzbalken trifft
zwischen R und I, der untere zwischen A und N.
                                                    R² .R s. sch

302. *Av.* Wie der vorige, wenig abweichend. Der Buzogan, dessen Knopf
im inneren Kreis liegt, trifft den linken Schenkel des N.
Rv. Aehnlich dem vorigen, die rechte Zacke der Krone trifft das
L in MOL, beim vorigen zwischen O und L.
R^2 $\mathcal{R}$ — s. sch.

303. *Av.* Wie vorher, die Spitze des Buzogan trifft den rechten
Schenkel des N, bleibt aber im inneren Perlenkreise.
Rv. Wie vorher, der linke Kreuzbalken trifft das I in PRIN, der
untere zwischen A und N in TRAN.
R^2 — $\mathcal{R}$ vorzügl. sch.

304. *Av.* Wie der vorige, der Ellenbogen trifft zwischen R und A in
TRANS, auf dem vorigen zwischen A und N.
Rv. Wie gewöhnlich, der linke und untere Kreuzbalken treffen
das N in PRIN und TRAN.
R^2 — $\mathcal{R}$ vorzügl. sch.

305. *Av.* Wie vorher, der Buzogan durchbricht den Kreis und berührt
mit seinem Knopf den rechten Schenkel des N. Ellenbogen zwischen
A und N.
Rv. Aehnlich dem vorigen, mit geringen Abweichungen, der linke
Kreuzbalken mehr zwischen N und : 1 der Jahrzahl.
R^2 — $\mathcal{R}$ — s. g. e.

306. *Av.* Wie der vorige, aber der Buzogan, dessen Verlängerung ebenfalls den rechten Schenkel des N trifft, bleibt innerhalb des
inneren Kreises. Ellenbogen in A.
Rv. Aehnlich dem vorigen, der linke Kreuzbalken zwischen I und N.
Wesz. IV. 10. R^2 — $\mathcal{R}$ — war geh., s. sch.

Cronstädter Thalerklippe 1601.

307. *Av.* Unter einer Krone der Doppeladler mit dem gekrönten Wappen
Bathori auf der Brust, umgeben von der Kette des goldenen Vliesses.
Umschrift: SIGIS · TRANS · ET · — SAC ROM IMP · P · RIN In den
vier Ecken der Klippe lilienartige Verzierungen. ·
Rv. Oben in drei Zeilen DEO VINDICI | PATRIAE   Darunter,
durch einen geraden Strich davon getrennt, ein runder Stempel mit
dem Cronstädter Wappen (wurzelreicher Baumstamm durch eine
Krone gesteckt).   Umschrift: MONETA CIVITATIS CORONENSIS.
Oben zu beiden Seiten des Stempels die getheilte Jahreszahl 16 — 01.
In den Ecken dieselben lilienartigen Verzierungen wie auf dem *Av.*
Sz. III. 3. Mad. 4093 (wo irrig VINDICE). R^6 — $\mathcal{R}$ — s. g. e.

308. *Av.* Wie der vorige, aber kleinerer Stempel und Umschrift: SIGIS·
TR·ANS·ET   S·AC·ROM·IMP·PRIN
Rv. Wie der vorhergehende, aber der Trennungsstrich zwischen
der Ueberschrift und dem unteren Stempel, sowie auf beiden Seiten
die lilienartigen Verzierungen in den Ecken fehlen.

R⁵ .R   s. g. e

Dreigröscher 1594.

309. *Av.* SIGISMVNDVS ❀ BATHORI· Nach rechts gewendeter Kopf
des Fürsten, die Schrift oben theilend, mit langem mit der Halsberge des Harnisch bekleideten Halse.
Rv. In sechs Zeilen 15 94 | GRO ARG TRIP·PRIN TRAN·
SILV ANIÆ* *III*   Die beiden oberen Reihen der Schrift
sind von dem mit dem Fürstenhut bedeckten Bathori'schen Schild
(die drei Drachenzähne nach rechts) unterbrochen.

R⁴ .R   s. g. e.

Dreigröscher für die Moldau-Wallachei.

310. *Av.* SIG·D·G·TRAN·MOL·WAL·S·R·I·P·   Geharnischtes
Brustbild nach rechts.
Rv. In sieben Zeilen *II·I* ·1·5· 96· GRO: ARG TRIP*
PRIN· TRANSYL· VANLE· ·*·   Das gekrönte Wappen Ba-
thori (die drei Drachenzähne nach links) unterbricht die zweite
und dritte Zeile der Aufschrift.
  (Wesz. IV. 11.)

R² ~ .R   s. g. e

311. *Av.* SIG DG TRAN·MOL·WA S R I P Brustbild wie zuvor, von
abweichender Zeichnung.
Rv. Wie der vorige, aber *III* 1.5 9 6 GRO ARG und
ohne Punkt nach TRANSYL.

R³ .R   s. g. e

312. *Av.* Wie der vorige, aber MOL·WA· und überall Trennungspunkte.
Rv. ❀ I·I·I ❀. ·1·5· ·9·7· GRO ARG TRIP:PRIN: TRAN·
SYL· VANIÆ· ·*·

R² .R   s. g. e

313. Wie der vorige, aber MOL·WA:S·R·I·P·

R² .R   Stgl

314. Im Wesentlichen wie die vorhergehende Nr., aber mit MOL·WAL·
(10 Stempel mit kleinen Verschiedenheiten.)
  (Wesz. IV. 11.)

R² .R   s. g. e

315. *Av.* SIG D G TRAN MOL WAL S R I P ·   Kopf nach rechts.

   Rv. · III · | 15   98   GRO   ARG | TRIP · PRIN | TRANSYL ·
   VANIÆ ·   · Zierrath · | und das Wappen wie zuvor.   Im *Av.* und
   Rv. am Rande ein innerer Linien- und äusserer Strickkreis.   (Zwei
   variirende Exemplare.)

                                                R⁴ — Æ   s. g. e.

   Solidus 1591.

316. *Av.* SIGISMV PRINC · TRANSIL. · Unter einer Krone das Wappen
   Bathori, die Drachenzähne nach rechts gerichtet.

   Rv. SOLIDVS · REGNI · TRANSA · Ein grosses, verziertes S unter
   einer Krone, an den Seiten die getheilte Jahreszahl 15   91
   Unedirt. *Siehe Abbildung, Tafel I.*   R⁴ — Billon. — s. g. e.

RUDOLPH II.,

1598, April – August, und 1602 – 1605.

Nach Sigismund Bathori's zweiter Abdankung blieb das Land unter der Verwaltung des kaiserl. General Statthalters Georg Basta, bis dieser im Jahre 1605 durch die Siege Stephan Bocskai's gezwungen ward, das Land zu verlassen

Clausenburger Ducat 1598.

317. *Av.* RUDOL · II D : G RO   M ·   IM · S · A · G · HB · R ·   · Der heilige Ladislaus stehend, wie gewöhnlich, zu beiden Seiten S   L.

Rv. + PATRONA +   + HVNGARIAE 98 Die Muttergottes mit dem Jesuskind auf dem Halbmond sitzend wie bisher. Unten in der Umschrift das Clausenburger Castell.

(Wesz. V. 2.)   R^a   N'   vorzugl. erh.

318. *Av.* RVDOL · II D G RO   M ·   · IM · S · A · G · HB · R ·   (über HB ein Punkt.) Sonst wie der vorige.

                                                R^a   N'   vorzugl. erh

319. *Av.* RVDOL · II D : G RO   M ·   IM · S · A · G · HB · R ·   · Sonst wie vorher.

                                                    R^a   N'   g. e.

320. *Av.* · RVDOL · II D : G R   OM   IM · S · A · G · HB · R · Sonst wie vorher.

                                                    R'   N'   s. sch

321. *Av.* RVDOL II D G RO   M   IMSAGHBR (ohne Punkte) und zu den Seiten des Heiligen I   S (anstatt S   L.)

Rv. Wie bei Nr. 317.

                                                    R^a   N'   g. e

*Einseitiges Medaillon, auf den Sieg des kais. Generals Basta und
des Wojwoden Michael von der Wallachei über Sigismund
Bathori (1601).*

322. *Av.* Zwischen zwei niedergekauerten, gefesselten Gefangenen, von
denen der nach links gewendete fast nackt, der nach rechts blickende
bekleidet ist, eine aufrecht stehende, nackte weibliche Figur von
herrlichen Formen, an den Hüften von einem lose geschürzten,
faltig niederfallenden Tuche nur leicht bedeckt. Die hoch erhobene
Rechte winkt mit dem Siegeskranz, die Linke hält eine abwärts
gerichtete brennende Fackel; der linke Fuss steht auf einem am
Boden liegenden Harnisch; hinter den beiden Gefangenen erheben
sich zu beiden Seiten der Göttin reiche Trophäen von erbeuteten
Fahnen und Waffen. Oben als Ueberschrift und von dem Lorbeerkranze getheilt: (Zierrath) VICTORIA — DACICA (Zierrath).

> cf. Wesz. VI. 1 (dort aber von ganz verschiedener, in umgekehrter Rich-
> tung dargestellter Zeichnung). — Unser vorliegendes Exemplar lässt
> nach seiner stylvollen, edlen Zeichnung, nach der weichen Ausführung
> der Figuren und geistreichen Behandlung der Köpfe, namentlich der
> beiden Gefangenen, mit Sicherheit auf den berühmten Meister Antonio
> Abbondio als den Verfertiger dieser Denkmünze schliessen.

> Die Erhaltung ist eine vorzügliche, an der rechten Seite ein kleines
> Stückchen ausgeschnitten.

R^G — Blei.

*Hermannstädter Medaille 1602, auf den traurigen Zustand des
durch kaiserliche, wallachische und türkische Kriegsvölker und
durch die Pest verheerten Landes.*

323. *Av.* Umschrift zwischen zwei Linienkreisen, oben rechts beginnend
TERRENA CONSIDES (sic) VT COELICA POSSIDEAS + Kopf mit
drei Gesichtern, eins unbärtig nach links gewendet, davor das Wort
OCCIDENS, eins bärtig nach rechts, davor ORIENS, quer über
den beiden liegend ein drittes ebenfalls bärtiges, nach oben gerichtet, darüber DEVS. Die Schrift am Halsabschnitt durch Doppelschlag undeutlich.

Rv. In sieben Zeilen ATEGO (sic) ET FRONTE MALVM TANDEM |
PROPITIARE DEVS AN MDCII FATALI, TRANSSIL: VANIÆ

Unedirt. *Siehe Abbildung, Tafel I.*   R⁸ — A' 12,1 Grm. — s. sch.

324. *Av.* Umschrift unten links beginnend, ohne den inneren Schriftkreis.
TERRENA · CONSIDERES · VT · CAELICA · POSSIDES · (sic)   Der
Kopf mit den drei Gesichtern wie vorher, am Halsabschnitt NW
CIBIN 1602

Rv. In sieben Zeilen: A · TERGO   ET · FRONTE   MALVM · TAN-
DEM DEVS · PROPITIARE   AN · MDCII · FATA : LI · TRANSSYL
VANIÆ ⊛ · | · ⊛ · ⊛ ·

Wesz. V. 7.   R⁵ — A' 7,₆ Grm. — vorzügl. erh

325. Wie die vorige, doch mit Doppelpunkt nach TRANSSYL. :
R⁵   A' 5,₂ Grm. — s. g. e

326. *Av.* und *Rv.* von den Stempeln der Nr. 324. doch ohne die Punkte
nach TERRENA und POSSIDES
R⁴   Æ 5,₆ Grm. — s. sch.

327. *Av.* Vom Stempel der Nr. 324.

Rv. In sieben Zeilen: A TERGO   ET FRONTE   MALVM TANDEM
DEVS PROPITIA : RE · AN MDCII · F : ATALI · TRAN SSILANI
R⁴ — Æ 7,₆ Grm. — s. sch.

328. Genau wie die vorige Nr., aber von doppelter Dicke.
R⁴ — Æ 12,₆ Grm.   s. sch

NB. Die vorstehenden Hermannstädter Nothstands-Medaillen von 1602
findet man Szech. pag. 21 u. a. O. öfters der kurzen Zwischenregierung
des Moyses Székely zugetheilt.

Clausenburger Ducat 1604.

329. *Av.* RVDOL · II · DG · R · I   S · A · G · H · BO · REX · Der gehar-
nischte Kaiser stehend, mit einem Fürstenhut bedeckt, mit der
Rechten das Scepter schulternd, in der Linken den Reichsapfel.
Zu beiden Seiten C   B, zwischen seinen Füssen das Clausenburger
Castell.

Rv. ARCHID · AVST · DVX · BVR · MA · MO · 1604   Der gekrönte
Doppeladler, auf der Brust das oesterreichisch-burgundische Wappen.
(cf. Wesz. V. 4. von 1605).   Rᵃ   A'   s   e

Hermannstädter Nothmünzen
von 1605.

(Während der Belagerung der Stadt durch Stephan Bocskai von dem zur kaiserlichen Partei haltenden Judex
regius Albert Hutter geschlagen.)

10 Ducatenstück.

330. *Av.* · RVDOL · II · D · G · RO · IMP (M und P verbunden) · S · AVG ·
G · H · B · REX ✦ Der gekrönte kaiserliche Doppeladler mit dem
oesterreichisch-burgundischen Schild auf der Brust.

Rv. SOLI DEO GLORIA CIVIT : CIBIN : ANNO 1605 ✠ Zwei ge-
kreuzte Schwerter unter einer Krone, in dem oberen Winkel des
durch dieselben gebildeten Kreuzes ein kleines Dreieck, dessen
Ecken herzförmig verziert sind, unten das Einhorn (Wappen des
Judex regius), links H und rechts unter einem Fürstenhut sein
Monogramm AHR (Albertus Hutter, judex regius).

Unedirter Stempel.   R⁴ — A' — vorzügl. sch.

Nothducat 1605.

331. *Av.* RVDOL · II · D · G · RO · IMP · S · AVG · G · H B · R · EX · Darstellung wie vorher.

Rv. SOLI DEO GLORIA CIVIT : CIBIN : ANNO 1605 ⊛ Dieselbe
Darstellung wie auf dem 10 Ducatenstück.

Wesz. V. 3.   R⁴ — A' — s. g. e.

Noththaler 1605.

332. *Av.* Vom Stempel des 10 Ducatenstücks Nr. 330.

Rv. SOLI DEO GLORIA CIVIT : CIBIN : ANO · 1605 ⊛ Der Stempel
des *Rv.* unterscheidet sich von dem des 10 Ducatenstücks, abge-
sehen von kleinen Verschiedenheiten der Zeichnung, hauptsächlich
durch das Wort AÑO (statt ANNO). auch steht am Schluss der
Umschrift eine Rosette (statt des Kreuzes).

Mad. 1605 (abgeb.) Sz. IV. 2. Wesz. V. 5.   R⁷ — AR vorzügl. sch.

MICHAEL der Tapfere,

Wojwode der Wallachei, als Statthalter von Siebenbürgen etc.

Schauthaler 1600.

333. *Av.* MICHA ~ EL : VAL : TRANS : VAIW : S : G : R.E : M : CONS : PER : Brustbild des Wojwoden von vorne mit langem Bart, im pelzbesetzten Gewande, Pelzmütze mit grosser Agraffe und Reiherbusch, welcher die Umschrift theilt.

Rv. TRANSYL : LOCVMT : CIS : TRAN : PAR : EI : (statt ET) SVP : EXER : GE : CAP (blattähnliche Verzierung) Im Felde in acht Reihen : : A : D : | VIGILAN TIA : VIRTV TE : ET : ARMI S : VICTORI AM : NACT | (Blattzierrath) VS (Blattzierrath) | 1600 darunter eine Verzierung.

(Wesz. IV. 12 in Gold, aber : 1600 :).   R⁴   ₳   s. g. c

GEORG BASTA,

kommandirender kaiserlicher General in Siebenbürgen und allda zur Statthalter, ... anlassung der Wojwode Michael ermordet werde etc.

Ovale Medaille 1603.

334. *Av.* GEORG • BASTA •   DNS • IN SVLT • EQV • AVR Geharnischtes Brustbild nach rechts mit kurzem, treppenförmig geschnittenem Haar, Schnurr- und spitz gedrehtem Kinnbart. Am Halse ein schmaler, glatter, umgeschlagener Kragen.

Rv. S • C • M • AC • CATH • REG • HISP • CONSIL • BEL • ET IN • TRANS CAPIT • GENER ❀ Im Felde unter einem Lorbeerkranz, durch den drei Palmzweige gesteckt sind, in vier Reihen : VALI : PROF : SIC : DEV : | DAC : REC 1603 |

Sz. III. 8.   R⁴   ₳ 2⅛ Grm.

335. *Av.* Wie der vorige.

Rv. Wie vorher, aber GENERAL ❀ statt GENER ❀, ferner mit REC : | •1603• (anstatt REC 1603), auch lautt die Umschrift zwischen zwei doppelten Linienovalen.

R⁴   ₳ 2,₅₀ Grm.   Im Rv. etwas Doppelschlag, sonst s. sch

4

336. *Av.* Vom Stempel der vorhergehenden.

Rv. Wie der vorige mit kleinen Abweichungen. Statt CONSIL •
steht CONSĪL, ferner im Felde VALL ⁚ PROF (über V und F je ein
Stern) | SIC ⁚ DEV | DAC ⁚ REC ⁚ • 1603 • | der Kranz ist mehr
gerundet wie vorher, daher nähert sich sein oberer Rand mehr dem
die Umschrift davon trennenden doppelten Linienoval.

Wesz. IV. 1.   R⁴ — Æ 20,₆ Grm. — vorzügl. sch.

Ovale Zwitter-Medaille 1603/1605.

337. *Av.* GEORG • BASTA • — • DNS • INSVLT • EQV AVR • Das Brustbild wie bei den vorigen; am Armabschnitt N W 1605 (nicht 1603,
wie Szechenyi pag. 23. Nr. 3 angiebt).

Rv. Dem vorigen ähnlich, mit CONSL (ohne Punkt über dem L).
Die Umschrift läuft zwischen zwei doppelten Perlenreihen; auf
den früheren sind es glatte Linien.

Sz. IV. 1.   R⁴ — Æ 20,₅ Grm. — vorzügl. sch.

CYPRIAN von CONCIN zu Malgoi.

Hermannstädter Medaille 1604.

338. *Av.* CIPRIAN × VON × CONCIN ⁄ ZV × MALGOI × 16 + 04 × Quadrirtes
doppelt behelmtes Wappen (im ersten und vierten Felde ein V.
im zweiten und dritten ein Schrägbalken zwischen Stern und Halbmond). Als Helmzierde links ein feuerspeiender Thierkopf, rechts
ein Adlerflug.

Rv. Der Kopf mit den drei Gesichtern wie auf den sub Nr. 323   328
beschriebenen Hermannstädter Medaillen, mit der Beischrift + OCCI-
DEN + DEVS + ORIENS + Umschrift (unten links beg.) TERRENA •
CONSIDERES + VICAELICA + (statt VT CAELICA) POSSIDES +
(statt POSSIDEAS).

Unedirt. *Siehe Abbildung, Tafel I.*   R⁴ — Æ 30,₂ Grm.   s. g. e.

Moyses Székely

1602 — 1603.

Basta's grausame Verwaltung bewirkte bald eine Erhebung, durch welche Moyses Székely zum Fürst erwählt wurde, allein schon nach kurzer Zeit fiel dieser bei Rosenau im Kampfe gegen den kaiserlichen Feldherrn Georg Ratz.

Medaille 1603.

339. *Av.* MOISES ZEKEL DE SEMIENFALVA VAIVODA TRANSIL-
VANIÆ ET SICVL COMES (Arabeske). Zwei Löwen halten ein
durch eine Krone gestecktes Schwert, oben zu beiden Seiten des-
selben zwei Sterne und zwei Halbmonde.
Rv. ANNO DOMINI MILLESIMO SEXCENTESIMO TERTIO·
CLAVDIOPOLI (Arabeske). Im Felde in drei Reihen: DOMINVS
PROTECToR | MEVS ; oben und unten ein Zierrath.
   (Sz. IV. 4 und Wesz. IV. 13, beide in Gold).   R   Blei

Medaille 1603 (von Becker).

340. *Av.* und *Rv.* wie die vorige Nr.
                                              R   Grm

STEPHAN BOCSKAI

1604 — 1607,

Oheim Sigismund Bathori's, bereits 1604 von den Aufständischen zum Fürsten ausgerufen, empfing 1605,
nach Basta's Rückzug und nachdem er das ganze Land und einen Theil vom Ungarn in seinen Besitz gebracht
die Huldigung der Stände, starb aber bereits am 29. Dezember 1606.

10 Ducatenstück 1605.

341. *Av.* STE : BOCHKAY. D : G : HVNGA : TRAN : Q3 · PRIN : ET · SICV :
COMES ⊕ Geharnischtes Brustbild nach rechts mit niedriger Pelz-
mütze (Kalpag).
Rv. DVLCE · EST · PRO · PATRIA · MORI · 1 : 6 : 0 : 5. ⊕ Ein aus
Wolken hervorragender geharnischter Arm hält ein Schwert, um
welches sich ein Band in doppelter Windung schlingt: auf der
oberen PRO · DEO · auf der unteren ET · PATRIA.
(Sz. IV. 7 u. Wesz. VI. 3, ungenau.)   R⁶ — A' — Stgl.

Clausenburger Doppelducat 1606.

342. *Av.* STE : BOCH : D : G : HVNG : TRAN : PRI · Kopf mit der Pelz-
mütze nach rechts, daneben C V (Colos Vár Clausenburg).
Rv. ET · SICVLORVM. - COMES. 1606. Das Bocskai'sche Familien-
wappen (ein sitzender Löwe, der in der Rechten einen gefiederten
Pfeil hält) umwunden von einem geringelten Drachen, der sich in
den Schwanz beisst. Unten in der Umschrift das Clausenburger
Castell.
Wesz. VII. 2.   R⁵ A' — s. g. e

Clausenburger Ducaten 1606.

343. *Av.* Vom Stempel des vorigen Doppelducaten.
Rv. ET · SICVLORVM - COMES. 1 : 6 : 0 : 6 ⊕ Das Wappen wie vorher.
R² A' — war geh., sonst s. sch.

344. *Av.* Wie der vorige, mit wenig abweichender Zeichnung. Das V
neben dem Kopf entspricht dem OC in BOCH, auf dem vorigen
dem BO.
Rv. Vom Stempel der No. 342.

R² N s. g. e

345. *Av.* Vom Stempel des vorigen.
Rv. ET · SICVLORVM   COMES 1606. Sonst wie vorher.

R² N   sl

346. *Av.* Wie vorher, aber Doppelpunkt nach PRI:
Rv. ET · SICVLORVM   COMES. 1606.

R² N   s. e

347. *Av.* Vom Stempel des vorigen.
Rv. Vom Stempel der No. 342.

R² N s. g. e

348. *Av.* Wie vorher, aber PRIN· statt PRI· Das V neben dem Kopfe
entspricht dem E in STE.
Rv. Genau wie No. 343, mit 1:6:0:6 ◆

R² N Sel.

349. *Av.* Wie vorher, aber PRIN: Das V entspricht dem O in BOCH.
Rv. Vom Stempel des vorigen.

R² N s. sel.

Nagybanyaer Ducat 1605.

350. *Av.* STEPHA : BOCHKAY : PR · TRAN · SYL · Die Muttergottes mit
dem Jesuskind auf dem Halbmond, wie bisher.
Rv. : S : LADISLAVS :   : REX : 1605 : : Der stehende hl. Ladislaus wie gewöhnlich, zu beiden Seiten N   B
(Wesz. VII. 1, ungenau).

R· N s. g. e

*Ducaten, ohne Angabe der Münzstätte, dem Typus zufolge aber
ebenfalls in Nagy-Banya geprägt.*

351. *Av.* STEPH · D · G · HVN ·   TRAN · P · ET · SI · CV (sic)   Der
stehende hl. Ladislaus wie bisher, zu beiden Seiten S   I.
Rv. : PATRONA : HVN   GARI : 1606 :   Die Muttergottes wie
bisher; unten in der Umschrift ein kleines Schildchen mit dem
Bocskai'schen Löwen.
(Wesz. VII. 3, von 1605.)

R N s. g. e

352. *Av.* STEPH : D : G : HVN ·   TRAN · P · ET · SI : CV :
Rv. : PATRONA : HVN   GARLE : 1606 : Sonst wie der vorige.

R N s. e

353. *Av.*: STEPH · D : G · HVN · — · TRAN · P · ET · SI · C · — · Der Heilige wie vorher.

Rv. · PATRONA : HVN   GARI : 1607 ● : Wie vorher.

R⁵ — A⁷ — s. g. e.

354. *Av.* · STEPH · D : G · HVN — · TRAN · P · ET · SI · C

Rv. PATRONA : HVN   GARI : 1607 : - · Sonst wie vorher.

R³ — A⁷ — s. g. e.

Ducaten o. J. und ohne Angabe der Münzstätte.

355. *Av.* MON · OR · TRAN — ISL · VA · VNG — × Der stehende Heilige wie gewöhnlich, zwischen seinen Füssen ein Schildchen mit dem Boeskai'schen Löwen.

Rv. PATRONA × — VNGARIE Die Muttergottes wie bisher. Unten in der Umschrift zwei gekreuzte Zainhaken.

Sz. IV. 6.   R² — A⁷ — s. g. e.

356. *Av.* MON OR TRAN — ISL VA VNG - ✛ Der stehende Heilige, zwischen seinen Füssen das Clausenburger (?) Castell im Schildchen.

Rv. PATRONA · HVNGARIE · Die Muttergottes wie vorher. Roher Schnitt.

R² — A⁷ — s. g. e.

NB. Nach Széchenyi wäre der Ducat Nr. 355 auf Befehl Stephan Bocskai's, als er sich 1604 zum Kriege vorbereitete, in Nagy-Banya geschlagen; dieselbe Bemerkung dürfte dann auch auf den Ducaten Nr. 356 anwendbar sein. Das häufige Vorkommen beider Münzen in niederrheinischen Funden deutet übrigens mehr auf die Niederlande als deren Heimath (Provinz Holland, Campen?), weshalb wir uns auf die Wiedergabe je eines Exemplares aus den vorliegenden Varianten beschränken.

¹ ¹ *Ducat 1606 (Denarprobe).*

357. *Av.* STEPH · DG · HVN TRAN P ET · SI · CV · (sic) Das ungarische Wappen, im ersten Felde das Patriarchalkreuz, im zweiten die Streifen.

Rv. · PATRONA · — · HVNGARI · Die Muttergottes mit dem Kinde, zu ihren Füssen, die Umschrift theilend, die Jahreszahl 1606.

Unedirt, *siehe Abbildung Tafel I.*   R⁵ — A⁷ — s. g. e.

Doppelthaler 1606.

358. *Av.* STEPHAN : BOCHKAY : D : G : HVNGAR : TRAN · Q : PRIN : ET : SICVL : CVMES ✠ Geharnischtes Brustbild mit niedriger Pelzmütze nach rechts.

Rv. DVLCE : EST : PRO : PATRIA : MORI : 1606 : ❀ : Geharnischter Arm mit Schwert wie auf Nr. 341; aber das Band ist in entgegengesetzter Richtung um das Schwert gewunden, so dass PRO DEO auf der unteren, ET PATRIA auf der oberen Windung steht.

Unedirt, *siehe Abbildung Tafel I.* R⁷ .R s. g. e

Schauthaler 1605.

359. Ganz wie das 10 Ducatenstück Nr. 341, aber mit 1 : 6 . 0 : 5.
R⁷ — .R 38.₄ Grm. verg., war geh., sonst s. g. e.

360. Wie der vorige, aber mit 1 : 6 : 0 : 5 wie auf dem 10 Ducatenstück.
R⁶ .R 27,₃ Grm. s. g. e.

361. Ganz wie der vorige, nur leichter im Gewicht und von geringhaltigerem Silber.
R⁶ .R 20,₅ Grm. War geh., s. g. e

362. Wie der vorige, aber 1 : 6 . 0 5
R⁶ — .R 30 Grm. s. sch.

363. Wie der vorige, aber 1 : 60 5
R⁶ .R 27, s. sch.

Nagy-Banya'er Thaler 1605.

364. *Av.* STEPHANVS : BOCHKAY · DE KIS : MARIA · PRIN · TRAN · SYLVA · Das Wappen Bocskai im geschnörkelten Schilde, von dem sich in den Schwanz beissenden Drachen umwunden. Ueber dem oberen Schildrand die getheilte Jahrzahl 16 05

Rv. PARTIVM · REGNI · HVNG · DOMINVS · ET · SICVLOR · COMES · Die Muttergottes, mit der Rechten das Jesuskind, in der Linken einen drei Kreuzblumen tragenden Stengel haltend, auf einem Halbmonde, über dessen Spitzen die Münzbuchstaben N   B stehen.
(Mad. 1602. Sz. IV. 8.) R⁷ .R vorzügl. erh

365. *Av.* Wie der vorige, von etwas abweichender Zeichnung. In der Umschrift sind überall kleine Querstriche statt der Punkte.

Rv. PARTIVM : REGNI · HVNG · DOMINVS · E · T · SICVLOR · COMES Wie vorher, mit wenig veränderter Zeichnung.
R⁷ .R s. g. e.

366. *Av.* Wie vorher; nach BOCHKAY und SYLVA Doppelpunkte, und leicht veränderte Zeichnung.

Rv. PARTIVM · REGNI : HVNG · DOMINVS : ET : SICVLOR · CO-MES Wie vorher, mit geringen Abweichungen.

R² ℛ vorzügl. erh.

367. *Av.* Wie vorher, aber STEPHANVS : BOCHKAY : DE KIS : MARIA : PRIN : TRIN : (sic) SYLVA :

Rv. Wie Nr. 364. aber E · T (statt ET) im *Rv.*

R² ℛ — vorzügl. erh.

368. *Av.* Wie No. 364 aber überall Doppelpunkte.

Rv. Genau vom Stempel der vorigen Nr.

R² ℛ — s. g. e.

369. *Av.* Genau wie der vorhergehende.

Rv. PARTIVM REGNI · HVNG · DOMINVS · ET · SICVLOR · COMES · Die Madonna wie vorher.

R² — ℛ vorzügl. erh.

Probethaler 1605.

370. *Av.* STEPHANVS : DEI : GRATIA : HVNGARIÆ · TRANSILVANIÆ : Geharnischtes Brustbild nach rechts bis zum halben Leib, im blossen Kopf, mit der Rechten den Buzogan schulternd, die Linke am Säbelgriff.

Rv. : QVLÆ : PRINCEPS · ET · SICVLORVM : COMES : 1605 : Drei Wappen neben einander gestellt, links das Ungarische, rechts das Siebenbürgische *). in der Mitte das Familienwappen, vom Drachen umschlungen und mit einem Helm bedeckt, der über den beiden Helmdecken den schreitenden Bocskai'schen Löwen mit dem Pfeil trägt. Oben eine die Umschrift trennende Krone.

Unedirt. *Siehe Abbildung Tafel I.* R³ — ℛ — Stgl.

Dieser Thaler, von sehr schöner Zeichnung und kräftigem Schnitt, kann nur als ein Probethaler im wahren Sinne des Wortes bezeichnet werden. Ohne Zweifel ist der Stempel wegen der fehlerhaften Abbrechung der Umschrift nicht genehmigt worden; der Stempelschneider ist nämlich im Av. mit dem Worte TRANSILVANIÆQVE nicht ausgekommen, bricht daher mit TRANSILVANIÆ ab und beginnt den Revers mit dem ganz sinnlosen Wort QVLÆ.

*) Hier erscheint zum erstenmal auf Münzen das Siebenbürgische Landeswappen, und zwar quergetheilt, oben ein halber Adler für die Ungarn, unten 7 Burgen (4,3 gestellt) für die 7 Städte der Sachsen.

Thaler 1606.

371. *Av.* STEPHANVS (sic) · D · G · HVNGARIÆ · TRAN · SYLVANIE-
QVÆ: (sic) Geharnischtes Brustbild nach rechts, im blossen Kopf,
mit der Rechten den Buzogan schulternd, in der Linken den
Säbelgriff. Statt des A in STEPHANVS hatte der Stempelschneider zuerst ein V geschnitten.

Rv. · PRINCEPS : ET · SICVLORVM · COMES : 1606 : Unter einer
grossen Krone das ovale, von einem Barockrahmen umgebene,
längsgetheilte ungarisch-siebenbürgische Wappen mit dem vom
Drachen umwundenen Bocskai'schen Löwen als Mittelschild.
(Mad. 1604.)   R⁶   .R   s. g. e.

372. *Av.* Wie vorher, aber von ganz veränderter Zeichnung. Das Brustbild ist viel schmäler und höher, so dass der Kopf zum Theil den
inneren Perlenkreis durchbricht; die Hand mit dem Säbelgriff berührt das G in D · G, auf dem vorigen das N in HVN.

Rv. Wie vorher, aber überall Doppelpunkte, auch das Wappen mit
leicht veränderter Zeichnung.
                                        R⁶   .R   vorzügl. erh.

373. *Av.* STEPHANVS : D : G : HVNGARIÆ : TRAN : SYLVANIEQV.E ✠
Geharnischtes Brustbild nach rechts wie vorher.

Rv. PRINCEPS : ET : SICVLORVM : COMES : ANNO : DOMINI : 1606 :
Das Wappen im geschnörkelten Rahmen wie vorher, aber mehr
spitzoval, oben und unten ein Fratzenkopf. Die Umschrift wird
nicht wie bei den vorhergehenden beiden Thalern durch die breite
Krone unterbrochen, sondern letztere bleibt innerhalb des inneren
Perlenkreises und ist daher sehr klein und gedrückt.
Unedirt, *siehe Abbildung Tafel I.*   R⁸   .R   s. g. e.

Kleiner Dickthaler 1606 (vom Stempel eines halben Thalers).

374. *Av.* STEPHANVS : D : G : HVNGARIÆ : TRAN : SYLVANIEQV.E :
Geharnischtes Brustbild im blossen Kopf nach rechts, mit der
Rechten den Buzogan schulternd, die Linke am Säbelgriff.

Rv. · PRINCEPS : ET : SICVLORVM : COMES : 1606 · Unter einer
Krone, in einem mit Schnörkeln verzierten, oben geradlinigen
Schilde das längsgetheilte ungarisch-siebenbürgische Wappen mit
dem Bocskai'schen Mittelschild, wie vorher.
cf. Cat. imp. pag. 158.   R⁸   .R   s. g. e.

¹₁ Thaler 1606.

375. *Av.* DVLCE · EST · PRO · PATRIA · MORI · 1606 ❀ Brustbild nach
links in der mit kleinem Reiherstutz geschmückten, niedrigen Pelzmütze, mit struppigem Haar und Kinnbart. Unter dem auf der
Brust zurückgeschlagenen Wamms wird eine doppelte Reihe von
Knöpfen sichtbar.

Rv. STEPH : BOCHKAY : D : G : H : TRANQ3 · P : ET SIC : C · Unter
einer gefütterten Krone im verzierten, oben geradlinigen Schilde
das ungarisch - siebenbürgische Wappen mit dem Bocskai'schen
Mittelschild wie vorher.

(Wesz. VI. 2.)   R⁷ — AR - Stgl.

Hermannstädter Sechsgröscher 1606.

376. *Av.* STEPHANVS · BOCH · D · G PRINCEPS · HV · TR · ET · S · (C❀)
Geharnischtes Brustbild nach rechts; oben theilt der geschulterte
Buzogan, unten das Hermannstädter Wappenschildchen die Um-
schrift.

Rv. GROS · ARGENT · SE · REG · HV · ET · TRA · 16 · 06 Unter einer
breiten Krone das getheilte ungarisch-siebenbürgische Wappen mit
dem Bocskai'schen Mittelschild; zwischen der Krone und dem
oberen Schildrand die Werthzahl VI.

(Wesz. VII. 1. in Gold).   R⁸ — AR — Stückchen ausgebrochen, sonst s. g. e.

Dreigröscher 1605.

377. *Av.* (Oben r. beg) STEPH · DG · HVN · TRAN · P · ET · SIC · CO
Geharnischtes Brustbild mit grossem die Umschrift oben trennen-
dem Kopf nach rechts.

Rv. In sechs Reihen · III · ¡ Die drei Wappenschilde Ungarn,
Bocskai, Siebenbürgen neben einander | GROS ARG   TRIP
REGNI · HVNGAR · | · 1605 · — Fünf Exemplare, von leicht
variirenden Stempeln.

(Sz. IV. 11.)   R² - AR — s. g. e.

378. *Av.* Ein Punkt vor · STEPH und ein solcher über dem Kopfe.

Rv. Wie vorher; das ungarische Wappen enthält fünf Querbalken,
bei allen übrigen nur drei. Der Bocskai'sche Löwe ist nach rechts
gewendet, statt wie bei den übrigen nach links; auch steht die
III zwischen Doppelpunkten.

R² — AR — s. g. e.

379. Wie die Nr. 377, mit SI · CO · Vier variirende Exemplare.

                  R² .R s. g. c.

380. *Av.* Wie bei der vorhergehenden Nr. *Rv.* Wie bei Nr. 378.

                  R² .R s. g. c.

Dreigröscher 1606.

381. Wie vorher; die *Av.*-Umschrift schliesst SI · CV. Das ungarische Wappen zeigt drei Querbalken. Die · III · im *Rv.* zwischen einfachen Punkten. — Zwölf variirende Exemplare.

  (Sz. IV. 12.)   · R¹ .R s. g. c.

382. Ganz wie die vorige Nr., aber die : III : zwischen Doppelpunkten. — Sechs variirende Exemplare.

                  R¹ .R s. g. c.

383. Wie zuvor, mit ·. III ·.

                  R¹ .R s. g. c.

384. Wie die vorigen, mit SI · CV. Das ungarische Wappen hat vier Querbalken; die : III : zwischen Doppelpunkten. Zwei variirende Exemplare.

                  R¹ .R s. g. c.

385. Wie die vorige Nr., mit ·: III :· — Vier variirende Exemplare.

                  R¹ .R s. g. c.

386. Ganz wie die vorige Nr., nur zeigt das ungarische Wappen hier fünf Querbalken. Mit ·: III :·

                  R¹ .R s. g. c.

387. Die *Av.*-Umschrift schliesst SIC · CO

  Rv. * III * | die drei Wappen GROS * ARGE * TRIP * REGN HVNGARIE * 1 * 6 * 0 * 6 * | *

                  R¹ .R s. g. c.

388. *Av.* STE · D * G * HVN * TRAN * P * ET * SI * CO * Geharnischtes Brustbild nach rechts.

  Rv. Wie beim vorigen, doch mit ARG * ferner HVNGAR * und * 1 · 6 · 0 · 6 *

                  R¹ .R s. g. c.

389. *Av.* STE · D · G · HVN · TR · A · N · P · ET · SICO *

  Rv. * III * Drei Wappen | GROS · ARG TRIP · REGN I HVNGAI (sic) . 1606 · | Von sehr rohem Schnitt.

                  R¹ .R s. g. c.

390. *Av.* STE · D · G · HVN · TRA · P · SI · CO.

  Rv. III | die drei Wappen GROS · ARG TRIP · REG HVNGA · 1606 | Die obere Seite der Wappenschilde ist nicht mehr gerade wie seither, sondern in der Mitte eingebogen.

                  R¹ .R s. g. c.

391. *Av.* STE · DG · HVN · TRAN · P · ET SIC · C ∗ :·
     Rv. · III · | Die drei Wappen in mehrfach geschweiften Schilden
     GROS · ARG | TRIP · REGNI | HVNGAR · | · 1606 ·
     R¹   AR   s. g. e.

392. *Av.* Wie der vorige, mit STEPH · D : G · und SIC · C :·, auch
     ganz verschieden gezeichnetem Brustbild.
     Rv. Mit ∗ III ∗ und GROS ∗ ARG ∗   Das dritte Wappen von
     Siebenbürgen zeigt in der oberen Hälfte den halben Adler, in der
     unteren statt der sieben Burgen eine Krone.   Sieben variirende
     Exemplare.
     R¹ — AR   s. sch.

393. Die *Av.*-Umschrift beginnt mit STE · und schliesst mit S · CO ·
     Der *Rv.* wie bei der vorigen Nr., aber mit GROS ∗ ARG ·
     R¹ — AR   s. sch.

394. *Av.* Wie der vorige, ohne Punkt nach CO
     Rv. Wie vorher, Punkte statt der Sternchen; das S in GROS ist
     im Stempel aus einem I umgravirt. — Von schlechterem Schnitt
     wie die früheren.
     R¹ · · AR – s. g. e.

395. Ganz wie der vorige, nur mit S · CO ∗ im *Av.* — Ebenfalls von
     rohem Schnitt.
     R¹ · AR — s. g. e.

Dreigröscher 1607 (nach seinem Tode geprägt).

396. *Av.* Wie die Nr. 381, die Umschrift schliesst SI · CV ·
     Rv. · III ·   Die drei Wappen | GROS · ARG   TRIP · REGNI |
     · HVNGAR · | · 1607 ·
     R¹ — AR — s. sch.

397. Wie die vorige, mit : III : im *Rv.*
     R¹ — AR — s. g. e.

398. Wie die vorige Nr., mit ∴ III ∴ — Sechs variirende Exemplare.
     R¹ — AR   s. g. e.

399. Wie vorher, mit ● III ● im *Rv.*   Zwei variirende Exemplare.
     R¹ — AR — s. g. e.

400. Wie vorher, im *Rv.* ● III ● und ● 1607 ● — Fünf variirende Exemplare.
     R¹ — AR   s. g. e.

401. Die *Av.*-Inschrift schliesst ET SIC. Im *Rv.* mit ∴ III ∴ und . 1607 .
     R¹ · · AR   s. g. e.

402. Im *Av.* mit ET · SIC · und im *Rv.* mit ● III ● Sonst wie der vorige.
     — Zwei variirende Exemplare.
     R¹ — AR — s. g. e.

403. *Av.* ·STEPH·D·G·HVN·TRA·P·E·S·C· Brustbild.
Rv. ·III· die drei Wappen GROS·ARG TRIP·REG HVNGA·
·1607 Drei variirende Exemplare.

R¹ .R s. sch.

Achteckige Dreigröscherklippe 1607.

404. *Av.* ·STEPH·D·G·HV·TRA·P·E·SC· Brustbild wie seither.
Rv. ·III. Die drei Wappen GROS·ARG· TRIP·REG· HVNGA
·1607·

Siehe Abbildung Tafel I Rⁿ – .R gel., s. sch.

Dreigröscher 1608.

405. *Av.* STEPH DG·HVN·TRAN·P·ET SICV· Geharnischtes Brust-
bild mit grossem Kopf nach rechts.
Rv. ·III· Drei Wappen GROS ARG· TRIP REGNI HVN-
GAR 1608· — Bei diesem und den folgenden, lange nach Stephan
Brocskai's Tode geprägten Dreigröschern erscheint im dritten Schilde
an Stelle des siebenbürgischen Wappens ein grosses Beil, mit nach
links gerichteter Schneide.
(Wesz. VI. 4.) R¹ .R s. e

406. Wie zuvor, die *Av.*-Umschrift schliesst P ET SICV ·.
Rv. mit GROS·ARG TRIP REGNI HVNGAR· ·1608·
R¹ .R s. g. e

407. Die *Av.*-Umschrift schliesst SI CO·
Rv. Wie vorher.
R¹ .R s. g. e.

407 bis. *Av.* Wie vorher.
Rv. mit GROS ARG· TRIP REGNI HVNGAR 1608.
R¹ .R s. g. e

408. *Av.* Wie vorher.
Rv. mit GROS·ARG· TRIP·REGN HVNGAR· ·1608·
R¹ .R s. sch.

408 bis. Wie der vorige, mit GROS ARG TRIP REGN HVNGAR
1608·
R¹ .R s. g. e

408 ter. Wie vorher, mit GROS ARG· TRIP·REGN HVNGAR,
1608·
R¹ .R s. g. e

409. Wie vorher, mit ·III· GROS·ARG TRIP·REGN HVNGAR
·1608
R¹ .R s. sch

410. Wie vorher, mit ⁞ III ⁞   GROS · ARG   TRIP REGN   HVNGAR
· 1608 · |

R¹ — AR — s. sch.

410 bis. Wie vorher. aber mit TRIP · REGN   · HVNGAR | · 1608 · |

R⁴ — AR — s. sch.

411. Wie vorher. mit × III ×   · GROS ARG   TRIP · REGN   HVNGAR ,
· 1608 · |

R⁴ — AR   gel. g. e.

412. Ganz wie Nr. 410 bis, allein das Schild mit dem Beil nimmt die
erste, das ungarische Wappen aber die dritte Stelle ein.

R⁶ — AR — s. g. e.

Dreigröscher 1609.

413. Wie Nr. 405; die *Av.*-Umschrift schliesst SICV ⁞ *Rv.* mit · III ·
und · 1609 ·

(Wesz. VII. 6.)   R⁵ — AR — vorzügl. sch.

414. Ganz wie der vorige, aber mit SICV ·

R⁵ — AR — s. g. e.

415. *Av.* · STEP · D G · HVN · TRA · P · ESC · (sic). Brustbild nach rechts.
Rv. · III ·   die 3 Wappen | GROS · ARG ⁞ TRIP · REG | · HVNGA · ,
· 1609 ·   Anstatt des Beiles enthält das dritte Schild wieder das
Wappen von Siebenbürgen.

Unedirt.   R⁶ · AR — s. g. e.

SIGISMUND RAKOCZI
1607 — 1608,

wurde nach Stephan Bocskai's Tode von den Ständen erwählt, dankte aber bereits im März 1608 wegen Krankheit und hohen Alters wieder ab

10 Ducatenstück 1607.

416. *Av.* (Mönchsschrift) SIGISMVNDVS RAKOCH D : G : PR : TR : PAR : RE : H : D : ET SIC : CO : Geharnischtes Brustbild im blossen Kopf nach rechts, mit der Rechten den Buzogan schulternd, in der Linken den Säbelgriff.

Rv. (Mönchsschrift) SOLI · DEO · GLORIA ❀ ANNO · DO : M DC VII ❀ Im Felde in sechs Reihen · NON ❀ EST CVRRE NTIS NEQVE ❀ VOLENTIS SED | MISERENT IS DEI

Sz. V. 1. Wesz. VII. 7. R⁵ N St4.

Clausenburger Ducat 1607.

417. *Av.* (Mönchsschrift) SIG : RAKO : D : G : PR : TR : PAR : RE : HV : DO : Das geharnischte Brustbild nach rechts wie vorher, zu beiden Seiten C – V (Colos Vár).

Rv. (Mönchsschrift) ET SICVLORVM COMES · M : DC · VII · Ein gekrönter auf einem Fusse stehender Adler, in der rechten Klaue ein Schwert haltend. Zu beiden Seiten des Fusses AQV H.A. darunter zwischen zwei Linien die sieben Burgen in einer Reihe neben einander. Unten, die Umschrift theilend, das Clausenburger Castell.

Sz. V. 2. R⁵ N Stgl

Schauthaler 1607.

418. Von den Stempeln des 10 Ducatenstücks Nr. 416.

R⁵ .R 58 Grm vorzügl erh

Flacher Schauthaler 1607.

419. Ganz wie die vorige Nr., aber im Gewicht eines halben Thalers.

R⁴ .R 17, Grm. vorzügl. sch

GABRIEL BATHORI

1608 — 1613.

Nach Sigismund Rakoczi's Abdankung zum Fürsten erwählt, trieb Gabriel durch seine grausame Regierung die sächsische Nation bald zum Anfstand und ward auf der Flucht vor dem siegreichen Gabriel Bethlen am 27. Oct. 1613 erschlagen.

Nagybanya'er Ducaten.

420. *Av.* · GABRIEL · D · G · PR   IN · TRAN · ET · SIC — · Der stehende heilige Ladislaus mit N   B wie gewöhnlich.
Rv. PATRONA · HVNGARIÆ · 1609 ✸ Die Muttergottes auf dem Halbmond wie seither.
  M. en or pag. 231.   R⁸ — A' — s. g. e.

421. *Av.* Wie der vorige, aber die Umschrift beginnt : GABRIEL und schliesst SI :   :
Rv. : PATRONA · HVNGARI : 1610 : ◉ : Die Muttergottes wie gewöhnlich.
  (Wesz. VIII. 2)   R⁷ — A' — s. g. e.

Clausenburger Ducaten.

422. *Av.* GAB : BA : D : G : TRAN · PRINCE : + (halbes Kreuz). Geharnischtes Brustbild mit blossem Kopf nach rechts, mit der Rechten den Buzogan schulternd, zu beiden Seiten C   V
Rv. PAR : RE : HV : DO : — ET · SI : CO : 1609 : Das gekrönte Wappen Bathori, von dem sich in den Schwanz beissenden Drachen umgeben. Unten in der Umschrift das Clausenburger Castell.
                          R³ — A' — vorzügl. erh.

423. *Av.* GAB : BATHORI : D : G : TRAN : PRI : Brustbild wie vorher.
Rv. PAR : REG : HV : DO : — ET SI : CO : 1609 : Sonst wie vorher.
                          R³ — A' — s. sch.

424. Wie der vorige, aber PAR : RE : HV : DO :   ET SIC : CO : 1609,
im *Rv*.

R¹   A¹   vorzügl. erh.

425. *Av.* Wie bei Nr. 423, aber PRI⚭ und neben dem Brustbild C ⸰V̄
Rv. Wie Nr. 422, aber ET SI : CO : 1609 .
Wesz. VIII. 1.

R¹   A¹   vorzügl. erh.

426. *Av.* Genau wie bei Nr. 423.
Rv. PA : RE : HVN : DO : — ET SI : CO : 1610. Wie vorher.

R⁴   A¹   Stgl.

427. Ganz wie der vorige, nur ohne die Doppelpunkte nach DO

R³ — A¹   Stgl.

428. *Av.* GABRIEL D : G : PRIN : TRANSIL : ⊕ Wie vorher.
Rv. Wie bei Nr. 426, mit leicht veränderter Zeichnung.

R³ — A¹   vorzügl. erh.

429. Ganz wie der vorige, aber ohne die Doppelpunkte nach DO

R³   A¹   s. sch.

430. *Av.* Wie bei Nr. 423.
Rv. PAR : RE : HVN : DO   ET SIC : CO : 1611. Wie bisher.

R³   A¹   vorzügl. erh.

431. *Av.* Wie bei Nr. 423.
Rv. PAR : REG : HV : D :   ET SIC : CO : 1611. Wie vorher.

R⁴   A¹   vorzügl. erh.

432. *Av.* Wie vorher.
Rv. PA : REG : HV : DO :   ET SIC : CO : 1611.

R¹   A¹   s. sch.

433. *Av.* Wie bei Nr. 422.
Rv. Wie bei Nr. 430, mit 1611.

R¹   V   Stgl.

434. *Av.* Wie bei Nr. 422.
Rv. PAR : RE : HV : D : ET — SIC : CO : 1612. Wie vorher.

R¹   V   Stgl.

Clausenburger Ducat 1613, mit wallachischem Titel.

435. *Av.* GAB : D : G : P : TR : VAL : TRANS : Bärtiger Kopf mit dem
Kalpag bedeckt nach rechts.
Rv. PAR : RE : HV : DO   ET SIC : CO : 1613. Das Wappen wie
bisher, zu beiden Seiten K   O (Kolos-Var).
Sz. V. 7. Wesz. VIII. 6.

R¹   V   vorzügl. erh.

5

Nagybanya'er Ducaten.

436. *Av.* GABRIEL · D · G · PRIN · TRANSYLVA ⚜ Geharnischtes Brustbild im blossen Kopf nach rechts.

    Rv. PAR : RE : HVN : DO : ET : SIC : CO : 1610 : Der siebenbürgische
Adler nach links schauend, auf der Brust das Wappen Bathori, zu
beiden Seiten ganz klein N — B
(cf. Wesz. VIII. 3.) R^5 — A' — s. g. e.

437. *Av.* Wie vorher, aber TRANSYLVA : und leicht veränderte Zeichnung.
Die letzte 1 ist im Stempel aus einer o umgravirt.

    Rv. Wie vorher, aber 1611 : Die letzte 1 ist im Stempel aus einer o
umgravirt. R^5 — A' — Stgl.

438. *Av.* GABRIEL : D : G : PRIN · TRANSYL : Brustbild wie vorher.
    Rv. PAR · REG · HVN · DO · ET · SIC · CO · 1612 · Wie vorher.
                                     R^3 — A' — Stgl.

439. *Av.* Wie der vorige.
    Rv. PAR · RE · HVN · DO · ET · SIC · CO : 1612 : Sonst wie seither.
                                     R^3 — A' — s. g. e.

440. *Av.* GABRIEL · D : G · PRIN · TRANSYL : Wie vorher.
    Rv. PAR · REG · HVN · DO · ET · SI · CO · 1613 : Wie der vorige.
                                     R^3 — A' — s. sch.

441. *Av.* Wie der vorige, aber nach D· und TRANSYL· einfache Punkte.
    Rv. Wie der vorige. R^3 — A' — s. sch.

442. *Av.* Wie der vorige.
    Rv. PAR · REG · HVN : DO · ET · SI · C : 1613 :
                                      R^3 — A' — s. g. e.

Hermannstädter Ducaten.

443. *Av.* GABRIEL · D · G · PRIN · TRANSYLVA : Brustbild wie bisher,
aber von roherem Schnitt.

    Rv. PAR · RE · HVN · DO · ET · SI · CO · 1·6·1·3 (Die gekreuzten
Hermannstädter Schwerter). Das Wappen Bathori im ausgeschnittenen,
verzierten Schild, zur Linken halbkreisförmig die innere Umschrift
CIBINI, das Ganze von dem Drachen umwunden.

    Wesz. VIII. 5. R^4 — A' — s. sch.

444. *Av.* Wie der vorige.
    Rv. PAR · REG · HVN · D · ET · SI · CO · 1613 · (Die gekreuzten
Schwerter). Das vom Drachen umgebene Wappen Bathori im einfachen Schild, zu beiden Seiten C — I (Cibinium).

    Wesz. VIII. 4. R^6 — A' — gel., sonst vorzügl. erh.

½ Ducat 1612 (Denarprobe).

445. *Av.* GAB · D · G · PRIN · TRAN · ET · S · 1612 · Im eingebogenen
Schilde das quadrirte Wappen (1. die ungar. Streifen. 2. das ungar.
Kreuz, 3. die dalmatinischen Pardelköpfe, 4. der steigende Löwe)
mit Mittelschild, ähnlich wie bei der Denarprobe Christoph Ba-
thori's Nr. 144, nur dass das Mittelschild hier einen einfachen
Querbalken zeigt.
Rv. PATRO — HVNG Die Muttergottes auf dem Halbmonde.
  Unedirt. *Siehe Abbildung, Tafel I.*   R⁵ A⁵ vorzugl. ero

¼ Ducaten (ebenfalls Denarproben).

446. Genau vom Stempel des vorigen halben Ducaten.
  Unedirt.   R⁵ A⁵ s. g. e

447. *Av.* GABRI · D · G · PRIN · TRAN · ET·· Das Wappen wie vorher,
wird aber nicht wie der vorige durch einen Linienkreis von der
Umschrift getrennt. Ueber dem Wappen ganz klein die Jahrzahl,
von der leider durch einen Stempelfehler nur 61 zu lesen ist,
doch scheint die letzte Zahl, der Kleinheit der Fehlstelle nach zu
schliessen, eine o gewesen zu sein.
Rv. PATRO ·   HVNG · Wie vorher.
  Unedirt.   R⁵ A⁵ s. g. e

448. *Av.* GAB · D · G · PRIN · TRAN · ET · SI: Das Wappen wie vorher, aber ohne Mittelschild und die Stellung des dritten und vierten
Feldes vertauscht, so dass im dritten der Löwe, im vierten die
drei Pardelköpfe erscheinen. Zu beiden Seiten des Wappens die
abgekürzte Jahrzahl 1   3 (1613).
Rv. Genau wie der vorige.
  Unedirt. *Siehe Abbildung Tafel II.* R⁵ A⁵ kl. Loch, sonst vorzügl. e h.

Thaler 1608.

449. *Av.* GABRIEL ❀ BATHORY ❀ D ❀ G ❀ PRINCEPS ❀ TRAN ❀
SYLVANIÆ ❀ Geharnischtes Brustbild im blossen Kopf nach rechts,
mit der Rechten den Buzogan schulternd, die Linke am Sabel-
griff. — Die Rippen des Harnisch mit Rosetten und Doppelpunkten
verziert.
Rv. PARTIVM : REGNI : HVNG : DOMINVS : ET : SICVL : COMES :
1608 ❀ Im Drachenringe drei Wappen, in der Mitte unter einer
Krone das Bathori'sche im ovalen geschnörkelten Schilde, zu beiden Seiten desselben bogenförmig die beiden Siebenbürgischen

links die sieben Burgen, rechts der halbe wachsende Adler. Die
Umschrift scheint im Stempel mehrfach umgearbeitet zu sein.
Zwischen ET : und SIC sieht man noch ein C, das I in SIC ist
wie ein T gestaltet. Unter dem letzten O in dem fehlerhaften
COMOS erscheint ein M, unter dem S ein O. — Auch statt der 8
war ursprünglich eine andere Jahrzahl gravirt.

R⁶ — AR — s. sch.

450. *Av.* GABRIEL : BATHORY : D : G : PRINCEPS : TRAN : SYLVA-
NIÆ : ⊛ : Das Brustbild wie vorher, aber innerhalb des Perlenkreises noch von einem feinen Linienkreis umgeben ; der Buzogan
trifft das N in VANIÆ, beim vorigen das V.

Rv. Wie vorher, aber 1608 :, auch von leicht veränderter Zeichnung. Merkwürdig ist, dass, trotzdem dieser Stempel von dem
vorigen durchaus und namentlich in der Gruppirung der Umschrift
verschieden ist. derselbe Stempelfehler, COMOS mit dem unter
OS sichtbaren MO, erscheint.

(Sz. V. 11. u. Wesz. VII. 13.) R⁶ — AR Stgl.

Nagybanya'er 1½fache Thalerklippe 1609.

451. *Av.* GABRIEL · BATHORY : D : G : PRINCEPS : TRANSYLVA-
NIÆ : ⊛ : Brustbild wie vorher, im glatt gerippten Harnisch.

Rv. · PARTIVM · REGNI : HVNG : DOMINVS · ET · SICVL · CO-
MES : 1609 : Unter einer Krone im Drachenringe das siebenbürgische
Wappen quergetheilt, oben der halbe Adler, unten die sieben
Burgen mit dem Bathori'schen Wappen als Mittelschild. Zu beiden
Seiten N B. — Der ausserhalb des runden Stempels befindliche
Theil des Schrötlings ist in den Ecken mit verschieden gruppirten
I und viereckigen Punkten verziert.

Siehe Abbildung Tafel II. Rˢ — AR Stgl.

Thaler 1609.

452. *Av.* GABRIEL : BATHORY : D : G : PRINCEPS : TRANSYLVA-
NIÆ : ⊛ : Geharnischtes Brustbild im blossen Kopf nach rechts.
mit der Rechten den Buzogan schulternd, die Linke am Säbelgriff. Die Rippen des Harnisch glatt.

Rv. : PARTIVM · REGH · HVMG · DOMIHVS · ET · SECVL · (sic)
COMES : 1609 :. Das Wappen wie vorher. aber ohne N B an
den Seiten.

R⁴ AR s. g. e.

453. *Av.* Wie der vorige, von leicht veränderter Zeichnung; der Buzogan trifft zwischen V und A, beim vorigen das I. in SYLVA.
Rv. Wie vorher, aber REGIII · statt REGII · und mit geringen Abweichungen der Zeichnung.

R¹ .R s. sch.

454. *Av.* Wie der vorige, der Buzogan trifft das A in SYLVA.
Rv. Wie vorher, aber ohne jegliche Interpunktion in der Umschrift. Durch die Krone ein breiter Stempelriss.

R¹ .R s. z. c.

455. *Av.* Wie vorher; die Rippen des Harnisch sind mit Doppelpunkten verziert. Der Buzogan trifft das N in VANLÆ.
Rv. : PARTIVM : REGNI : HVNG · DOMINVS : ET · SICVL · COMES : 1609 : Das Wappen wie vorher, aber zu beiden Seiten N   B

R¹ .R s. sch.

456. *Av.* Wie der vorige, mit leicht veränderter Zeichnung; der Ellenbogen trifft das T in TRAN, beim vorigen das P in CEPS.
Rv. Wie vorher, aber in der Umschrift überall einfache Punkte, nur die Jahrzahl wie bisher zwischen zwei Doppelpunkten.

R¹ .R vorzugl. erh.

457. *Av.* Wie vorher, mit kleinen Veränderungen der Zeichnung; der Buzogan trifft das I in VANLÆ.
Rv. Wie der vorige, aber nach REGNI und HVNG wieder Doppelpunkte. Wappen leicht verändert.
(Wesz. VII. 12.)

R¹ .R vorzugl. erh

458. *Av.* Wie vorher; der Buzogan, welcher beim vorigen weit innerhalb des inneren Perlenkreises bleibt, berührt den letzteren und trifft ebenfalls das I in VANLÆ. Statt des V in BATHORY stand ursprünglich ein I. Zwischen dem L in SYLVA und der Schulter ein horizontaler, kettenartiger Stempelriss.
Rv. : PARTIVM : REGNI : HVNG · DOMINVS · ET · SI (grosses I zur Verdeckung des vorhergeschnittenen E) CVL · COMES : 1609 : Wappen wenig verändert, daneben deutlich N   P · statt N   B

R¹ .R s. z. c.

459. *Av.* Wie gewöhnlich, aber nach GABRIEL nur ein Punkt; der Buzogan trifft hinter das Æ in VANLÆ.
Rv. Wie vorher, aber nach REGNI nur ein Punkt. Das Wappen wie bisher, zu beiden Seiten N – B

R¹ .R s. sch

460. *Av.* Genau vom Stempel des sub Nr. 450 beschriebenen Thalers.

Rv. Wie Nr. 450 mit den drei Wappen nebeneinander. Mit 1609:
und geringen Abweichungen in der Zeichnung. Wiederum erscheint
hier das fehlerhafte COMOS mit dem unter OS sichtbaren MO.

R⁴   ℛ — vorzügl. erh.

461. *Av.* Wie der vorige, aber von veränderter Zeichnung; der das
Brustbild umgebende innere Linienkreis fehlt; der Ellenbogen trifft
TR in TRAN (auf dem vorigen zwischen S in CEPS und dem
folgenden T in TRAN).

Rv. Genau wie der sub Nr. 449 beschriebene *Rv.*, mit denselben
Stempelfehlern, nur ist die 8 der Jahreszahl in eine 9 verändert.

R⁴ — ℛ — vorzügl. erh.

462. *Av.* GABRIEL·BATHORY:D:G:PRINCEPS:TRANSYLVANIÆ:✿:
Brustbild wie vorher, aber der Harnisch mit glatten Rippen.
Unter dem B in BATHORY wird deutlich ein T sichtbar. .

Rv. PARTIVM : REGNI : HVNG : DOMINVS : ET · SICVL · COMOS :
1609 ✿ Die drei Wappen wie vorher, mit leicht veränderter Zeichnung. Wieder COMOS, aber ohne Spuren einer Umarbeitung.

R⁴ — ℛ — s. g. e.

½ *Thaler 1608.*

463. *Av.* GABRIEL·BATHORY·DEI·GRATIA·PRINCEPS·TRANSYL-
VANIÆ ✿ Geharnischtes Brustbild nach rechts, wie bisher, mit
der Rechten den Buzogan schulternd, die Linke am Säbelgriff.
Vor der Brust der mit Agraffe und hohem Reiherbusch gezierte
Helm.

Rv. PARTIVM:REGNI:HVNG:DOMINVS:ET·SICVLOR·COMES:
1608: Das Wappen Bathori, umgeben vom Drachen, dessen Schweif
sich um seinen Hals ringelt.

Unedirt. *Siehe Abbildung Tafel II.*   R⁵ — ℛ   war geh., sonst s. sch.

½ *Thaler 1609.*

464. Im *Av.* und *Rv.* ganz wie der sub Nr. 461 beschriebene Thaler.

R⁵   ℛ 14,9 Grm. — s. g. e.

Dreigröscher 1608 (ohne Münzbuchstaben).

465. *Av.* GABRIEL · DG · PRIN · TRAN · ET · SIC · Geharnischtes Brustbild nach rechts.
Rv. ∗ III ∗ | · 16 gekröntes Bathorischild 08 · GROS · ARG
TRIP · REGNI · TRANSYL · | · VANLE · Sechs variirende
Exemplare.

R² .R s. g. e.

466. Wie der vorige, aber mit ∗ 16 08 ∗ GROS ∗ ARG Zwei
variirende Exemplare.

R² .R s. g. e.

Dreigröscher 1609.

467. Wie vorher. Die *Av.*-Umschrift schliesst ET · SI ·
Rv. Wie bei Nr. 465, mit · 16 09 · und · VANI · Fünf variirende
Exemplare.

R² .R s. g. e

468. Wie vorher; die *Rv.*-Inschrift schliesst VANLE · Drei variirende
Exemplare.

R² .R s. g. e.

469. Wie Nr. 467, doch mit · VANLE ·

R² .R s. g. e

470. Die *Av.*-Umschrift schliesst ET · SI ·
Rv. Mit · VANLE · | ∗ |

R² .R s. sch.

471. Die *Av.*-Umschrift schliesst E · SI · Die *Rv.*-Inschrift TRANSYL.
VANLE ∗ | ∗ |

R² .R s. sch.

472. Die *Av.*-Umschrift schliesst ET · S · Die *Rv.*-Inschrift mit · VANI ·

R² .R s. g. e

473. *Av.* ∗ GABRI · D · G · PRIN · TR · ET · SC ∗ Brustbild wie seither.
Rv ∗ III ∗ | 16 09 GRO SSVS ARG · TRIP REGNI · TR ·
ANSILVA | ∗ NLE ∗ Das Wappen durchbricht die zweite und
dritte Reihe; die Drachenzähne sind nach links gerichtet, bei
allen anderen Dreigröschern nach rechts.

R² .R s. sch.

474. *Av.* GABRIEL · DG · PRI · TR · E · SC · Geharnischtes Brustbild
nach rechts.
Rv. · III · 16 Wappen Bathori im Drachenring 09 GROS ·
ARG · | TRIP · REG · | TRANSYL · VANLE ·

R .R Stgl.

475. Wie der vorige, mit GABRIEL · D · G · PR · TRA · E · SC ·
                           R³ Æ s. g. e.

476. *Av.* GABR · D · G · PRIN · TRA · ET · SI · CO · Das Brustbild von
ziemlich roher Zeichnung nach rechts.
  Rv. Ein Beil mit der Schneide nach rechts III ✱ 16 Wappen
Bathori im Drachenring 09 | GROS · ARG · · TRIP · REG
· TRANS · ✱ ·
                          R⁴ Æ - vorzügl. sch.

477. *Av.* Umschrift wie vorher, das Brustbild von ganz verschiedener
Zeichnung.
  Rv. Wie vorher. mit TRIP REG · TRANS | ·
                          R⁴ · Æ — s. g. e.

478. *Av.* GABRIE · D · G · PR · TR · E · SCO Das Brustbild wie seither.
  Rv. ✱III✱ 16 — 09 GROS — ARG | TRIP · REG · | TRANSYL |
VANLÆ · Die zweite und dritte Reihe durchbricht ein gekröntes
Schild, eine ovale, erhabene Rundung statt des Bathori'schen
Wappens enthaltend.
  Unedirt. *Siehe Abbildung Tafel II.*   R⁶ — s. g. e.

Dreigröscher 1610.

479. *Av.* · GABRIEL · D · G · PRIN · TRAN · ET · Das geharnischte
Brustbild nach rechts.
  Rv. ✱ III ✱ | 16 Wappen Bathori 10 | GROS·ARG | · TRIP·REG |
TRANSYL VANI · | — Drei variirende Exemplare.
                    R² — Æ — s. g. e.

480. Wie der vorige, mit REGNI | TRANSYL | · VANI ·
                    R² — Æ — s. sch.

481. Die *Av.*-Umschrift schliesst ET · S · *Rv.* Wie zuvor. — Vier variirende
Exemplare.
                    R² — Æ — s. g. e.

482. Die *Av.*-Umschrift endigt ET·SI·, sonst wie zuvor. — Drei variirende
Exemplare.
                    R² — Æ - s. g. e

483. *Av.* GABR · IEL · DG PR · IN TRANE
  Rv. ✱ III ✱ | 16 · 10 | GROS ARG | TRIP · REG | TRANSYL |
· VANI · Sonst wie bisher. Von rohem Schnitt.
                    R³ Æ — s. sch.

484. *Av.* Wie zuvor, aber TR · ANE
  Rv. Mit GROSA · RG | TRIP REGNI | TRANSAL · · AANI · |
Ebenfalls von rohem Schnitt.
                    R³ — Æ s. sch.

485. *Av.* GABRIEL · DG · PRIN · TRAN · E · SI · Das Brustbild wie seither.
Rv. K I I I S | 16 Bathorischild 10 I GROS · ARG · TRIP · REGNI
TRANSYL · VANI·E · ●
Unedirt. R⁶ s. sch.

Dreigröscher 1611.

486. *Av.* GABRIE × DG × PR × T × R · E · S · C Das geharnischte Brustbild nach rechts.
Rv. × III × | 16 11 GR — OS × ARG × TRIP × REG × TR
ANSYL × Das Wappen Bathori im Drachenring durchbricht
die zweite und dritte Reihe.
R⁴ · R Stgl.

487. *Av.* GABRIEL · D · G · PRIN · TRAN · ET Wie vorher.
Rv. ✳III✳ | · 16 Wappen Bathori 11 · GROS · ARG · TRIP · REG ·
TRANSYL | · VANI · | Das Wappen im glatten, gekrönten Schild.
R⁴ — · R s. sch.

Dreigröscher 1613.

488. *Av.* und *Rv.* ganz wie bei Nr. 479, ohne den Punkt vor GABRIEL
und mit · 16 – 13. — Zwei variirende Exemplare.
R³ · R s. sch.

489. Wie der vorige, mit TRAN · ET · S im *Av.* Drei variirende
Exemplare.
R³ · R s. g. e.

Hermannstädter Dreigröscherklippe 1611 (achteckig).

490. *Av.* Genau wie bei Nr. 473.
Rv. · III · | CI — BI · 16 · · 11 · GRO ARG · TRIP · REGN
TRANSIL · | VANEI · · · · Das gekrönte Wappen Bathori inner-
halb der zweiten bis vierten Reihe.
Siehe Abbildung Tafel II. R⁵ · R s. g. e.

Hermannstädter Dreigröscher 1611 als Dickmünze (Piéfort).

491. *Av.* GABRIEL · DG · PRIN · TRAN · E · SI · Das Brustbild wie
seither.
Rv. Genau wie bei der vorigen Nr.
R⁵ · R 8,1 Grm. s. g. e.

Hermannstädter Dreigröscher 1611.

492. Von den Stempeln der Nr. 490.
R⁴ · R Stgl.

193. *Av.* GABRI · D · G · PRIN · TR · ET · SC ✳ Das Brustbild wie seither.
Rv. ✳ III ✳ | CI · — BI · ! · 1 · 6 ·   · 1 · 1 ·   · TRIP · REGNI | · TRAN-
SYL · VANLÆ · | ✳ |

                              R⁴   Æ   Stgl.

494. Ganz wie Nr. 493: die dritte I in der Jahrzahl ist vor eine ursprünglich gesetzte, auf den Kopf gestellte Ziffer 2 gravirt, so dass
es wie ein gothisches II aussieht.

                              R⁴   Æ   Stgl.

Hermannstädter Dreigröscher 1612.

495. *Av.* Wie Nr. 493, aber ohne Punkt nach PRIN
Rv. Ganz wie Nr. 493 ohne die vorgravirte I, aber mit der auf
den Kopf gestellten 2 (z).

                          R⁴ — Æ — s. sch

Weissenburger Dreigröscher.

496. *Av.* Wie bei Nr. 493, zu Anfang der Umschrift ein Punkt.
Rv. ✳ III ✳ | AL — IV · | · 1 · 6 · — · 1 · 1 · | GROS · ARG | TRIP ·
REGNI | · TRANSYL | VANLÆ · | In der zweiten und dritten
Reihe der gekrönte Bathori-Schild.

                          R⁶ -- Æ — s. sch.

497. *Av.* · GABRI · D · G · PRIN · TR · ET · SC ✳   Geharnischtes Brustbild nach rechts.
Rv. ✳ III ✳ | AL · — IV · | · 1 · 6 · — · 1 · 3 · | GROS · ARG | · TRIP ·
REGNI | · TRANSYL | · VANLÆ · | ❀ | Innerhalb der zweiten
und dritten Reihe das gekrönte Wappen Bathori.

                          R⁶ — Æ — Stgl.

Nagybanya'er Doppelgroschen 1610.

498. *Av.* · GABRIEL · D · G · PRIN · TRANSYLVANI · Die Muttergottes
mit dem Kinde, zu beiden Seiten N — B
Rv. PAR · REG · HVN : DOMINVS : ET : SI : CO : 16I0 : ❀ : Quadrirtes
ungarisches Wappen (1. die ungarischen Streifen, 2. das ungarische
Kreuz, 3. schreitender Löwe nach rechts, 4. die drei Pantherköpfe)
mit dem Wappen Bathori im Mittelschild.

                          R⁶ — Æ — s. sch.

499. *Av.* Wie der vorige.
Rv. PAR · REG · HVN · DOMINVS · ET · SI · CO · 16I0 ❀ Das Wappen
wie vorher, aber ohne das Mittelschild.
  (Sz. V. 13.)   R⁵ — Æ -- s. sch.

Nagybanya'er Groschen.

500. *Av.* GABRIEL.::: BATHORY ❀ Der siebenbürgische Adler mit dem Wappen Bathory auf der Brust, zu beiden Seiten N B
Rv. PRINCEPS : TRANSYL. : 1608 : Unter einem grossen mit Pelz verbrämten Fürstenhut die sieben Burgen. 4 und 3 gestellt.
Wesz. XXII. 1.   R⁶ .R s. sch.

501. Ganz wie der vorhergehende, aber im *Rv.* TRANSYL · 1609 :
            Rᴶ .R s. g. e.

502. Wie der vorige, mit GABRIEL: BATHORY ❀
            Rᴶ — .R s. g. e.

503. Wie vorher, aber GABRIEL ❀ BATHORI ❀ und N P statt N B
            Rᵃ - .R — s. sch.

504. *Av.* Im oberen Theile des Feldes eine grosse Fürstenkrone, zu deren beiden Seiten unten 16 — 09, dann in drei Reihen GABRI · BAT | HO · D · G · PRIN . TRAN ·
Rv. GROSSVS · REGNI · TRANSYL ❀ Der Adler mit Brustschild und N B wie auf dem *Av.* der vorhergehenden.
            R⁴ .R s. g. e.

505. *Av.* Wie zuvor, mit 16 – 10 GAB · BATHO ‚ D : G : PRIN · TRAN ·
Rv. Wie vorher, die Buchstaben N -- B sind ganz klein. Vier variirende Exemplare.
            R² .R — s. g. e.

506. Wie der vorige, mit GAB : BATHO | D : G : PRIN · | · TRAN · im *Av.* und TRAN(SYLVA)NI ❀ im *Rv.*
            Rᴶ .R g. e.

507. *Av.* Wie vorher, mit 16 10 G · A · B · BATNO | DG · P · R · IN : | TR · ANO
Rv. GR · OSSVS R · EGNI TR · ANSV · L · ❀ : Der Adler wie bei Nr. 504, doch ohne die Münzbuchstaben N B. Ganz fehlerhafter Stempel.
            Rᴶ .R s. g. e.

508. Wie Nr. 505, aber mit 1611, die *Rv.*-Umschrift endigt TRANSYL. Sechs variirende Exemplare.
            R² .R s. g. e.

509. Wie die vorige Nr., mit 1612. Elf varirende Exemplare.
            R¹ — .R s. g. e.

510. Wie vorher, mit 1613. Elf variirende Exemplare.
            R¹ · .R s. sch.

Hermannstädter Denare.

511. *Av.* GABRIEL · D · G · PRIN : TRAN : 16·12. In einem mehrfach
geschweiften Schilde das Wappen von Hermannstadt, rings umgeben von den (2. 2, 2, 1 gestellten) sieben Burgen.
Rv. PATRONA — HVNGARIE Die Muttergottes mit dem Kinde,
an den Seiten c   r, unten, die Umschrift theilend, eine Verzierung.
Unedirt. *Siehe Abbildung Tafel II.*   R⁸ · Æ   s. g. e.

512. *Av.* GAB · D · G . . . . 1613. Wie vorher; das Schild ist nicht
geschweift und die sieben Burgen sind 3, 2, 2 gestellt.
Rv. Wie vorher.
Unedirt.   R⁸   Æ — Am Rande ausgebr. sonst g. e.

Unter Gabriel Bathori's Regierung geprägte Nothmünzen.

a) Hermannstadt,
1611—1613.

Zweiseitige Noththaler 1611.

513. *Av* GABRIEL · D · G · PRIN : TRAN : PAR : REG : HVN : D · ET :
SIC : COMEs · (Das letzte S kleiner wie die anderen Buchstaben).
Im Drachenringe unter einer Krone drei Wappen nebeneinander:
in der Mitte das Bathori'sche, links der wachsende Adler, rechts
die sieben Burgen. -- Zwischen den nach innen aufgerollten Schildfüssen der beiden letzteren Wappen, auf einer dieselben verbindenden Leiste die Jahrzahl 16.11, darunter der Prägeort CIBIN
Rv. In fünf Reihen PRO | PATRIA | ARIS · ET | FOCIS · | 16.11.
(cf. Mailliet suppl. 45. 5, ein verprägtes Exemplar.) ·   R³ — Æ — s. sch.

514. *Av.* Aehnlich wie der vorige, aber von anderem Stempel. Nach
ET nur ein Punkt; auch nach CIBIN ein Punkt.
(Mailliet t. L. 4 bildet den *Av.* ab, aber ebenfalls ein verprägtes
Exemplar, so dass von SIC : nur das C : erscheint.)
R³ -- Æ — s. sch.

515. *Av.* Wie Nr. 513 aber ET · SIC : COMEs · (M und E verbunden,
S ganz klein.)
Rv. Wie vorher.
(Av. Maill. suppl. 45, 4. rev. ibid. 45, 3.)   R³ -- Æ - s. sch.

516. *Av.* GABRIEL · D · G · PRIN : TRAN : PAR : REG · HVN · D · ET · SI : COM : Die Schildfüsse der beiden siebenbürgischen Wappen stossen in zwei halbkreisförmigen Schnörkeln aneinander, darunter ganz klein CIBIN
Rv. Wie vorher.
Maill. L. 2.   R³ – .R   s. sch.

517. *Av.* GABRIEL · D · G · PRIN : TRAN : PAR : REG : HVN : D · ET · SI : COMES· Die Wappen wie vorher. aber der Prägeort CI BIN neben der Krone.
Rv. Wie der vorige.
Wesz. VII. 10 (in Gold) Maill. suppl. 15, 3.   R⁶   .R   s. g. e.

518. Ganz wie der vorige, aber o h n e CIBIN
        (Maill. L. 3, wo aber nach COMES· noch ein kopfähnliches Zeichen, wahrscheinlich ein durch Doppelschlag entstandenes S erscheint.)
                                                R⁴   .R   s. g. e.

Halber Noththaler 1611.

519. Vom Stempel des sub Nr. 513 beschriebenen ganzen Thalers.
        Unedirt.   R²   .R 14.9 Grm.   s sch.

Einseitige Noththaler 1611.

520. *Av.* PRO · PATRIA · ARIS · ET · FOCIS· 16. 11. Im Drachenringe ein mehrfach ausgeschweifter Schild mit dem Bathori'schen Wappen. darüber G B (Gabriel Bathori) zu beiden Seiten P T (Princeps Transylvaniae) unten CIBIN
        Wesz. VII. 14. Maill. L. 1.   •   R⁴   .R   s sch.

521. Wie der vorige; durch Verprägung liest man PO · PATRIA · und die Jahrzahl 1011 anstatt 1611.
                                                R⁴   .R   s. g. e.

522. GABRIEL · D · G · PRIN : TRAN : PAR : REG : HVN : D · ET · SIC : COMES· Genau vom *Av.*-Stempel des sub Nr. 513 beschriebenen Thalers.   R²   .R – s. sch.
        Da die Herstellung dieser Feldthaler in grosser Eile und ohne genügende Sorgfalt vor sich ging, trifft man selten ein ganz intactes Exemplar, vielmehr sind durch Ausgleiten des Stempels und schwache Ausprägung die meisten dieser Thaler fehlerhaft. Wir theilen unter den folgenden Nummern einige dieser Verprägungen (Varianten kann man dieselben füglich nicht nennen). soweit sie zu beschreiben sind, mit

523. Hat GABRGABRIEL · D · G · PRINN : Das rechte siebenbürgische
Wappen steht schief.

                                R^2 $\mathcal{R}$ s. sch.

524. Hat TRANAR : (statt TRAN : PAR :) und ET : T :

                                R^2 — $\mathcal{R}$ — s. g. e.

525. Hat COIEs · (statt COMEs ·)

                                R^2 — $\mathcal{R}$ s. sch.

526. GABRIEL · D · G · PRIN : TRAN : PAR : REG : HVN : D · ET · SIC :
COMEs · Zwischen den Schildfüssen der beiden siebenbürgischen
Wappen 16.11 darunter CIBIN · Ist genau vom *Av.*-Stempel der
Nr. 514.

                                R^2 — $\mathcal{R}$ — s. sch.

Wir notiren folgende Verprägungen dieses Stempels :

527. Hat GABRIL und D · EET · SIC :

                                R^2 — $\mathcal{R}$ s. g. e.

528. Hat GABBRIEL und COMs.

                                R^2 — $\mathcal{R}$ — s. g. e.

529. Hat PR : REG : (statt PAR :) und SICC : COMEs.

                                R^2 — $\mathcal{R}$ — s. g. e.

530. Hat PARR : (statt PAR), ferner 166.11 und CIIBIN ·

                                R^2 — $\mathcal{R}$ — s. sch.

531. Hat TRAN : R : (anstatt PAR) REG : HVN : D : D ·

                                R^2 — $\mathcal{R}$ — s. g. e.

532. Hat REG : VN und COOMEs.

                                R^2 — $\mathcal{R}$ — s. g. e.

533. GABRIEL · D · G · PRIN : TRAN : PAR : REG : HVN : D · ET · SI :
COMEs · (S ganz klein). Die Wappen im Drachenringe wie bisher,
unten 1611, darunter CIBIN; aber von abweichender Zeichnung.
Unedirter Stempel. R^3 — $\mathcal{R}$ — s. sch.

534. Wie der vorige, aber der Schrötling ist viel kleiner und dicker.

                                R^5 — $\mathcal{R}$ — s. g. e.

535. Wie der vorige, aber verprägt ; hat T · TRAN : u. SI : I : COs

                                R^5 — $\mathcal{R}$ — s. g. e.

536. Wie Nr. 533 mit SI : · COMES · (Das S so gross wie die anderen
Buchstaben.) Unter dem Bathorischen Wappen 16.11, darunter
CIBIN
Unedirser Stempel. R^6 — $\mathcal{R}$ — Etwas Doppelschlag, sonst s. g. e.

Zweiseitige Noththaler 1612.

537. *Av.* GABRIEL · D · G · PRIN : TRAN : PAR : REG : HVN : D · ET · SI : COMES · Die drei Wappen wie seither; unter den haken-förmigen, durch eine kurze Leiste verbundenen Schildfüssen der beiden siebenbürgischen Schilde CIBIN

Rv. ANNO · DOMINI · MILE(S:) SEXCENT · ET · DVODECIM : Im Felde in vier Reihen PRO | PATRIA | ARIS · ET | FOCIS . Darunter eine Arabeske.

(Maill. suppl. 15. 6, ungenau). R⁴ .R — s. sch.

538. Wie der vorige, aber COM : statt COMES und leicht abweichende Zeichnung.

R⁴ .R — s. g. e.

Zweiseitige Noththaler 1613.

539. *Av.* GABRIEL · D · G · PRIN : TRAN : PAR : REG : HVN : D · ET · SI : COMES · Genau vom Stempel des sub Nr. 517 beschriebenen Thalers von 1611 : hat ebenfalls CI BIN oben neben der Krone.

Rv. : ANNO · DOMINI · MILES : SEXCENTE : ET · TRIDECIMO : und die beiden gekreuzten Hermannstädter Schwerter.   Im Felde PRO | PATRIA | ARIS · ET | FOCIS ❀ Darunter eine Arabeske.

Unedirt. *Siehe Abbildung, Tafel II.*   R⁵ .R s. g. e.

540. *Av.* GABRIEL · D · G · PRIN : TRAN : PAR : REG : HVN : D · ET · SI : COMES · Die drei Wappen wie vorher, oben neben der Krone CI BIN

Rv. In fünf Reihen PRO PATRIA ARIS · ET FOCIS · 1613 · ∴

Sz. V. 9.   Rᵃ .R s. g. e.

b) Cronstadt,

während der vergeblichen Belagerung der Stadt durch Gabriel Bathori. 1612 1613

Nothducat 1612.

541. *Av.* DEVS · PROTECTOR · NOSTER ❀ Im Linienkreise das Cron-städter Wappen, ein wurzelreicher durch eine Krone gesteckter Stamm.

Rv. · PATRONA · VNGARIÆ · 1612 · Die Muttergottes mit dem Jesuskind auf dem Halbmond : zu beiden Seiten C B (Civitas Brassoviae).

Wesz. F. 1. 1. 6.   R⁵ A⁵ — s. sch.

Noththaler 1612.

542. *Av.* In vier Reihen · ILLE · | IN EQVIS | ET CVRRI | + BVS + |
Das Ganze von einem breiten Blätterkranz umgeben.
Rv. NOS IN NOM : DOM : CONFIDIMVS : 161z ⊛ Das Cronstädter
Wappen, daneben C – B
Mad. 1609. Wesz. F. t. l. 5.   R⁴ – R – war geh., sonst s. g. e.

Halbe Noththaler 1612.

543. Genau von den Stempeln des vorigen ganzen Thalers.
                                        R⁸ – R – s. sch.
Das vorliegende Exemplar ist mit sammt einem 1½ Centimeter breiten
Rand aus einem Becherboden herausgeschnitten. Auf der *Av.*-Seite des
Randes sind 2 kleine Stempel, der eine mit 13 | GO, der andere mit
dem Cronstädter Wappen, eingeschlagen ; — die Rückseite des Ganzen
ist vergoldet.

544. Wie vorher, nur ohne den Becherrand.
                                        R⁸ — R — kl. Loch, sonst s. g. e.

Nothgroschen 1612.

545. *Av.* GROSS · CIVITA · BRASSO 161z Das Wappen Cronstadts.
Rv. DEVS · PROTECTOR · NOSTER + Der gekrönte siebenbürgische
Adler, nach links gewendet, auf der Brust ein herzförmiges, leeres
Schildchen.
                                        Rᵃ   R — s. sch.
546. Wie der vorige, mit GROSS : CIVITA · BRASSO : 161z
                                        Rᵃ – R – s. g. e.
547. *Av.* GROSS : CIVITA · BRASSO · 1612 ⊛
Rv. DEVS · PROTECTOR · NOSTER · ⊛ Sonst wie der vorige.
                                        Rᵃ – R – s. sch.
548. Wie der vorige, mit GROSS : CIVITA . BRASSO : 1612 ∴
Rv. mit NOSTER ⊛
                                        Rᵃ – R   s. g. e.
549. *Av.* Wie bei Nr. 545.
Rv. · DEVS · PROTECTOR · NOSTE · + In dem herzförmigen Schildchen ist eine Krone.
                                        Rᵃ   R   s. sch.

Nothgroschen 1613.

550. *Av.* GROSS · CIVITA · BRASS : 1.6.13
Rv. DEVS · PROTECTOR · NOSTER ✠ Der Adler wie früher.
                                        Rᵃ — R — s. g. e.

551. *Av.* GROSS : CIVITA · BRASSO 1613
Rv. DEVS : PROTECTOR · NOSTER + Sonst wie zuvor.
R¹ .R - sch.

552. *Av.* GROSS CIVITA · BRASSO · 1613
Rv. Wie bei Nr. 551, aber DEVS · (statt DEVS :)
(Wesz. F. I. 8.) R³ .R s. g. e.

553. *Av.* GROSS : CIVITA · BRASSO : 1613 Neben dem Wappen, zwischen Krone und Baumwurzel C – B
Rv. Wie bei Nr. 551. R¹ .R s. g. e.

554. *Av.* GROSS CIVITA · BRASSO 1613 Sonst wie der vorige.
Rv. Wie Nr. 551, aber der Adler hat auf der Brust ein grosses S in ovalem Schildchen.
R¹ .R s. sch.

555. *Av.* GROSS : CIVITA · BRASSO 1613
Rv. DEVS · PROTECTOR · NOS · T · ER · + Sonst wie Nr. 553.
R³ — .R - s. sch.

556. *Av.* GROSS CIVITA BRASSO 1613
Rv. DEVS PROTECTOR NOSTER + Sonst wie Nr. 554.
R³ .R s. g. e.

Nothgroschen 1614.

557. *Av.* GROSS · CIVITA · BRASSO 1614 Das Cronstädter Wappen, ohne Münzbuchstaben.
Rv. DEVS : PROTECTOR · NOSTER * Der siebenbürgische Adler.
R¹ .R g. e.

10 Ducatenstück 1612, geprägt von den Cronstädtern zu Ehren ihres Bürgermeisters und tapferen Vertheidigers Michael Albinus (Michael Weiss).

558. *Av.* Unter einer Blattverzierung in vier Reihen MICHAEL. ALBINVS + A · P · B + 1612 | Das Ganze von einem breiten, wie bei dem Noththaler Nr. 542 gezeichneten Blätterkranz umgeben.
Rv. Umschrift AD VTRVNQVE IMPER · PRO PATRIA LEGAT9 + Im Felde unter einer von drei Kreuzen umgebenen Blattverzierung PRÆSTI TITQVÆ DEBVIT | PATRIÆ + + ‡ + +
Wesz. G. t. I. 5. R⁵ .N' vorzugl. erh

8 Ducatenstück (desgl.).

558bis. *Av.* und *Rv.* von den Stempeln des vorigen 10 Ducatenstücks.
R⁵ .N' ⅘ vorzugl. erh.

6

GABRIEL BETHLEN
1613 — 1629,

Sohn Wolfgang Bethlen's, geb. 1580, am 30. Oct. 1613 zu Gabriel Bathori's Nachfolger erwählt. Im Krieg gegen Kaiser Ferdinand II. eroberte er 1619 fast ganz Ungarn und nahm 1620 die ungarische Königskrone an. Durch den Nicolsburger Vertrag, 31. Dez. 1621, entsagte er Ungarn wieder und erhielt dafür die Herzog-thümer Oppeln und Ratibor mit dem Titel eines Reichsfürsten. Er starb 1629 im Alter von 49 Jahren.

a) Vor der ungarischen Königswahl
1613—1620.

Hermannstädter Huldigungs-Ducat 1613.

559. *Av.* In sechs Reihen : VERA | SALVS CHRI STVS TVA SCE PTRA SALVTE CORONET | . 1613 . |
Rv. ET FERAT AVSPICIIS PROSPERA VELA TVIS . . . Im ein-fachen Schilde unter einer Zackenkrone die gekreuzten Hermann-städter Schwerter auf einem mit herzförmigen Spitzen versehenen Triangel. Zu beiden Seiten des Triangels CI - BI
Wesz. F. II. 1. R³ · A′ - s. sch.

Hermannstädter 2 Ducatenklippe 1613 (sechseckig).

560. *Av.* und *Rv.* wie der vorhergehende Huldigungs-Ducat, von wenig abweichenden Stempeln.
R³ — A′ - s. sch.

Hermannstädter Huldigungsmünze 1613.

561. Wie die beiden vorigen Stücke, in Silber geprägt.
R⁶ · Æ 6,0 Grm. — s. g. e.

Hermannstädter Dickmünze 1613.

562. Ganz wie die vorhergehende Nr. 561, nur dicker.
R⁶ — Æ 14 Grm. s. sch.

Einseitige Bronzemedaille o. J. (Originalguss.)

563. Brustbild nach rechts im schlichten Gewand, mit langem Haar
und Bart, in der mit dem Reiherbusch verzierten Pelzmütze. Umschrift: GABRIEL. BET D G P(R) TRA'SILV
Unedirt. *Siehe Abbildung, Tafel II.* R⁷ Æ s. g. e.

10 Ducatenstück 1616.

564. *Av.* GAB : BETLEN D : G : P : TRAN : PART : REG : HVN : DO :
ET SI : CO : Geharnischtes Brustbild des Fürsten nach links, mit
der Pelzmütze, an welche der Reiherbusch mittelst einer grossen
Agraffe befestigt ist.
Rv. DNS : ILLVM : MEA ET SALVS MEA QVEM TIMEBO .16.16.
Ein aus Wolken hervorragender geharnischter Arm hält ein durch
eine Krone gestecktes Schwert, daneben schwebt ein sechsfach ge-
wundenes Band, auf dessen fünf obersten Windungen die Legende
· CON SILIO | FIR | MATA | DEI ·
Sz. VI. 1. Wesz. VIII. 10. Rᴿ Æ vorzügl. sch.

Clausenburger Ducaten.

565. *Av.* GA : BET : D : G : P : T : P : R : H : D : ET SI : CO Brustbild nach
rechts mit der Pelzmütze, auf welcher ein dicker, die Umschrift
theilender Reiherbusch.
Rv. DEI DON : E : NE QVIS GLOR : 1614. Im Drachenringe
(der Drache ist gekrönt) das Bethlen'sche Familienwappen (zwei
gegenübergestellte wilde Gänse, den Hals von einem wagerecht
liegenden Pfeil durchbohrt). Unten in der Umschrift das Clausenburger Castell.
Rᵉ V Stgl.

566. *Av.* Vom Stempel des vorigen.
Rv. DEI DON : EST NE QVIS GLO : 1614. Wie vorher.
Wesz. IX. 1. Rᵖ Æ s. sch.

567. *Av.* GA : BET : D : - G : P : T : Geharnischtes Brustbild nach rechts,
wie vorher mit dem Kalpag bedeckt, oben und unten die Umschrift theilend.
Rv. PAR : RE : HV : DO ET SI : CO : 1614 Das Wappen wie
vorher.
Rᵉ Æ Stgl

568. *Av.* GA : BET : — D : G : P T : Brustbild wie vorher, hinter dem
Kopfe ein Punkt.
Rv. Wie vorher.

R¹ - A' - s. sch.

569. *Av.* Wie der vorige.
Rv. PA : RE : HVN : DO   ET SI : CO : 1615. Das Wappen wie zuvor.
Sz. VI. 5.   R³ — A' — s. g. e.

570. *Av.* Wie bei Nr. 567.
Rv. Wie der vorige.

R³ — A' — s. sch.

571. *Av.* Wie bei Nr. 567.
Rv. Wie der vorige, mit Jahrzahl 1616 und wenig veränderter
Zeichnung.

R³ — A' — s. sch.

572. *Av.* Wie bei Nr. 568.
Rv. Wie der vorige.

R³ — A' — s. sch.

573. *Av.* Wie der vorige.
Rv. PA : RE : HV : DO — ET : SI : CO : 1618 · Wie vorher.

R³ — A' — s. g. e.

574. *Av.* Wie bei Nr. 567.
Rv. · PA : RE : HV : DO : — ET SI : CO · 1618 · Wie vorher.

R³ -- A' -- s. g. e.

Hermannstädter Ducat 1615.

575. *Av.* GA · BET · D ·   G · P · T Brustbild wie vorher.
Rv. PAR · RE · HV · DO · ET · SI · CO · (die gekreuzten Schwerter)
1615 Das Wappen wie vorher.
Unedirt. *Siehe Abbildung Tafel II.*   R⁴ · - A' — s. g. e.

Weissenburger Ducaten.

576. *Av.* GABRIEL · D : G : PR   IN · TRAN Brustbild nach rechts, aber
kleinerer Kopf wie vorhin, trennt nur noch unten die Umschrift;
die Pelzmütze bleibt innerhalb des inneren Perlenkreises und nur
der Reiherbusch tritt in die Umschrift hinein.   Ueber dem Harnisch ein an der Schulter mit einer Rosette aufgenommener Mantel.
Rv. PAR · RE · HVN · DOM · ET · SIC · CO 1619 Unter einer Krone
das Familienwappen, oval, ausser vom Drachenringe noch von
einem ovalen, vielfach geschnörkelten Rahmen umgeben. Unten
zu beiden Seiten ganz klein A I (Alba Iulia Weissenburg).

R⁴ -- A' — s. g. e.

577. *Av.* GABRIEL · BET · D · G — P · TRAN Brustbild wie vorher, von
etwas veränderter Zeichnung.
Rv. Wie vorher, aber CO · 16 · 19

R¹   A' — s. g. e.

578. *Av.* GABRIEL · D : G · PR — IN · TRAN Wie bei Nr. 576. doch
von veränderter Zeichnung des Brustbildes.
Rv. PAR · RE · HVN · DOM · SIC · CO · 1620 Sonst wie vorher.
Sz. VI. 6.   R⁴   A'   s. sch.

579. *Av.* GABRIEL DG PR — IN TRAN Brustbild wie vorher, aber
auf der Schulter statt der Rosette ein grosses Zackenkreuz.   Zu
beiden Seiten des Brustbildes das Münzzeichen A — I
Rv. PAR · RE · HVNG · DOM · ET · SIC · COM · 1620 Das Wappen
Bethlen im verzierten Schilde wie vorher, jedoch ohne den Drachenring.
Wesz. IX. 1.   R⁴ — A'   vorzugl. sch.

580. *Av.* GABRIEL · D · G · PRI : — TRANSY · Brustbild wie vorher,
mit kleinem Kreuz auf der Schulter.
Rv. · PAR · RE · HVNG · DOM · ET · SIC · CO · 1620 · Das Wappen
Bethlen mit dem Drachenring und von veränderter Zeichnung;
unter Anderem hat die Krone keine Bügel.
        Ohne Münzzeichen, dem Typus zufolge aber ebenfalls zu Weissen-
        burg geprägt.
Unedirt. *Siehe Abbildung, Tafel II.*   R⁵   A'   Stgl.

Hermannstädter Schauthaler 1619.

581. *Av.* ❀ GABRIEL BETH — D · G · PRIN TRAN Brustbild nach rechts
in ungarischer Kleidung, mit niedriger Pelzmütze und kurzem
Reiherstutz.
Rv. ● PAR ɣ REG ɣ HVNG ɣ DOM ɣ ET ɣ SICVL ɣ COM ɣ 1619
Das Wappen Bethlen zwischen den beiden siebenbürgischen; oben
eine von zwei Löwen gehaltene Krone, unten, in herzförmiger Ein-
fassung CM (Cibiniensis Moneta)
Mad. 1610. Wesz. VIII. 11.   R⁴ .R 29,a Grm. Stgl.

581 bis. Von den Stempeln des vorhergehenden, doch im Gewichte eines
halben Thalers.
                                              R⁶ .R 16,a Grm. Stgl.

Hermannstädter Denar 1614.

582. *Av.* GAB · BETLEN · D · G · PRIN · TRAN ·   Das Schildchen mit
den gekreuzten Schwertern, von den sieben Burgen umgeben, ähnlich wie bei Nr. 511.
Rv. · PATRONA · VNGAR · 1614 · Die sitzende Muttergottes mit
dem Kinde.
Unedirt. *Siehe Abbildung, Tafel II.*   R⁸ − − s. g. e.

Groschen (ohne Münzzeichen).

583. *Av.* Typus der Nr. 504. An den Seiten der Krone 16 − 17, darunter
in drei Reihen GA · BETHLEN | · D : G · PRIN · · TRAN · |
Rv. ⊛ GROSSVS REGNI TRANSIL.: Glatter Wappenschild, dreifach
quergetheilt: oben Sonne und halber Mond, in der Mitte der
wachsende Adler, unten die sieben Burgen, 4, 3 gestellt.
                                                R⁴ − Æ − s. sch.
584. Wie der vorige, aber D : G · PRIN : | · TRAN ·   (ein kleeblatt-
artiger Zierrath)
                                                R⁴ − Æ − s. g. e.
585. *Av.* Wie zuvor, aber GAB · BETHLE | N D : G · PRIN · | TRAN ·
Rv. GROSSVS : REGNI TRANSIL ⊛, sonst wie vorher.
(Wesz. IX. 14.)   R⁴ − Æ − gel., s. g. e.
586. Ganz wie der vorige, aber mit PRIN   TRAN :
                                                R⁴ − Æ − s. g. e.
587. *Av.* Neben der Krone 16 − 19, darunter GABRIEL · | D · G · PRIN :
· TRAN · + ·
Rv. GROSSVS · REGNI · TRANSYLVANIÆ ⊛ Im verzierten, ovalen
Schilde das Wappen quergetheilt; oben der halbe Adler, unten die
sieben Burgen 4, 3. — Drei variirende Exemplare.
Wesz. IX. 15.   R⁴ − Æ − s. sch.
588. *Av.* Wie vorher, mit 16 − 20 und ohne Punkte in der Inschrift.
Rv. GROSSVS ⊙ REGNI ⊙ TRANSYLVANIA ∗ Das Wappen wie
zuvor.
                                                R⁴ − Æ − s. sch.

Weissenburger Groschen 1619.

589. *Av.* Typus der vorigen, aber die Krone grösser und mit GABRIEL · |
D : G · PRIN · TRAN · | ⋎ A · I ⋎ ·
Rv. Wie der vorige, nur Punkte statt der Ringel und von veränderter Zeichnung.
                                                R⁸ · Æ − s. g. e.

b) Mit Titel „electus Hungariae rex"
1620–1621.

Schaustück o. J.

590. *Av.* GABRIEL · D · G · REGNORVM · HVNGARIÆ Brustbild des Fürsten nach rechts in ungarischer Kleidung und hoher, mit Agraffe und Reiherbusch gezierter Pelzmütze.

Rv. TRANSYL : PRINCEPS · AC · SICVLORVM · COM : Unter einer grossen geschlossenen Krone, im ovalen geschnörkelten Schilde das quadrirte ungarisch-siebenbürgische Wappen mit dem Bethlen'schen Mittelschild. — Im Gewichte von 15 Ducaten.

Sz. VI. 2. Wesz. VIII. 12.   R⁴   A' 52,4 Grm. — vorzügl. erh.

591. Wie die vorige Nr., im Gewicht von 12 Ducaten.
R⁴   A' 41,2 Grm.   s. g. e.

592. Wie die vorigen, im Gewicht von 10 Ducaten.
R⁴   A' 34,3 Grm. — vorzügl. erh.

593. Von den Stempeln der Nr. 590, als Schauthaler.
Mad. 4098.   R² — Æ 23,5 Grm.   s. sch.

594. Wie vorher, aber im Gewicht eines halben Thalers.
R²   Æ 16,5 Grm.   s. sch.

Ovale Medaille o. J.

595. Umschriften und Darstellung im Wesentlichen wie bei den vorigen Nr. 590–594. Nach COM · nur ein Punkt, und die Zeichnung der ovalen Form entsprechend geändert.

Cat. Sch. 4849.   R⁶   Æ 23,3 Grm.   vorzügl. sch.

Kremnitzer 10 Ducatenstück 1621.

596. *Av.* GABRIEL   D·G·EL·HVNGARIÆ·DAL·CR   SCI·REX ₰ Geharnischtes Brustbild bis zum halben Leib nach rechts, im blossen Kopf, mit der Rechten das Scepter schulternd.   In der Umschrift links das ungarische Wappen, rechts die Madonna.

Rv. · TRANS · PRINCEPS · ET · SICVLOR · COM · 1621 · Unter einer grossen Krone im vielfach mit Schnörkeln verzierten Schilde das quadrirte ungarisch-siebenbürgische Wappen mit dem Bethlen'-schen Mittelschild.   Unten K   B (Körmecz-Bánya, — Kremnitz).

(Sz. VI. 15 in Silber.)   R⁴   A'   s. sch.

Kremnitzer Ducaten.

597. *Av.* GAB · D · G · EL · HV — · DA · CR · SC · REX * Geharnischtes Brustbild nach rechts, im blossen Kopf, mit der Rechten das Scepter schulternd. Zu beiden Seiten K   B

Rv. · TRANS · PR · ET ·   · SIC · COM · 1620 Die Muttergottes mit dem Jesuskind auf dem Halbmond; unten in der Umschrift das gekrönte ungarische Wappen.

R¹ — A⁷ – Stgl.

598. *Av.* Wie der vorige, aber nach REX ein Punkt (keine Rosette) und leicht veränderte Zeichnung.

Rv. Wie der vorige, aber ein Punkt nach 1620.

R¹ — A⁷ — s. g. e.

599. *Av.* Wie der vorige.

Rv. Wie der vorige, aber ohne Punkt zu Anfang und am Schluss der Umschrift und von veränderter Zeichnung.

R¹ — A⁷ -- s. sch.

600. *Av.* Wie der vorige.

Rv. · TRNS · (sic) PR · ET · — SIC · COM · 1620. Das vom Jesuskind gehaltene Scepter, welches bei den vorhergehenden die 2 der Jahrzahl berührt, trennt die Ziffern 2 und o.

R⁴ -- A⁷ — Stgl.

601. *Av.* Wie bei Nr. 597.

Rv. · TRANS · PR · ET · — · SIC · COM · 1621 · Wie vorher, das Scepter berührt die Ziffer 2.

R¹ — A⁷ — s. g. e.

602. *Av.* Wie bei Nr. 598.

Rv. Wie vorher, aber das Scepter trennt die Ziffern 2 und 1 der Jahrzahl. Ohne Punkt vor SIC ·

R¹ – A⁷ — Stgl.

603. *Av.* Wie bei Nr. 597.

Rv. Wie bei Nr. 601, aber die Jahrzahl 1.6.2.1..

R¹ — A⁷ — vorzügl. erh.

604. *Av.* Wie vorher.

Rv. Wie der vorige, aber ohne Punkte nach ET und vor SIC und mit 1621.

R¹ — A⁷ — s. sch.

605. *Av.* Wie bei Nr. 598.

Rv. Wie der vorige, mit ET — · SIC ·

R¹ — A⁷ — s. sch.

606. *Av.* und *Rv.* wie vorher, aber mit ET — SIC und 1621 :·

R¹ · A⁷ — s. sch.

607. *Av.* Wie bei Nr. 597.

Rv. · TRANS · PR · ET · — · SIC · COM · 1621 :· Die zweite Ziffer
1 der Jahrzahl ist vom Stempelschneider aus einer o abgeändert.
                                                    R¹   A°   s. sch

608. *Av.* Wie bei Nr. 597.

Rv. · TRANS · PR · ET — SIC · COM · 1622 · Wie vorher, das Scepter
trifft zwischen die beiden Ziffern 2.
                                                    R² — A°   s. g. e.

Nagybanya'er Ducaten.

609. *Av.* GAB · D : G EL · HVN ·   DA · CR · SC · REX ⚛ Brustbild nach
rechts mit grossem Kopf, der Mantel über dem Harnisch von einem
Kreuzchen gehalten.

Rv. PRIN · TRANSYL · ET ·   SIC · COMES · 1621 · Die Mutter-
gottes auf dem Halbmond gekrönt, mit steifem, blumig gemustertem
Gewand; das Jesuskind hält das Scepter. Zu beiden Seiten N   B
Unten in der Umschrift das gekrönte ungarische Wappen.
  (Sz. VI. 7, von 1622.)   R²   A°   vorzügl. erh.

610. *Av.* GAB · D : G · EL · HVN : — DA · CRO : SC · REX ⚛   Brustbild
wie vorher.

Rv. PRIN · TRANSY · ET — SIC · COMES · 1621 Sonst wie vorher.
                                                    R²   A°   g. e.

611. *Av.* Wie bei Nr. 609.

Rv. PRIN · TRANSY · ET   SIC · COMES · 1621 Wie zuvor.
                                                    R²   A°   s. g. e

612. *Av.* GAB · D · G EL · HVN ·   · DA · CR · SC · REX · Brustbild mit
grossem Kopf nach rechts, Mantel über dem Harnisch.

Rv. PRIN · TRAN · ET   · SIC · COM · 1621 · Die gekrönte Muttergottes, von ganz abweichendem Typus, mit grossem Kopfschein.
mit der Linken das Jesuskind, mit der Rechten das Scepter
haltend. (Auf den vorigen hält sie mit der Rechten das Jesuskind und Letzteres das Scepter.) Zu beiden Seiten der Madonna
N   B
  Unedirt. *Siehe Abbildung, Tafel II.*   R²   A°   s. g. e.

613. *Av.* GAB · D · G · E · HV   DA · CR · S · REX · ✛ Brustbild wie vorher.

Rv. PRIN · TRANS · ET ·   SIC · COMES · 1622 · Die Madonna wieder
wie bei Nr. 609.
                                                    R²   A°   s. sch.

614. *Av.* GAB · D : G · E · HV : — DA · CR · SC · REX · Brustbild wie vorher.

Rv. Wie der vorhergehende.

R² A' s. g. e.

615. *Av.* GAB · D : G · E · HVN · DA · CR · S · REX 🜚 Brustbild wie vorher.

Rv. · PRIN · TRANS · ET — SIC · COMES · 1622 Wie vorher, aber ohne die Punkte über und unter N - B

R² -- A' s. sch.

Nagybanya'er ¼ Ducat 1622 (Denarprobe).

616. *Av.* GAB · D · G · EL · HVN · CR · DA · SCLA · RE˟ ✦ (Das X ganz klein). Das längs getheilte ungarische Wappen (im 1. Felde die Streifen, im 2. das Kreuz), darüber drei Punkte (· · ·); zu beiden Seiten Ṅ · Ḃ

Rv. TRA · PRIN · ET · SI · CO · 16zz · Die Muttergottes auf dem Halbmond, wie bei Nr. 609, jedoch ohne die Münzbuchstaben.

R⁷ — A⁷ — Stgl.

Kremnitzer Doppelthaler.

617. *Av.* GABRIEL — D • G • EL • HVNGARIÆ • DAL • CR SCL • REX ● Geharnischtes Brustbild wie bei Nr. 596. Die Rippen des Harnisch sind abwechselnd mit Rosetten zwischen Doppelpunkten (: ● :) und mit einfachen Punkten (· · · ·) verziert. Das Scepter trifft das L in SCL.

Rv. • TRANS • PRINCEPS • ET • SICVLOR • COM • 1621 • Das gekrönte, vierfeldige Wappen mit dem Bethlen'schen Mittelschild wie bei Nr. 596, unten zu beiden Seiten K — B

Sz. VI. 15. R⁶ — Æ -- s. g. e.

618. *Av.* Wie der vorige, von leicht veränderter Zeichnung; die Zwischen-rippen des Harnisch sind mit Sternchen statt wie auf dem vorigen mit Punkten verziert. Das Scepter trifft das R in REX.

Rv. Wie der vorige, aber mit 1622 •

R⁶ — Æ -- s. g. e.

Kremnitzer Thaler.

619. *Av.* und *Rv.* ganz wie der Doppelthaler Nr. 617.

R¹ — Æ s. g. e.

620. *Av.* Wie vorher, aber die Zwischenrippen des Harnisch zeigen statt einfacher Punkte doppelte mit einfachen abwechselnd (:·:·:·:). Die Stirnlocke, welche beim vorigen innerhalb des inneren Perlenkreises bleibt, durchbricht denselben zwischen G und A in GABRIEL. Das Scepter trifft das L in SCL.

Rv. Wie vorher, mit leichten Abweichungen der Zeichnung. Der das Wappen der Länge nach theilende Strich trifft in der Verlängerung den Punkt zwischen ET und SICVL., beim vorigen genau das T in ET.

R¹ .R — s. sch.

621. *Av.* Vom Stempel des vorigen.

Rv. Wie vorher, mit kleinen Abweichungen. Der Strich trifft wieder das T in ET. Die letzte 1 der Jahrzahl berührt die Krone, während sie beim vorigen weit davon entfernt bleibt.

R¹ .R — s. sch.

622. *Av.* Vom Stempel des vorigen.

Rv. Wie vorher, aber der Strich trifft zwischen E und T in ET, die 1 in 21 berührt die Krone.

R¹ .R s. g. e.

623. *Av.* Vom Stempel des vorigen.

Rv. Aehnlich wie der vorige; der Strich trifft zwischen T in ET und den darauf folgenden Punkt. Die 1 in 21 berührt die Krone nicht.

R¹ .R s. sch.

624. *Av.* Wie Nr. 619, aber CR • statt CR Die Stirnlocke, welche bei Nr. 619 innerhalb des Perlenkreises bleibt und unter G steht, berührt denselben zwischen G und A in GABRIEL.

Rv. Wie vorher; der Strich trifft zwischen E und T; die 1 in 21 berührt die Krone.

R¹ .R s. sch.

625. *Av.* Wie der vorige mit CR •, aber die Stirnlocke durchbricht den Kreis unter G; der Harnisch ist auf den Zwischenrippen mit Sternchen zwischen Punkten (·✱·✱·✱) statt mit einfachen Punkten verziert.

Rv. Das Wappen wie bisher; der Strich trifft das S in SICVLOR • Die 1 berührt die Krone nicht.

R¹ .R s. sch.

626. *Av.* Vom Stempel des vorigen.

Rv. Wie vorher, aber der Strich trifft den Punkt zwischen ET und SICVLOR. Die 1 berührt die Krone.

R¹ .R s. sch.

627. *Av.* Wie der vorige, aber die Stirnlocke durchbricht den Kreis unter der Rosette am Schluss der Umschrift. Ohne den Punkt nach CR; das Scepter trifft das C in SCL (bei den vorigen das L).

Rv. Wie bei Nr. 620: der Strich zwischen ET und SIC; die 1 in 21 weit von der Krone entfernt.

R¹ — Æ — s. g. e.

628. *Av.* Vom Stempel der vorhergehenden Nr.

Rv. Wie vorher mit leicht veränderter Zeichnung. Zwischen der Krone und dem oberen Schildrand ein Punkt, der auf dem vorhergehenden fehlt.

R¹ — Æ s. g. e.

629. *Av.* Wie vorher, leicht verändert, die Stirnlocke berührt den Kreis unter G, ohne ihn zu durchbrechen. Die Zwischenrippen des Harnisch sind mit kleinen Sternchen (****) verziert. Das Scepter trifft das L in der Mitte des Querschenkels.

Rv. Aehnlich wie vorher, der Strich trifft zwischen S und I in SIC, die 1 von der Krone entfernt.

R¹ — Æ — s. g. e.

630. *Av.* Wie vorher, aber von anderer Zeichnung. Die Stirnlocke durchbricht den Perlenkreis und steht zwischen der Schlussrosette und dem G in GABRIEL. Das Scepter trifft den geraden Schenkel des R in REX; Harnisch wie vorher, mit Sternchen auf den Zwischenrippen.

Rv. Wie bisher; der Strich trifft zwischen das T in ET und den darauf folgenden Punkt; die 1 berührt beinahe die Krone.

R¹ — Æ — s. sch.

631. *Av.* Vom Stempel des vorigen.

Rv. Wie vorher, leicht verändert; der Strich trifft das T in ET, die acht Ketten mit denen das Wappen an der Krone hängt bestehen nicht aus Ringeln, wie bei den vorhergehenden, sondern gleichen vielmehr dünnen Perlenschnüren.

R¹ — Æ — s. g. e.

632. *Av.* Vom Stempel des vorigen.

Rv. Aehnlich dem vorhergehenden. Der Strich trifft ebenfalls das T, aber die Ketten an der Krone wieder wie früher aus Ringeln gebildet; zwischen der Krone und dem oberen Schildrand ein Punkt.

R¹ — Æ — Stgl.

633. *Av.* Vom Stempel des vorigen.

Rv. Wie vorher; ebenfalls mit Punkt unter der Krone, aber der Strich trifft das S in SICVLOR.

R¹ — Æ — war geh., sonst s. g. e.

634. *Av.* Wie bisher, aber nach CR ein Punkt. — Die Schlussrosette
der Umschrift berührt die angrenzenden Buchstaben X und G.
Die Stirnlocke berührt den Kreis unter G, das Scepter trifft das L,
die Zwischenrippen des Harnisch tragen Sternchen zwischen Doppelpunkten (:∗:∗:)
Rv. Wie bisher; der Strich trifft das S in SIC.

R¹ — Æ   s. sch.

635. *Av.* Vom Stempel des vorigen.
Rv. Wenig vom vorhergehenden verschieden; die Seitenverzierung
des Wappens läuft in zwei Kreuze aus, die das R in PRIN und
das O in COM treffen und auf dem vorhergehenden fehlen.

R¹ — Æ — s. g. e.

636. *Av.* Aehnlich dem vorigen, aber die Schlussrosette steht von den
angrenzenden Buchstaben getrennt; der Punkt nach CR berührt
die Spitze des ungarischen Wappens. Stirnlocke, Harnisch und
Scepter wie beim vorigen.
Rv. Aehnlich dem vorhergehenden; der Strich trifft den Punkt
zwischen ET und SIC.

R¹ — Æ — s. g. e.

637. *Av.* Wie vorher, aber Punkte nach GABRIEL und CR; Stirnlocke,
Harnisch und Scepter wie vorher. Der Ellenbogen trifft zwischen
D und A in DAL, auf dem vorigen zwischen Æ in HVNGARIÆ
und D in DAL.
Rv. Wappen wie bisher, Strich auf S treffend.

R¹ — Æ — war geh., g. e.

638. *Av.* Vom Stempel des vorigen (mit GABRIEL ∙ und CR ∙)
Rv. Wie vorher, aber der Strich trifft zwischen ET und den darauf
folgenden Punkt. Unter der Krone ein Punkt.

R¹ Æ — s. g. e.

639. *Av.* Wie vorher, aber ohne die Punkte nach GABRIEL und CR
Am Schluss der Umschrift eine fünfblättrige statt (wie bei allen
vorhergehenden) einer vierblättrigen Rosette.   Stirnlocke und
Scepter wie vorher.   Harnisch auf den Hauptrippen mit Rosetten
und Sternchen (⊛∗⊛∗), auf den Zwischenrippen mit Sternchen
und Punkten (∗∙∗∙∗∙) verziert.
Rv. Wie gewöhnlich; der Strich trifft zwischen das S in SICVLOR
und den vorhergehenden Punkt.

R¹ Æ s. sch

640. *Av.* Wie Nr. 619 (von 1621), aber Punkte nach GABRIEL • und
CR • – Die Stirnlocke berührt den Perlenkreis unter G, das Scepter
trifft den Querschenkel des L in der Mitte. Die Zwischenrippen
des Harnisch zeigen Sternchen zwischen Punkten (·*·*·*·)
Rv. Wie gewöhnlich, aber mit 1622+: der das Wappen der Länge
nach theilende Strich trifft zwischen T in ET und den darauf
folgenden Punkt.

R² — Æ — vorzügl. erh.

641. *Av.* Vom Stempel des vorigen.
Rv. Wie vorher. aber der Strich trifft das S in SICVLOR.

R² — Æ — s. g. e.

642. *Av.* Wie vorher, aber ohne den Punkt nach GABRIEL. — Stirnlocke wie vorher. Das Scepter trifft genau den Längsschenkel
des L. Zwischenrippen des Harnisch mit Sternchen zwischen Doppelpunkten (:*:*:) verziert.
Rv. Wie der vorige. der Strich trifft das S in SICVLOR.

R² — Æ – Stgl.

Nagybanya'er Thaler.

643. *Av.* GABRIEL — D : G · EL · HVN · DAL · CRO : — SCLA · REX ⚹
Geharnischtes Brustbild nach rechts bis zum halben Leib, im
blossen Kopf, mit der Rechten das Scepter schulternd, die Linke
am Säbelgriff. In der Umschrift, letztere und den inneren Perlenkreis unterbrechend, links das ungekrönte ungarische Wappen,
rechts die Madonna.
Rv. · PRIN · TRAN · ET · SICVLOR : COMES · 1621. Im oben
geraden, geschnitzten Schilde das gekrönte, quadrirte ungarisch-
siebenbürgische Wappen mit dem Bethlen'schen Mittelschild wie
bisher, mit einer niedrigen Fürstenkrone bedeckt. Zu beiden Seiten
des Wappens, in dem dasselbe umgebenden Schnitzwerk N — B in
runder Einfassung.
(Mad. 4100. Wesz. IX. 10.)   R⁴ - Æ — s. g. e.

644. *Av.* · GABRIEL · – D : G · EL · HVN · DAL · CROA · – SCL · REX ◉
Brustbild wie vorher.
Rv. PRIN · TRANSYL : ET · SICVL · COMES · 1621 · Das Wappen
wie vorher. Die L auf beiden Seiten der Umschrift haben so
kurze Querschenkel, dass sie wie I aussehen.

R⁴ -- Æ — mittelmässig erh.

645. *Av.* GABRIEL· — ·D:G·EL·HVN·DAL·CRO: SCLA·REX ⚜
Brustbild nach rechts im blossen Kopf mit nach vorne aufwärts
gekämmter Stirnlocke, welche den inneren Schriftkreis zwischen
G und A von GABRIEL berührt. Ueber dem geblümten Harnisch
ein auf der Schulter mit einer Rosette aufgenommener Mantel.
In der Umschrift links das ungarische Wappen, rechts die Madonna,
beide den inneren Perlenkreis durchbrechend.

    Rv. ·PRIN·TRANSYL·ET·SICVL·COMES·1621. Das Wappen
wie vorher.

    (Mad. 4099.)   R² - .Æ   s. g. e.

646. *Av.* GABRIEL·   D:G·EL·HVN·DAL·CROA· - SCL·A·REX ⚜
Das Brustbild wie beim vorigen; die Stirnlocke durchbricht den
inneren Kreis unter G in GABRIEL·

    Rv. Wie der vorige, doch von abweichender Zeichnung.

                          R² — .Æ   verg., s. sch.

647. *Av.* GABRIEL·   D:G·EL·HVN·DAL·CRO·   SCLA·REX ⚜
Brustbild wie vorher. Die nach unten eingerollte Stirnlocke berührt den inneren Kreis unter GA.

    Rv. ·PRIN·TRANSYL·ET·SICVLOR·COMES·1621· Unter der
Krone, an acht Kettchen hängend, das quadrirte ungarisch-sieben-
bürgische Wappen mit dem Bethlen'schen Mittelschild im verzierten,
oben mit Halbbögen versehenen Schilde. An den Seiten unten
N — B   Auf dem *Av.* ist eine viereckige Contremarque mit der
Jahrzahl 1771 eingestempelt.

    (Sz. VI. 3.)   R² Æ s. g. e.

648. *Av.* Wie der vorige, aber mit D·G·; ferner durchbricht der Kopf
in der ganzen Breite der nach unten eingerollten Stirnlocke den
inneren Perlenkreis.

    Rv. Wie vorher, aber von abweichender Zeichnung. Der das Wappen
der Länge nach theilende Strich trifft in seiner Verlängerung zwischen
das I und C in SICVLOR, beim vorigen genau das C.

                          R² Æ vorzugl. erh.

649. *Av.* Vom Stempel des vorigen.

    Rv. Wie vorher, aber SICVL·OR· und etwas veränderte Zeichnung:
der Theilungsstrich trifft das C in SIC.

                          R· Æ vorzugl. erh.

650. *Av.* GABRIEL · — D : G · EL · HVN · DAL · CROA ·　　SCLA · REX · ✥ ·
Brustbild wie vorher, aber der Kopf ist grösser, durchbricht den
inneren Kreis und berührt mit der nach oben gekämmten Stirn-
locke das G in GABRIEL.
Rv. Wie vorher, mit SICVLOR ; der Strich trifft das I.
R² — AR — s. g. e.

651. *Av.* Wie vorher, aber ohne Punkt nach GABRIEL ; der Kopf bleibt
innerhalb des Kreises, die nach oben gekämmte Stirnlocke berührt
denselben zwischen G und A
Rv. Wie vorher ; der Strich trifft zwischen C und V.
R² — AR — war geh., sonst s. g. e.

652. *Av.* GABRIEL · — D : G · EL · HVN · DAL · CROA · — SCL · A · REX ✿
Brustbild wie vorher. Die nach oben aufgekämmte Stirnlocke
durchbricht den Kreis unter G.
Rv. Wie bei Nr. 650 von leicht veränderter Zeichnung.
R² - AR — s. sch.

653. *Av.* Vom Stempel des vorigen.
Rv. Wie vorher, mit leicht veränderter Zeichnung und o h n e die
Punkte über und unter N - B
R² — AR — s. g. e.

654. *Av.* Vom Stempel des vorigen.
Rv. Wie vorher, aber abweichende Zeichnung ; die Kettchen unter
der Krone sind kaum sichtbar. Die Münzbuchstaben · N · — · B ·
Der Theilungsstrich trifft das C .
R² — AR - vorzügl. erh.

655. *Av.* Wie bei Nr. 652, aber mit SCLA · REX ✤ Die Stirnlocke ist
nach oben e i n g e r o l l t und durchbricht den Kreis unter GA.
Rv. Genau wie bei Nr. 647.
R² — AR — s. g. e.

656. *Av.* Vom Stempel des vorigen.
Rv. Wie bei Nr. 649 mit SICVLOR ·
R² — AR s. g. e.

657. *Av.* Vom Stempel des vorigen.
Rv. Wie vorher, aber mit SICVLOR : Der Theilungsstrich trifft
zwischen I und C .
R² — AR - s. g. e.

658. *Av.* Wie bei Nr. 648.
Rv. · PRIN · TRANSYL · ET · SICVL · COMES · 16zz. Das Wappen
wie vorher, unten an den Seiten Ṅ — Ḃ
R² — AR - s. g. e.

659. *Av.* Vom Stempel des vorigen.

Rv. Wie vorher, aber · PRIN : TRANSYL : ET · SICVL : COMES ·
16zz ·

$R^2 - .R$ s. sch.

660. *Av.* Vom Stempel des vorigen.

Rv. Wie vorher, aber auch nach ET und COMES Doppelpunkte.

$R^2 \cdot \cdot \,R - s. g. e$

661. *Av.* GABRIEL — D : G · EL · HVN · DAL · CRO — SCL · REX · ⦿ ·
Geharnischtes Brustbild nach rechts, im blossen Kopf, der eine
von hinten nach vorn gekämmte, aufwärts gekräuselte Stirnlocke
trägt und in seiner ganzen Breite den inneren Perlenkreis durchbricht. Die Rechte schultert das Scepter, die Linke ist nicht
sichtbar. — In der Umschrift die beiden Wappen wie bisher, welche
aber i n n e r h a l b der beiden Schriftkreise bleiben.

Rv. · PRIN · TRANSYL · ET · SICVL · COMES · 16zz ·   Gekröntes,
quadrirtes ungarisch - siebenbürgisches Wappen mit dem Bethlen-
schen Mittelschild, wie vorher. Neben dem Wappen Ṅ B Von
der Krone gehen acht Kettchen zum oberen Schildrand.

(*Av.* wie Sz. VII. 1. *Rv.* wie VI. 3.) $R^2 - .R$ vorzügl. erh.

662. *Av.* Vom Stempel des vorigen.

Rv. Wie vorher, von abweichender Zeichnung. Das N in N B
entspricht den Buchstaben OM in COMES. auf dem vorigen den
Buchstaben ME. Der Reif der Krone hat Rosetten zwischen
Punkten (· ⦿ · ⦿ ·), auf dem vorigen Kreuze zwischen Doppelpunkten
(: + : + :) als Verzierung. Nach PRIN ein Doppelpunkt.

R^2 .R vorzügl. erh.

663. *Av.* Vom Stempel des vorigen.

Rv. Wie vorher (die L vollständig wie I geschnitten) von gänzlich abweichendem, ziemlich rohen Schnitt. Die Krone hat weder
Zacken noch herabhängende Kettchen. noch oben das Kreuz.
Zwischen ihr und dem oberen Schildrand eine Rosette. Die
ganze Verzierung des Wappens besteht aus einem einfachen oben
eingerollten Seitenbogen. Unten zu beiden Seiten N — B (ohne
Punkte).

$R^?$ .R vorzügl. erh.

664. *Av.* Vom Stempel des vorigen.

Rv. Wie vorher, aber zwischen PRIN TRANSYL ET keine Punkte. Die Krone hat wieder Zacken und oben das Kreuz, aber die Kettchen und die Rosette fehlen. Zu der Verzierung des Wappens kommt noch auf beiden Seiten eine langstenglige Lilie hinzu; im übrigen ist der Schnitt wieder sehr mangelhaft. An den Seiten N··B (ohne Punkte). R² — Æ — war gel., sonst g. e.

665. *Av.* Wie vorher, aber GABRIEL· und CRO: Zu Ende der Umschrift ein Punkt und eine kleine fünfblättrige Rosette (·❀). Das X in REX berührt den Kopf, beim vorigen nicht.

Rv. Wie vorher, aber überall Punkte. Die Krone hat Zacken und Kreuz, aber keine Kettchen; zwischen Krone und Schildrand die Rosette. Unten Ṅ—Ḃ R² — Æ — s. sch.

666. *Av.* Vom Stempel des vorigen.

Rv. Wie vorher; die Krone hat Zacken, Kreuz und Kettchen wie früher, dagegen fehlt die Rosette; unten Ṅ—Ḃ R² — Æ — vorzügl. erh.

667. *Av.* Vom Stempel des vorigen.

Rv. Wie vorher, aber SICVLOR· und ganz abweichende Zeichnung. Die Krone hat Zacken, Kreuz und sechs (statt acht) Kettchen. Der obere Schildrand ist gerade (sonst aus zwei Halbbögen gebildet). Unten Ṅ—Ḃ innerhalb der Seitenverzierung. R² — Æ — Stgl.

668. *Av.* ·GABRIEL—.D:G·EL·HVN:DAL·CRO:—SCL:REX·Y Brustbild wie vorher.

Rv. ·PRIN:TRANSSYL:ET·SICVL:COMES·16zz· Das Wappen wie gewöhnlich; Krone mit Kettchen, ohne Rosette. Unten Ṅ--Ḃ, wieder wie früher ausserhalb der Verzierung. R² — Æ — vorzügl. erh.

Nagybanya'er ½ *Thaler 1622.*

669. *Av.* GABRIEL·D:G·EL·HVN·—DAL·CRO:SCL·REX❀ Brustbild im blossen Kopf nach rechts wie bei Nr. 645, aber unten die Umschrift theilend und ohne die beiden Wappen in der Umschrift.

Rv. ·PRINCEPS:TRANSSYL·ET·SICVL·COMES·16zz· Unter einer Krone das quadrirte ungarisch-siebenbürgische Wappen mit dem Bethlen'schen Mittelschild wie bei dem vorigen. Unten Ṅ—Ḃ R³ — Æ — war gel., sonst s. g. e.

Nagybanya'er Doppelgroschen.

670. *Av.* GABRIEL · D : G · E · HVN : CROA · DAL · SCLA : REX · ❀ Im
oben und an den Seiten eingebogenen Schilde das längsgetheilte
ungarische Wappen mit dem Bethlen'schen Mittelschild: an den
Seiten Ṅ — Ḃ; über dem oberen Schildrand drei Punkte (··)
Rv. · PRIN · TRAN · ET · SIC : COMES · 1620 · Die Muttergottes wie
bei Nr. 609, auf dem Halbmond.
(Wesz. XXII. 7.)   R² .R — s. g. e.

671. *Av.* GABRIEL · D : G · E HVN CRO DAL SCLA · REX ❀
Rv. · PRIN · TRANS · ET · SICV · COMES · 1620 Sonst wie der vorige.
          R² — .R   g. e.

672. *Av.* GABRIEL · D : G · EL · HVN · DAL · CRO : SC · REX ❀
Rv. PRIN · TRANS · ET · SIC · COMES : 1621 Sonst wie vorher.
          R² .R   s. g. e.

673. *Av.*, Vom Stempel des vorigen.
Rv. PRIN · TRAN · ET · SIC · COMES · 1621 · Wie vorher.
          R² .R   s. sch.

674. *Av.* GAB · DG · EL · HVN · DAL · CRO · SCLA · REX ❀ Wie vorher.
Rv. PRIN · TRAN · ET · SI · COMES · 1622 Wie vorher.
          R³ — .R   gel. s. g. e.

Kremnitzer Denare.

675. *Av.* GAB · D · G · EL · H · DA . CR · SC · R. Das ungarische Wappen
in seitwärts eingebogenem, oben aber geradem Schilde, an den
Seiten K ← B
Rv. TR · PR · ET · SI · CO · 1620. Die Madonna mit dem Kinde.
Drei variirende Exemplare.
(Wesz. IX. 19.)   R¹ .R s. sch.

676. Wie der vorige, mit 1621.   Sieben variirende Exemplare.
          R¹ .R   s. sch.
677. Wie vorher, mit 1622.   Vier variirende Exemplare.
          R² .R   s. sch.

Weissenburger Denar 1621.

678. Ganz wie No. 675, allein an den Seiten A — I (statt K — B). Zwischen
dem oberen Schildrand aus dem die Umschrift begleitenden Linienkreis ein Punkt.
(Wesz. IX. 18.)   R¹ .R   s. sch.
          7*

Kremnitzer ½ Denare (Obolen).

679. *Av.* Das längsgetheilte ungarische Wappen wie bisher, an den Seiten
K — B, oben die Jahreszahl 1621
Rv. Ohne Schrift. Die Muttergottes mit dem Kinde, auf dem
Halbmond.

          R³ — AR · s. g. e.

680. Wie der vorige. mit 1622

          R³ — AR — g. e.

Nagybanya'er ½ Denar (Obolus).

681. *Av.* Das ungarische Wappen wie bisher, oben · 1621 · An den Seiten
N — B Das Wappen ist glatt, bei den vorhergehenden an den Seiten
eingebogen.
Rv. Ohne Schrift. Die Muttergottes wie bei Nr. 670.
 (Wesz. XXIII. 7.)   Rᵘ - AR s. g. e.

---

c) Als Reichsfürst, mit dem Titel »Herzog von Oppeln und Ratibor«
1622 — 1629.

Ovale Medaille o. J.

682. *Av.* (Unten l. beg.) GABRIEL · D : G SAC · ROM · IMP · ET · TRAN ·
PRINC: Geharnischtes Brustbild im blossen Kopf nach rechts;
über dem Harnisch ein Mantel, welcher an der Schulter mit einem
Löwenkopf aufgenommen ist.
Rv. PAR · REG · HVNG · DOM · SIC · COMES · OPULIE · RATIBQ ·
DVX: Gekröntes, ovales, quadrirtes Wappen mit dem Bethlen'schen
Mittelschild wie früher, aber an die Stelle der ungarischen Wappen
im ersten und dritten Felde sind diejenigen von Oppeln und Ratibor
getreten.
 (Wesz. VIII. 15.)   Rᵘ — AR 23,4 Grm. — verg., s. g. e.

10 Ducatenstück 1628 (Thalerstempel).

683. *Av.* GAB · D : G · SA · RO · IM · ET · — · TRAN · PRIN: Geharnischtes
Brustbild nach rechts, die Umschrift theilend, auf dem Haupt die
Pelzmütze mit hohem Reiherbusch, mit der Rechten das Scepter
schulternd.

Rv. PAR · REG · HVN · DOM · SI · CO : OP · RAT · DVX · 1628   Das gekrönte, quadrirte Wappen im ovalen, vielfach geschnörkeltem Schild, wie vorher.   Unten zu beiden Seiten N — B
(Wesz. XXII. 2, in Silber.)   R⁴ — A' — s. g. e.

Doppelducat 1628.

684. *Av.* GAB · D · G · SA · RO · I · — · ET · TRAN · PRIN ❀ Geharnischtes Brustbild nach rechts, im blossen Kopf; über dem Harnisch ein an der Schulter mit einer Kreuzrosette aufgenommener Mantel.
Rv. ○ PAR ○ R ○ HVN ○ DO ○ SI ○ — ○ CO ○ OP ○ R ○ DVX ○ 1628 ○ Die von Strahlen umgebene Muttergottes mit dem Jesuskind auf dem Halbmond, vor ihr, die Umschrift unten theilend, das ungarische Wappen im verzierten ovalen Schild.
Sz. t. VI. 4.   R³ — A' - vorzügl. sch.

Weissenburger Ducat 1622.

685. (Unten l. beg.) GAB · D · G · SAC · ROM · IM · ET · TRAN · PRI · PAR Geharnischtes Brustbild bis zum halben Leib nach rechts, im blossen Kopf, mit der Rechten das Scepter schulternd. Zu beiden Seiten des die Umschrift unten theilenden Brustbildes die Jahrzahl 16 — 22
Rv. REG · HVN · DOM · SIC · CO · AC · OPOL · RATIB · DVX Unter einer Krone im ovalen, geschnörkelten Rahmen ein quadrirtes Wappen (Oppeln, Siebenbürgen, Ratibor, Siebenbürgen) mit dem Bethlen'schen Mittelschild, oben zu beiden Seiten A I
Sz. VI. 8. Wesz. IX. 5.   R⁴ A' s. sch.

Nagybanya'er Ducaten.

686. *Av.* GAB · D : G · S · R · I · ET   · TRAN · PRIN ❀ Brustbild wie bei No. 684.
Rv. PA · R · HVN · DO · SI · CO ·   · OP · RA · DVX · 1623 Die Madonna mit Ṅ - Ḃ wie bei Nr. 609; unten in der Umschrift das gekrönte ungarische Wappen.
(Sz. VI. 10.)   R² A' Stgl

687. *Av.* Wie der vorige, doch von wesentlich verschiedener, roherer Zeichnung.
Rv. Wie vorher, aber ohne Punkt zwischen SI und CO und von leicht veränderter Zeichnung.   R² V s. sch.

688. *Av.* Wie der vorige, aber GAB · DG · S · R · I ET   TRAN · PRIN · ∗ ·
     Rv. Wie vorher, aber mit SI · CO · — OP · und 1624

                                                      R² · A' · Stgl.

689. *Av.* GAB · D : G · S · R · I · E · — · TRAN · PRIN ⊛   Brustbild wie
     vorher, etwas kleinerer Kopf.

     Rv. · PA · R · HV · D · SI · CO ·   · OP · RA · DVX · 1624 · Die Ma-
     donna mit N   B (ohne die Punkte über und unter N und B) wie
     gewöhnlich, aber mit einem Kopfschein.

                                              R² — A'   s. sch.

690. *Av.* · GAB · DG · S · R · I · ET   TRAN · PRIN · Brustbild wie bisher.
     Rv. · PA · R · HV · DO : SI · CO ;   : OP · RA · DVX · 1625 ·   Die
     Madonna mit N̥   B̥ Das Scepter des Jesuskindes trifft zwischen 2
     und 5 der Jahrzahl.

                                              R² — A' — s. g. e.

691. *Av.* ⊛ GAB · D · G · S · R · I · ET · — · TRAN · PRIN ⊛   Brustbild wie
     vorher.

     Rv. Vom Stempel des vorigen.

                                              R² — A'   Stgl.

692. *Av.* Vom Stempel der Nr. 690.

     Rv. PA · R · HV · DO : SI : CO : — : OP · RA · DVX · 1625 · — ⊛ Die
     Muttergottes wie vorher; das Scepter ist sehr lang und trifft
     zwischen den Punkt und die Rosette.

                                              R² — A' — s. g. e.

693. *Av.* GAB · DG · S · R · I · ET ·   · TRAN · PRIN · ∗
     Rv. PA · R · HVN · DO : SI · CO · — OP · RA · DVX · 1625 · ∗ Wie
     vorher, das kurze Scepter berührt den Schriftkreis bei der Ziffer 5.

                                              R² — A' — s. g. e.

694. *Av.* · GAB · D · G · S · R · I · ET · — · TRAN · PRIN ·   Brustbild wie
     gewöhnlich.

     Rv. PA · R · HV · DO : SI · CO · — · OP · RA · DVX · 1626 · Die Ma-
     donna wie vorher mit N̥ · B̥

                                              R² — A' — s. g. e.

695. *Av.* GAB · D : G · S · R · I · ET   · TRAN · PRIN + Das Brustbild
     wie vorher.

     Rv. PA · R · HV · DO · SI · CO ·   · OP · RA · DVX · 1626 Die Ma-
     donna wie gewöhnlich, aber mit einem Kopfschein.

                                              R² — A' — s. sch.

696. *Av.* GAB D : G · S · R · I · E — · TRAN PRIN : ● Das Brustbild wie vorher.

Rv. PA · R · HV · D · SI · CO · — · OP · RA · DVX · 1626 Die Muttergottes wie bei dem vorigen.

R² — A' s. g. e.

697. *Av.* Wie bei Nr. 695, aber D · G · (statt D : G ·)

Rv. Ganz wie bei Nr. 695, aber mit 1627

R² A' s. sch.

698. *Av.* GAB · D : G · SA · RO · IM · ET · TRAN · PRIN ● Brustbild wie vorher; innerhalb des inneren Perlenkreises ist noch ein Linienkreis.

Rv. PAR · R · HVN · DO · SI · CO — OP · RAT · DVX · 1627 Die Madonna in Strahlen, mit der Rechten das Scepter, mit der Linken das Jesuskind haltend, unten vor ihr das ungarische Wappen im ovalen verzierten Schild. Ganz unten zu beiden Seiten des Schildes klein N — B

(Sz. VI. 12.) R² — A' — s. sch.

699. *Av.* Wie der vorige, aber RO · I · und PRIN : ●

Rv. Wie vorher, aber ohne Punkt nach SI und mit 1628 Das Scepter der Muttergottes trifft den inneren Perlenkreis unter der 8 der Jahrzahl. Diese letztere Ziffer ist im Stempel aus einer 7 umgearbeitet.

R² — A' Stgl.

700. *Av.* und *Rv.* wie beim vorigen. Das Scepter trifft aber den Perlenkreis unter der Ziffer 2.

R² A' s. sch.

701. *Av.* GAB · D · G · SA · RO IM · — ET · TRAN · PRIN : ● Brustbild wie vorher, ohne den inneren Linienkreis.

Rv. · PAR · R · HVN · DO · SI · CO OP · RAT · DVX · 1628 Wie vorher, aber das Münzzeichen N B steht oben neben dem Wappen, in den die Madonna umgebenden Strahlen.

R² A' s. sch.

702. *Av.* GAB · D : G · SA · RO · IM · · ET · TRAN · PRIN ● Brustbild wie vorher.

Rv. PAR · R · HVN · DO SI CO OP · RAT · DVX · 1629 Wie vorher, das Münzzeichen N B wieder ganz unten neben dem Wappen. Das Scepter trifft den Kreis unter 2.

R² A' Stgl.

703. *Av.* Wie der vorige.

    Rv. PAR · R · HVN · DO · SIC ·   CO : OP · R · DVX · 1629 Die die Madonna umgebenden Strahlen sind dünner und zahlreicher. Die Münzbuchstaben N – B unten neben dem Wappen. Das Scepter durchbricht den Kreis und trifft zwischen 2 und 9

                                       R² – · A/ — s. sch.

704. *Av.* Wie der vorige.

    Rv. Wie vorher, aber DOM · SIC   COM · OP · Die Münzbuchstaben NB nebeneinander im Schildesfuss. Das Scepter trifft die 2.

                                         R³ — A/ — Stgl.

705. *Av.* GAB · D · G · SA · RO · IM · – · ET · TRAN · PRIN : ✿ Brustbild wie vorher.

    Rv. Wie der vorige.

                                       R² – · A/ — s. sch.

706. *Av.* Wie der vorige; das Brustbild wenig verändert.

    Rv. Genau wie bei Nr. 702, die Madonna von wenigen, dickeren Strahlen umgeben, N — B unten zu beiden Seiten des Wappens.

                                       R² – A/ — Stgl.

Nagybanya'er ¼ Ducat 1623, (Denarprobe).

707. *Av.* GAB · DG · S · R · I · ET · TRAN · PRIN ✶ Das Wappen wie bei Nr. 616 mit N — B und den drei Punkten.

    Rv. PA · R · HV · D · SI · CO : OP · RA · D 623 Die Muttergottes wie gewöhnlich.

    (Wesz. IX. 7, ungenau.)   *Siehe Abbildung Tafel III.*   R³ — A/ — Stgl.

Nagybanya'er Thaler.

708. *Av.* GABRIEL · D : G · SA : RO : IM · ET · TRANSSYL : PRINCEPS ✿ Brustbild nach rechts, mit dem Mantel über dem Harnisch. — Die nach vorn aufwärts gekämmte Stirnlocke durchbricht den inneren Kreis unter GA Im Felde hinter dem Brustbild, dem inneren Kreis parallel, von oben nach unten laufend, die Jahrzahl · 16zz ·

    Rv. · PAR · RE · HVN · DO · SIC · CO : AC · OPO : RATIB · DUX · Unter einer Krone das quadrirte Wappen von Oppeln, Ratibor und Siebenbürgen mit dem Bethlen'schen Mittelschild. Unten zu beiden Seiten des Wappens Ṅ – Ḃ

    (Sz. VI. 14.)   R⁴ — Æ — s. g. e.

709. *Av.* Wie der vorige.

Rv. Wie der vorige, aber mit DO : SIC · CO · AC · OPOL · RATIB · DVX

R⁴ · · Æ – im *Av.* etwas abgerieben, sonst s. g. e.

710. *Av.* GAB · D · G · SA · RO · IMP : — · ET · TRAN · PRIN · ✛: Geharnischtes Brustbild nach rechts, im auf der Schulter mit einer Rosette aufgenommenen Mantel, mit blossem Kopf, starkem Bart, kurzem Haar und gekräuseltem, den inneren Kreis unter dem Schlusskreuz der Umschrift durchbrechenden Haarschopf.

Rv. · PAR · REG · HVN · DOM · SIC · CO · OP · RAT · DVX · 1647 · Das gekrönte, quadrirte Wappen (Oppeln, Ratibor, Siebenbürgen) mit dem Bethlen'schen Mittelschild wie vorher. Unten innerhalb der Seitenverzierungen des Wappenschildes N — B

(Sz. VI. 13.) R² — Æ — s. sch.

711. *Av.* Vom Stempel des vorigen.

Rv. Wie vorher, aber CO : und ohne den Punkt zu Anfang und Ende der Umschrift. Zeichnung wenig verändert.

R² Æ s. sch.

712. *Av.* Vom Stempel des vorigen.

Rv. Wie Nr. 710 aber CO : OP · RA · und veränderte Zeichnung. Die Münzbuchstaben N B stehen in zwei ovalen, durch die henkelartige Seitenverzierung gebildeten, der oberen Hälfte des Wappens angehörenden, ovalen Oeffnungen.

R² — Æ — s. sch.

713. *Av.* Vom Stempel des vorigen.

Rv. Umschrift wie bei Nr. 710, aber CO : und zu Anfang und Ende der Umschrift kein Punkt. Das Wappen wie beim vorigen, oben N B im Oval, unten zu beiden Seiten des Wappens ein Ringel.

R² – Æ – vorzügl. erh.

714. *Av.* GAB · D : G · SA · RO · IM : · ET · TRAN · PRINC (Arabeske) Brustbild wie vorher, der Haarschopf durchbricht den Kreis unter der Schlussarabeske.

Rv. Umschrift und Wappen ähnlich wie bei Nr. 710 aber mit CO : und N B zu beiden Seiten der unteren Hälfte des Wappens. Die Krone breiter, das Wappen kleiner, sonst wenig verändert.

R² Æ s. g. e.

715. *Av.* Wie vorher, aber ohne Punkt nach G in D : G, und am Schluss
der Umschrift statt der Arabeske eine fünfblätterige Rosette.
Rv. Wie der vorige, aber vor PAR kein Punkt, ferner N — B (ohne
Punkte) und mit abweichenden Seitenverzierungen des Wappens.
R² — Æ — verg. s. g. e.

716. *Av.* GAB · D : G · SA : RO : IM ·   · ET · TRAN : PRIN : ⊕ Brustbild
wie vorher. Der nach unten eingerollte Haarschopf unterbricht
den Kreis unter G
Rv. Vom Stempel der Nr. 714.
R² - Æ — vorzügl. erh.

717. *Av.* Genau vom Stempel des vorigen.
Rv. Wie der vorige, aber 1628 · und leicht veränderte Zeichnung.
R⁴ — Æ — s. g. e.

718. *Av.* · GAB · D : G · SA · RO · IM · ET · — · TRAN · PRIN · Brustbild
nach rechts, im geblümten Harnisch, Pelzmütze mit Agraffe und
Reiherbusch, welcher oben die Umschrift theilt. Die Rechte
schultert das Scepter, welches den inneren Kreis unter dem ersten
Längsstrich des N in PRIN berührt.
Rv. · PAR · REG · HVN · DOM · SIC · CO : OP · RAT · DVX · 1628 ·
Das gekrönte, quadrirte Wappen wie vorher, mit gänzlich ver-
änderten Seitenverzierungen, zu beiden Seiten in der Mitte Ṅ — Ḃ
(Wesz. XXII. 3.)   R² — Æ — vorzügl. erh.

719. *Av.* GAB · D · G · SA · RO · IM : — TRAN · PRIN : Brustbild wie
vorher, aber breiter, gedrungener. Das Scepter berührt den inneren
Kreis unter dem zweiten Längsstrich des N in PRIN.
Rv. Wie vorher, aber zu Anfang und Ende der Umschrift kein
Punkt.
R² — Æ — Gel. u. verg., sonst s. g. e.

720. *Av.* Wie Nr. 718, aber ohne Punkt nach ET und mit PRINC ·
Der Harnisch ist nur vorn an der Brust geblümt, sonst glatt. Das
Scepter trifft zwischen N und C in PRINC.
Rv. Wie Nr. 718, von leicht veränderter Zeichnung, namentlich
ist die Krone viel breiter und hat sieben gleiche blattartige Zacken,
während sie auf den vorigen beiden nur drei Hauptzacken mit
zwei dazwischen liegenden kleineren zählt.
R² — Æ — s. sch.

721. *Av.* Vom Stempel des vorigen.
Rv. Wie der vorige, aber die Krone hat acht Zacken (sechs
mittlere und zwei Seitenzacken).
R² — Æ — vorzügl. erh.

722. *Av.* Vom Stempel des vorigen.

Rv. Wie Nr. 720, von wenig veränderter Zeichnung. Der das Wappen der Länge nach theilende Strich trifft in seiner Verlängerung zwischen SIC und CO (bei Nr. 720 trifft er das C in SIC.)

R^2 — .R — vorzügl. erh.

723. *Av.* Vom Stempel des vorigen.

Rv. Wie vorher, aber ohne den Punkt zu Anfang der Umschrift.

R^2 .R s. sch.

724. *Av.* GABRIEL · D : G · SA · RO · IMP : — · ET · TRAN · PRIN Brustbild im geblümten Harnisch nach rechts wie bei Nr. 718.

Rv. Vom Stempel der Nr. 717. Die Buchstaben des *Av.* sind viel kleiner wie die des *Rv.* (Zwitterthaler).

R^2 — .R s. sch.

725. *Av.* Vom Stempel des vorigen.

Rv. Wie der vorige, mit geringen Abweichungen; die Krone ist unten geschlossen (statt offen), ferner Ṅ — Ḃ (statt N ̇ B). — (Ebenfalls Zwitterthaler.)

R^2 — .R — s. sch.

726. *Av.* GABRIEL · D : G · SA · RO · IM · — ET · TRAN · PRIN · Brustbild nach rechts im Harnisch wie bei Nr. 720. Das Scepter trifft das I in PRIN ·

Rv. Wie Nr. 720, mit grosser Krone und Ṅ Ḃ in der Mitte zu beiden Seiten des Wappens.

R^2 .R s. g. e.

727. *Av.* GAB · D : G · SA · RO · IM : — ET · TRAN · PRIN Geharnischtes Brustbild nach rechts wie vorher. Das Scepter trifft das R in PRIN

Rv. · PAR · REG · HVN · DOM · SIC · CO : OP · RAT · DVX · 1629 · Das Wappen wie vorher, zu beiden Seiten in der Mitte Ṅ — Ḃ

R^2 .R Stgl.

728. *Av.* Wie vorher, aber vor ET und nach PRIN ein Punkt. Das Scepter trifft das I in PRIN ·

Rv. Genau wie der vorige.

R^2 .R s. g. e.

729. *Av.* GAB · D : G · SA · RO · IM · ET · TRAN · PRIN : (Die Punkte gleichen kleinen Dreiblättern). Brustbild wie vorher. Das Scepter trifft das N .

Rv. Wie vorher, wenig verändert. Die 9 der Jahrzahl berührt die Krone; beim vorigen nicht.

R^2 .R s. g. e.

730. *Av.* Vom Stempel des vorigen.

Rv. Wie vorher, aber mit kleiner Krone (drei Bogen und zwei Kreuzzacken statt wie bisher sieben Blattzacken).

R² – Æ — s. sch.

731. *Av.* GAB · D : G · SA · RO · IM · ET · — TRAN · PRIN · Brustbild wie bisher. Das Scepter trifft das N ·

Rv. Wie vorher, mit kleiner Krone.

R² — Æ — vorzügl. erh.

732. *Av.* Vom Stempel des vorigen.

Rv. Wie vorher, mit kleiner Krone, aber ohne Punkt nach der 9, welche die Krone berührt.

R² — Æ — vorzügl. erh.

Nagybanya'er ½ Thaler 1627.

733. *Av.* GABRIEL · D · G · S · R · IM · — · ET · TRAN · PRIN · Geharnischtes Brustbild mit Pelzmütze und Scepter nach rechts wie vorher.

Rv. PAR · REG · HVN · DOM · SIC · CO : OP · RAT · DVX · 1627 Das gekrönte, quadrirte Wappen wie bisher; zu beiden Seiten N — B Unedirt. *Siehe Abbildung Tafel IV.*

R³ — Æ — Etwas Doppelschlag, sonst s. g. e.

Cronstädter Klippen vom Thalerstempel.

734. (4fache Thalerklippe.) *Av.* : GABR · D : G · SA · R · IMP · ET · TRANS · PRINCEPS : ✛ Geharnischtes, barhäuptiges Brustbild bis halben Leib nach rechts. Der über den rechten O b e r a r m gelegte Buzogan trifft das N in PRINCEPS .

Rv. ✳ PAR · RE · HVN · DNS · SI · CO · OP : RATIB · DVX 1 6 · 2 6 ✳ Unter einer Krone das reich verzierte, quadrirte, ungarisch-siebenbürgische Wappen mit dem Bethlen-Mittelschild. Unten zu beiden Seiten die Münzbuchstaben C — C (Civitas Corona = Cronstadt).

R³ — Æ 116,? Grm. — s. sch.

735. (2½fache Thalerklippe.) *Av.* ✳ GABR · D : G · SA . R · IMP · ET · TRANS P · RINCEPS : ✳ : Das Brustbild wie vorher, aber der auf der S c h u l t e r ruhende Buzogan trifft das P in CEPS.

Rv. ✳✛PAR ✳ R ✳ HVN ✳ DNS ✳ SI ✳ CO ✳ OP RATIB ✳ DVX ✳ 1 6 ✳ 2 8 ✛✳ Das Wappen ähnlich wie vorher, aber das Münzzeichen C·· C oben zu beiden Seiten der Eckverzierungen. Zwischen Krone und Wappen ein Kreuz.

R⁶ — Æ 70,? Grm. — s. g. e.

736. (Doppelthalerklippen.) *Av.* und *Rv.* vom Stempel der vorigen Nr.
R⁴ - Æ 57,2 Grm. - s. g. e.

737. *Av.* Vom Stempel der vorigen.
Rv. ✦ PAR · RE · HVN · DNS · SI · CO · OP · RATIB · DVX 16 · 28 ✦
Das Wappen wie vorher, Münzzeichen C — C oben. Ohne das
Kreuz zwischen Krone und Wappen.
R⁴ — Æ 56,3 Grm. — s. g. e.

738. *Av.* ✦ GABR ✦ D ‡ G ✦ SA ✦ R ✦ IMP ✦ ET ✦ TRANS ✦ PRINCEPS ✦
Brustbild wie vorher; der Buzogan trifft das C in CEPS.
Rv. Wie vorher, wenig verändert. Die 8 der Jahrzahl berührt
die Krone, beim vorigen nicht. Die Kreuzchen zu Anfang und Ende
der Umschrift sind kleiner wie beim vorhergehenden, und das
Kreuz zwischen Krone und Wappen fehlt.
R⁴ — Æ 57,2 Grm. — s. g. e.

739. *Av.* ✱ GABR ✱ D ‡ G ✱ S ✱ R ✱ IMP ✱ ET ✱ TRANS ✱ PRINCEPS ✱
Geharnischtes Brustbild nach rechts wie vorher; der Buzogan trifft
zwischen E und P in CEPS.
Rv. Ganz wie bei Nr. 737, aber mit 16 · 29 ✦
R⁴ Æ 56,9 Grm. — s. sch.

Cronstädter Thaler.

740. *Av.* Genau vom Stempel der Nr. 735.
Rv. · PAR · RE · HVN · DNS · SI · CO · OP · RATIB · DVX · 16 · 26 ·
Das Wappen wie gewöhnlich, oben C — C
R⁴ Æ — g. e.

741. *Av.* ● GABR · D : G · SA · R · IMP · ET · TRANS · PRINCEPS ● Brust-
bild wie vorher, aber der über den Oberarm (statt über die Schulter)
gelegte Buzogan trifft die Buchstaben NC, beim vorigen das letzte
P in PRINCEPS
Rv. Wie vorher, aber SI · C · (statt SI · CO ·) und leicht veränderte
Zeichnung.
R⁴ Æ g. e.

742. *Av.* und *Rv.* genau von den Stempeln der sub Nr. 737 beschriebenen
Doppelthalerklippe von 1628.
R² Æ vorzügl. erh.

743. *Av.* Vom Stempel der Nr. 735.
Rv. Wie Nr. 737, doch mit veränderter Zeichnung. Die die Krone
mit dem Wappen verbindenden sechs Kettchen sind kürzer wie
bei Nr. 737 und zwischen den beiden mittleren Ketten steht ein
Kreuz, welches bei jenem fehlt.
R² Æ s. g. e.

744. *Av.* Von demselben Stempel, Nr. 735.

Rv. ⊕ PAR · RE · HVN · DNS · SI · CO · OP · RATIB · DVX · 16+28 ⊕ · Das Wappen wie vorher, oben C C.

R² — Æ — s. g. e.

745. *Av.* Vom Stempel des vorigen.

Rv. Wie der vorige, kaum verändert. Der das Wappen der Länge nach theilende Strich trifft in der Verlängerung das O in CO, beim vorigen zwischen C und O.

R² — Æ — s. g. e.

746. *Av.* Vom Stempel des vorigen.

Rv. Wie der vorige, aber 16.28+ · Der Theilungsstrich trifft das C in CO.

R² — Æ — war geh., sonst s. sch.

747. *Av.* Vom Stempel der sub Nr. 738 beschriebenen Doppelthalerklippe (mit Kreuzchen in der Umschrift).

Rv. Vom Stempel der Nr. 743.

R² — Æ — s. g. e.

748. *Av.* Vom Stempel des vorigen.

Rv. Wie der vorige, aber die Krone ist durch nur vier Kettchen (statt sechs) mit dem Wappen verbunden; zwischen den beiden mittleren Kettchen ein Kreuz.

R² — Æ — s. sch.

749. *Av.* Vom Stempel des vorigen.

Rv. Wie vorher, aber zu Anfang und Ende der Umschrift noch ein Punkt. Die Krone mit sechs Kettchen, o h n e Kreuz.

R² — Æ — vorzügl. erh.

750. *Av.* und *Rv.* genau von den Stempeln der sub Nr. 739 beschriebenen Doppelthalerklippe von 1629.

R¹ — Æ — s. g. e.

Cronstädter Klippen vom Halbthaler-Stempel.

751. (Dick - Doppelthalerklippe.) *Av.* + GABR + D ‡ G + SA + R + IMP + ET + TRANS + PRINCPES + (sic) Geharnischtes Brustbild im blossen Kopf nach rechts, wie vorher.

Rv. + PAR · RE · HVN · DNS · SI · CO · OP · RATIB · DVX . 16·28 + Das gekrönte, quadrirte Wappen wie bisher, oben C -- C

(Sz. 7. 5, ungenau.)   R³ — Æ 57,3 Grm. — s. g. e.

752. (Dicke 1½ Thalerklippe.) *Av.* Genau vom Stempel der vorigen.

Rv. Wie der vorige, aber zu Anfang und Ende der Umschrift Punkte statt der Kreuzchen.   R³ — Æ 43 Grm. — s. g. e.

753. (Dick-Thalerklippe.) Von den Stempeln der Nr. 751.
R⁵ Æ 28,₄ Grm.   s. sch.

Cronstädter Dickthaler 1628, vom Halbthaler-Stempel.

754. *Av.* und *Rv.* ebenfalls von den Stempeln der Nr. 751.
Siehe Abbildung Tafel IV.   R⁵ – Æ 29 Grm.   vorzügl. erh.

Cronstädter halber Thaler 1628.

755. *Av.* und *Rv.* wie die vorigen (Nr. 751).
R⁶ Æ s. g. e.

756. *Av.* Vom Stempel der Nr. 751.
Rv. Vom Stempel der Nr. 752.
R⁴ Æ s. g. e.

Mediasch'er *) Doppelthalerklippen 1627.

757. *Av.* ⁕ GABR · D · G · SA · R · IMP · ET · — TRANS · PRINCEPS ⁕
Geharnischtes Brustbild nach rechts, im blossen Kopf, welcher aber
den inneren Strichelkreis durchbricht, mit der Rechten den Buzogan schulternd, dessen Verlängerung zwischen C und E in CEPS
trifft. Unten in der Umschrift ein kleines verziertes Schild mit
einer Doppellilie.
Rv. · PAR · RE · HVN · DNS · SI · CO · OP · RATI · DUX · 1 6 · 2 7 · Das
gekrönte, quadrirte ungarisch-siebenbürgische Wappen mit dem
Bethlen'schen Mittelschild wie bisher, am oberen Schildrand M   C
(Megyes Civitas Mediasch).
Sz. VII. 4.   R³ Æ 57 Gr.   s. sch.

758. *Av.* Ganz wie der vorige.
Rv. Wie der vorige, aber zu Anfang und Ende der Umschrift
statt des Punktes je eine vierblättrige Rosette.
R³ Æ 56,₄ Grm.   War geh., g. e.

759. *Av.* Wie der vorige, aber nach D in DG Doppelpunkt, auch vor
TRANS ein Punkt. Der Ellenbogen trifft das S, beim vorigen
zwischen N und S in TRANS.
Rv. Wie der vorige, aber Kreuzchen anstatt der Rosetten zu An-
fang und am Schlusse der Umschrift.
R³ Æ 57 Grm.   s. sch.

*) Oder Kaschau wegen der Doppellilie, in welchem Falle Moneta Cassoviensis zu lesen
wäre. Vgl. L. Reissenberger · Die siebenbürgischen Münzen des Freiherrl. S. v. Brukenthal'schen
Museums etc».

760. *Av.* Wie vorher, mit geringen Abweichungen. Zu Anfang und
Ende der Umschrift Kreuzchen statt der vierblättrigen Rosetten.
Nach D nur ein Punkt, nach ET und vor TRANS kein Punkt. Der
Buzogan trifft das C in CEPS, der Ellenbogen das N in TRANS.
Rv. Wie der vorige, von leicht veränderter Zeichnung.

R^3 — $\mathcal{R}$ 56,8 Grm. — vorzügl. erh.

761. *Av.* Wie Nr. 757 aber D : G und · TRANS · Innerhalb des inneren
Strichelkreises noch ein Linienkreis. Der Buzogan trifft das P in
CEPS, der Ellenbogen das S in TRANS.
Rv. Genau wie Nr. 758.
(cf. Wesz. IX. 9.) R^3 — $\mathcal{R}$ 56,6 Grm. — s. sch.

762. *Av.* Wie Nr. 757, aber S · (statt SA ·) und nach ET kein Punkt.
Zu Anfang und Ende der Umschrift Kreuzchen. Der Buzogan trifft
das E in CEPS.
Rv. Genau wie Nr. 760.

R^3 — $\mathcal{R}$ 57 Grm. — s. sch.

Mediasch'er Doppelthaler 1627 (rund).

763. *Av.* Vom Stempel der Nr. 760.
Rv. Vom Stempel der Nr. 757.

R^7 — $\mathcal{R}$ 57,3 Grm. - s. g. e.

Mediasch'er Thaler 1627.

764. *Av.* Vom Stempel der Nr. 759.
Rv. PAR · RE · HVN · DNS · SI · CO · OP RATI · DVX · 1627 Das
Wappen wie gewöhnlich, oben M — C

R^2 — $\mathcal{R}$ — s. g. e.

765. *Av.* Wie der vorige, vom Stempel der Nr. 759.
Rv. ❀ PAR · RE · HVN · DNS · SI · CO · OP · RATIB · DVX · 1627 ❀
Sonst wie vorher.

R^2 — $\mathcal{R}$ — s. sch.

766. *Av.* und *Rv.* von den Stempeln der Doppelthalerklippe Nr. 761.

R^2 — $\mathcal{R}$ — s. sch.

767. *Av.* ❀ GABR · D : G · SA · R · IMP : ET · — · TRANS · PRINCEPS ❀
Brustbild wie vorher, der Buzogan trifft das P in CEPS, der Ellen-
bogen zwischen S in TRANS und das darauffolgende P.
Rv. Vom Stempel der Nr. 764.

R^2 — $\mathcal{R}$ — s. sch.

768. *Av.* Vom Stempel des vorigen.
Rv. Wie Nr. 765 mit RATIB ·, von wenig veränderter Zeichnung.

R^2 — $\mathcal{R}$ — war gch., s. sch.

769. *Av.* ✦GABR · D · G · SA · R · IM · ET · — TRANS · PRINCEIS ✦ Der
Buzogan trifft zwischen E und P, der Ellenbogen das erste P in
PRINCEPS.
Rv. Wie Nr. 765, aber OP RATIB · DVX 1627 ◉
R² — Æ s. sch.

770. Vom Stempel der Doppelthalerklippe Nr. 762.
Rv. · PAR · RE · HVN · DNS · SI · CO · OP · RATI · DVX · 1 6 · 2 7 ·
sonst wie zuvor.
R² Æ s. g. e.

Mediasch'er Dick-Thalerklippe 1627, vom Halbthaler-Stempel.

771. *Av.* GABR · D : G · SA · R · IMP · ET · TRANS · PRINCEPS ◉ Ge-
harnischtes Brustbild im blossen Kopf nach rechts wie bisher; der
Buzogan über den Oberarm gelegt.
Rv. · PAR · RE · HVN · DNS · SI · CO · OP · RATIB · DVX · 1627 ·
Das Wappen wie vorher, mit M C oben an den Seiten.
Unedirt. *Siehe Abbildung Tafel IV.*
R⁴ — Æ 28.₅ Grm. — war geh., sonst vorzügl. erh.

Oppeln'er Kipper-Vierundzwanziger von 1623.

772. *Av.* GABRIEL · D · G · SAC · RO — IM · ET · TRAN · PRI · PA ✦
Geharnischtes, barhäuptiges Brustbild mit über die Schulter ge-
knüpftem Mantel nach rechts. Unten, die Umschrift theilend, die
Werthzahl (24).
Rv. REG · HV · DN · SI · CO · AC · OP · RA · DVX · SI · 1623 · Unter
der Fürstenkrone das quadrirte Wappen mit dem Bethlen'schen
Mittelschild in einem mit Schnitzwerk ringsum verzierten Schilde.
An den Seiten klein B—Z (Balthasar Zwirner, Münzmeister in Oppeln).
(Wesz. IX. 11.) R² — Æ — s. g. e.

773. Wie der vorige, die *Rv.*-Umschrift schliesst DVX · 1623. Die Initialen
B Z sind grösser und stehen höher, dem mittleren Theilungsstrich
des Wappens entsprechend.
R² Æ g. e.

774. Die *Av.*-Umschrift endigt TRA · PRI · PA ✦
Rv. Wie bei Nr. 772.
R² Æ s. g. e.

775. *Av.* Die Umschrift endigt TRA · PRI · PA ✦
Rv. Die Umschrift endigt DVX · S · 1623 Die Initialen B Z stehen
zu beiden Seiten der oberen Hälfte des Wappens.
R² Æ s. g. e.

S

776. *Av.* *GABREL · (sic!) D : G ·SAC R · O IM · ET TRA · PRI · PA ·
     Das Brustbild wie seither.
     Rv. Wie bei Nr. 772, allein die Umschrift endigt DV · S · 1623 Die
     Buchstaben der Umschrift bedeutend grösser wie seither, und die
     Initialen des Münzmeisters verkehrt gestellt, nämlich Z — B (anstatt
     B — Z).
                                                    R³ — Æ   s. g. e.

777. *Av.* Vom Stempel des vorigen.
     Rv. Wie der vorige, die Initialen lauten B— N (irrthümlich
     anstatt B Z).
                                                    R³ — Æ   s. g. e.

778. *Av.* Wie bei Nr. 772; die Umschrift schliesst TRA · PRI · P +
     Rv. Vom Stempel der Nr. 772. mit B — Z
                                                    R² · Æ — g. e.

779. *Av.* und *Rv.* ganz wie die vorige Nr., nur die Jahrzahl lautet
     fehlerhaft 1263 (anstatt 1623).
                                                    R⁴ — Æ — s. g. e.

780. *Av.* Wie bei Nr. 778.
     Rv. Die Umschrift endigt DVX · 1623 ·
                                                    R² — Æ — g. e.

781. *Av.* Wie vorher, die Umschrift endigt TRA · PRI · P ·
     Rv. Wie der vorige; die Initialen B · — · Z
                                                    R² — Æ — g. e.

782. *Av.* Wie Nr. 772; die Umschrift schliesst TRA · PR · P ·
     Rv. Wie der vorige, aber mit B — Z
                                                    R² · Æ - s. g. e.

783. Ganz wie der vorige, aber TRA · PR · P +
                                                    R² · Æ   s. g. e.

Oppeln'er Kipper-Dreigröscher 1623.

784. *Av.* GAB · D : G · SAC · R · IM · TRA · PR · Geharnischtes, die Um-
     schrift oben theilendes Brustbild nach rechts.
     Rv. In 6 Reihen ·III· | 1 — 6 — 2 — 3 | GROS · ARG | TRIP · OPO |
     · ET · RAT · | · BZ · | Die Ziffer der Jahreszahl dreimal durch-
     brochen: durch den schlesischen Adler, ein gekröntes Schild mit
     dem ungarischen Kreuz und den siebenbürgen'schen Adler.
                                                    R⁵ — Æ — s. sch.

785. *Av.* Wie der vorige.
     Rv. Wie vorher, mit Doppelpunkt nach TRIP : Oben neben der
     III und unten neben BZ sind anstatt der Punkte halbmondförmige
     Zierrathe.
     (Wie Wesz. XXIII. 3, als Klippe)   R⁵ Æ — Loch, sonst s. g. e.

786. *Av.* GABR · DG · SA RO IM · TRA · PR · Mit der Fürstenkrone
bedecktes, geharnischtes Brustbild nach rechts, mit über die
Schulter geknüpftem Mantel.

Rv. Genau wie der vorige. Nr. 785.

R⁶ – R   g. e.

Oppeln'er Kipper-Dreikreuzerstücke.

787. *Av.* GAB · D · G · S · A ·   · R · IM · TR · PR · P · Geharnischtes Brustbild nach rechts, unten, die Umschrift theilend, die Werthzahl 3 in
einem ovalen Schildchen.

Rv. REG · HV · DN · SI · CO · OP · RA · D · 1622 Das Wappen
Bethlen, vom Drachenring umschlossen; oben in einem runden
Schildchen die Initialen B Z.

(Wesz. IX. 17.)   R⁶ — R — s. g. e.

788. *Av.* und *Rv.* genau wie beim vorigen, aber mit 1623.

R⁴   R   g. e.

Oppeln'er Doppelgroschen 1622.

789. *Av.* GABRIEL · D : G · SAC · RO · IM · TRAN · PR · PA · * In einem
oben und an beiden Seiten eingebogenen Schilde das längsgetheilte
ungarische Wappen, darüber · * · an den Seiten die Initialen
B—Z des Münzmeisters Balthasar Zwirner.

Rv. PATRONA · HVNGARIAE · 1 6 2   2 · * · Die Muttergottes auf
dem Halbmond; das von dem Jesuskind gehaltene Scepter unterbricht die Jahrzahl.

R⁶   R   g. e.

Doppelgroschen mit C M (Mediasch oder Kaschau?).

790. *Av.* GABR · D · G · SA · RO · IM · ET · TRAN · PRIN · und eine Lilie.
Im oben eingebogenen Schilde das längsgetheilte ungarische Wappen
mit dem Bethlen'schen Mittelschild.

Rv. * PA · R · HV · D · SI · C · OP · RA · DV 1623 * Die Madonna
auf dem Halbmond, an den Seiten C   M (Civitas Mégyes oder
Cassoviensis Moneta ?)

(cf. Wesz. XXIII. 1.)   R⁴   R – s. sch.

791. *Av.* Wie vorher, über dem Wappen ein Ringel.
Rv. Wie vorher, aber DV · 1 · 6 · 2 · 3   *

R⁴   R   s. sch.

8*

792. *Av.* Wie vorher, die Umschrift endigt TRAN · PRI · (Lilie) Mit dem
Ringel über dem Wappen.
Rv. Wie bei Nr. 790.
R³ — Æ — g. e.

793. *Av.* Wie bei Nr. 790.
Rv. Wie vorher, zu Anfang der *Rv.*-Umschrift Punkt anstatt der
Rosette, am Schlusse DV 1623.
R³ — Æ — s. g. e.

794. *Av.* Wie vorher, aber die Lilie in einem verzierten Schildchen.
Rv. : PA · R HV D SI C OP RA · DV · 1623   ✿   Die Mutter-
gottes wie vorher.
R³ — Æ   s. sch.

795. *Av.* GABR · D · G · SA · RO · IM · ET · TRAN · PRIN · (Lilie, wieder
freistehend) Ueber dem Wappen ein Ringel.
Rv. PA · R · HV · D · SI · C · OP · R · A · DV 1624: — ● Die Muttergottes wie bei Nr. 790, mit C — M
R³ — Æ — s. g. e.

796. *Av.* Wie der vorige, aber mit PRI : (statt PRIN ·)
Rv. Wie der vorige, aber OP · RA · DV 1624
R³ — Æ — s. sch.

797. *Av.* Wie vorher, aber mit D : G · S · A · und PRI (Lilie)
Rv. PAR · HVD · SI · CO · PRA · DV · 1624 ·   Wie vorher.   - In
K u p f e r geprägt.
R⁵ — Æ — gel., s. g. e.

798. *Av.* Wie vorher, aber mit TRAN PR (Lilie). Ohne den Ringel
über dem Wappen.
Rv. Wie der vorige.
R³ — Æ — s. sch.

799. *Av.* Wie Nr. 795, aber mit SAC · RO IM und PRIN : und o h n e
die Lilie.
Rv. Wie Nr. 795, aber PA · R · HV · D SI CO · PRA · DV · 1624
R³ — Æ — s. sch.

800. *Av.* GABRI · D · G · etc. und TRAN · PRI · Ohne Lilie.
Rv. PAR · HV · D · SIC · OP · RA · DV · 1624 — ✦ Wie vorher.
R³ — Æ — s. g. e.

801. *Av.* GABR · D · G etc. und TRAN · PRIN ✦ Ueber dem Wappen
ein Kreuzchen (✦)
Rv. · PAR · HV · D · SI · C · OP · RA · DV · 1·6·2·4·   ✱ Die Muttergottes wie seither.
R² — Æ — s. g. e.

802. *Av.* Wie der vorige, aber TRAN · PRI ✦
Rv. Wie vorher.
R³ — Æ — s. g. e.

803. *Av*. Wie der vorige.
      Rv. PA · R · HV · D · SI · C · OP · RA · DV · 1625. Wie vorher.
                                            R¹   Æ   s. g. e.

Doppelgroschen 1625, mit M— M (Mediasch?).

804. *Av*. GABR : D : G : SA · RO · IM · ET · TRAN · PRIN ＊ Das Wappen
      wie bei Nr. 790, über demselben ein Ringel.
      Rv. PA · R · HV · D : SIC · OP · RA · DV · 1624 · – · Die Madonna,
      an den Seiten M — M (Moneta Mégyes?)
                                            Rᵉ   Æ   s. g. e.

Doppelgroschen mit C— C (Kaschau?)

805. *Av*. · GABR · D : G · S · R · IMP · – · ↄ · TRANS · PRINC. Unter
      der Krone im geschnitzten Schilde das längsgetheilte, ungarische
      Wappen mit dem Bethlen'schen Mittelschild, unten, die Umschrift
      theilend, die Lilie in einem Oval. Zu beiden Seiten des Wappens
      C · C (Civitas Cassoviensis?).
      Rv. · PAR · R · HVNG · DNS · SI · C · OP · RAT · DVX · 1 6 · 2 5 · ＊ Die
      Muttergottes auf dem Halbmond, von einem Flammenkreis umgeben.
                                            R²   Æ   s. g. e.

806. *Av*. und *Rv*. wie vorher, aber mit 1 · 6 · 2 5 · ＊
                                            R²   Æ   s. g. e.

807. *Av*. Wie bei Nr. 805, mit PRINC.
      Rv. Wie bei Nr. 805, aber mit 16 · 26 · ＊
                                            R² – Æ   s. sch.

808. Wie der vorige, aber mit PRIN :
      ,   R²   Æ   g. e.

809. Wie der vorige, aber mit PRIN ·
                                            R²   Æ   s. g. e.

Doppelgroschen 1627, mit M - C (Kaschau?)

810. Ganz wie die Nr. 805, aber mit 16 · 27 · ＊ und mit den Münz-
      buchstaben M   C (Moneta Cassoviensis?) anstatt C— C.
                                            R²   Æ   s. sch.

Nagybánya'er Doppelgroschen.

811. *Av*. GABRIEL · D · G · SAC · RO · IM · TRAN · PR · PA · ＊ Das
      Wappen wie bisher, darüber drei Punkte (·⋅·)
      Rv. PATRONA · HVNGARIAE · 1623 Die Muttergottes auf dem
      Halbmond, an den Seiten N   B (Nagy-Banya).
                                            R¹   Æ   s. g. e.

812.   *Av.* GABRIEL · D · G · SAC · RO · IM · TRA · PR · P + . Die Münz-
buchstaben N   B zu beiden Seiten des Wappens. Ohne die drei
Punkte über dem letzteren.
Rv. Wie bei der vorigen Nr., aber ohne die Münzbuchstaben und
mit 1623 ·
R² — Æ — s. g. e.

813.   *Av.* GABRIEL · D : G · und TRAN · PRI · PA ⊚ Ueber dem Wappen
ein Punkt, an den Seiten N -- B
Rv. · PATRONA · HVNGARIE · 1623 Wie vorher.
R² — Æ — s. sch.

814.   *Av.* GABR · DG · SA · RO · IM · TRANS · PRIN ⊛ Das Wappen,
darüber die drei Punkte wie bei Nr. 811.
Rv. PA · R · HV · D · SI · CO : OP · RA · DVX · 1623.   Die Muttergottes auf dem Halbmond.
R² — Æ — g. e.

815.   *Av.* Wie der vorige, mit TRAN · PRIN +
Rv. Mit 1623 : Die Madonna von ganz verschiedener Zeichnung.
R² — Æ, sehr geringhaltig — g. e.

816.   *Av.* GABR · D · G · SA · RO · IM ... TRAN · PRIN · und eine Lilie.
Das Wappen wie bisher, über demselben · ⸴ ·
Rv. PA · R · H · D · SI · CO · OP · RA · DVX · 1624 · Die Muttergottes.
R² — Æ — g. e.

817.   Wie der vorige, aber an Stelle der Lilie eine Rosette, also PRIN ⊚
R² — ganz geringhaltig — Loch, schl. erh.

818.   *Av.* GAB D · G · SA · RO · IM · ET · TRAN · PRIN · 1625 · Maria mit
dem Kinde auf dem Halbmond, von einem Flammenkreis umgeben.
Rv. PAR · REG · HVN · DO · SIC · CO : OP · RAT · DVX Das ge-
krönte Wappen wie bisher, im geschnitzten Schild, an den Seiten
N — B   Vier variirende Exemplare.
(Wesz. XXII. 8.)   R¹ — Æ — s. g. e.

819.   *Av.* · GAB · D · G · SA · RO · IM · ET · TRANS · PRIN · Das Wappen
wie auf dem Revers der vorigen Nr.
Rv. PAR · REG · HVN · DO · SI · CO · OP · R · DVX · 1626 Die
Muttergottes wie auf dem Avers der vorigen Nr.
R¹ — Æ — s. sch.

820.   Wie der vorige, aber mit TRAN · PRIN · im *Av.*
R¹ — Æ — s. g. e.

821.   Wie vorher. Die *Av.*-Umschrift schliesst TRAN · PRI
R¹ — sehr geringhaltig — schl. erh.

822. *Av.* Die Umschrift schliesst TRAN · PRIN ·
    Rv. Die Umschrift schliesst OP · R · DV · 1626 Sonst wie vorher.
                                           R¹ – Æ   s. g. e.

823. *Av.* Wie vorher, mit TRAN · PRINC ·
    Rv. Wie der vorige, aber mit 1627
                                          R¹ Æ – s. g. e.

824. Wie der vorige, mit TRAN · PRIN · und 1627.
                                          R¹ — Æ — s. sch.

825. Wie der vorige, im *Rv.* OP · RA · DVX · 1627 ·
                                          R¹ Æ – s. g. e.

826. Wie vorher; im *Av.* TRAN · PRI · im *Rv.* OP · R · DV · 1627
                                          R¹ — Æ – s. g. e.

827. *Av.* Wie vorher, mit TRANS · PRIN ·
    Rv. Wie vorher, aber mit OP · RA · DVX · 1628 ·
                                          R¹ Æ — s. sch.

828. Wie der vorige, aber mit TRAN · PRIN ·
                                          R¹ Æ — s. sch.

829. *Av.* Wie vorher; mit TRAN · PRIN ·
    Rv. Wie vorher, mit OP · R · DUX · 1628
                                          R¹ Æ – s. sch.

830. *Av.* Wie der vorige, mit TRANS · PRIN ·
    Rv. Wie vorher, aber mit OP · RA · DVX · 1629
                                          R¹ Æ s. g. e.

Groschen 1625, ohne Angabe der Münzstätte.

831. *Av.* GÅB · D · G · S · R · I · ET · TR · PR · PR · HV · D · SI · CO · OP ·
    RA · D ✿ Im geschnitzten, ovalen Schilde das siebenbürgische
    Wappen (halber Adler und sieben Burgen).
    Rv. Grosse Krone, an den Seiten des Reifes 16 25, darunter
    GROSSVS · RE | GNI · TRAN ⋎ SYL ⋎ ¦ Zu beiden Seiten der
    Krone ein Kreuzchen.
                                            R¹ – Æ s. g. e.

Nagybánya'er Groschen 1625.

832. *Av.* Umschrift wie bei dem vorigen, doch mit OP · RAT · DVX ✿
    Neben dem Fuss des Schildes N – B
    Rv. Wie vorher, mit TRAN · | ⋎ SYL ⋎ | ferner an den Seiten der
    Krone, über der Jahrzahl zwei Sterne.
    (cf. Sz. VII. 8.)   R² — Æ s. sch.

833. *Av.* Wie der vorige, aber mit OP · RA · DVX ●
    Rv. Wie vorher, mit TRAN | ⋎ SYL ⋎ |
                              R¹ – Æ Loch, sonst s. g. e.

834. *Av.* Wie der vorige, mit OP · RA · D · ⊛ An der Stelle der Münzbuchstaben stehen zwei Rosettchen.

Rv. Wie der vorige, mit TRAN · | ᴦ SYL ᴦ Ueber der Jahrzahl an
den Seiten der Krone N – B, darüber ᴧ—ᴧ, noch höher · —·

R² — Æ - s. sch.

835. Ganz wie die vorige Nr., aber ohne die Punkte über den Dreiblättern neben der Krone.

R² — Æ — s. sch.

836. *Av.* Umschrift wie bei Nr. 831, mit OP · RA · D ⊛ Unten zu beiden
Seiten des Wappenschildes N — B

Rv. Vom Stempel der vorigen Nr.

Auffallend wegen der Wiederholung der Münzbuchstaben im *Av.* und *Rv.*

R⁴ — Æ -- s. g. e.

Groschen mit C -- C (Kaschau?).

837. *Av.*-Umschrift wie Nr. 831, statt der Rosette eine Lilie, unten,
neben dem Wappen C — C (Civitas cassoviensis?)

Rv. Grosse Krone, an den Seiten erst zwei Punkte, dann zwei
Sterne, zuletzt 16—25, unter der Krone in drei Reihen GROSSVS ·
RE | GNI · TRAN | · SYL · |

R² — Æ — s. g. e.

838. Ganz wie der vorhergehende, aber mit 16—26

R² — Æ — s. g. e.

Groschen 1627, mit M—C (Kaschau?).

839. *Av.* Wie der vorige, aber neben dem Wappen M — C (Moneta
Cassoviensis?) statt C—C.

Rv. Wie vorher, aber mit ✳SYL✳   R⁴ — Æ — s. g. e.

840. *Av.* Wie vorher, mit OP · R · (Lilie), und M — C neben dem Wappen.

Rv. Ohne die Punkte neben der Krone, sonst wie der vorige.

R⁴ — Æ — s. sch.

841. Ganz wie der vorige, nur mit OP · RA · D (Lilie).

R⁴ — Æ — s. sch.

Oppeln'er Denare von 1623.

842. *Av.* GAB · D · G · SA · R · IM · TR · PR · P ⊛ Das längsgetheilte
ungarische Wappen, an den Seiten B — Z (Balthasar Zwirner, Münzmeister in Oppeln).

Rv. PATRONA HVN. 16z3 Die Madonna mit dem Kinde.

R⁴ — Æ — s. g. e.

843. *Av.* Wie der vorige, aber die Initialen des Münzmeisters verkehrt gestellt, nämlich Z — B anstatt B — Z.
Rv. Wie der vorige, aber mit PATRON · HV · 16z3 ◉
R⁴ .R — s. g. e.

843bis. *Av.* GAB · D · G · SA · RO · IM · TRA · PR · PA + Das Wappen wie vorher, an den Seiten B — Z, über dem oberen Schildrand drei Punkte (⋯)
Rv. PATRONA · HVN · 16z3 + Die Muttergottes wie vorher.
R⁴ — .R — s. g. e

Nagybanya'er Denare.

844. *Av.* GAB · D · G · S · R · I · E · TRAN · PRIN : Das ungarische Wappen, an den Seiten N · B
Rv. PA · R · HV · D · S · C · OP · R · D · 1624. Die Muttergottes wie stets.
R⁴ — .R — g. e.

845. *Av.* GAB · D · G · S · R · I · E · TRAN · PR · Das Wappen unter einer Krone, die bei dem vorhergehenden fehlt; mit Ń — B
Rv. Wie vorher, aber mit 16z5, und die Madonna von einem Flammenkreis umgeben.
(Wesz. XXIII. 5.)
R⁴ — .R g. e.

846. Ganz wie der vorige, nur mit 16z6.
R⁴ .R g. e.

Denar 1626 mit C– C (Kaschau?)

847. *Av.* GAB · D : G · S · R · I · ET · TRAN · PR · Das gekrönte ungarische Wappen mit C — C (Civitas Cassoviensis?) an den Seiten.
Rv. PA · R · HV · D · S · C · OP · RA · DV 1626 Die Muttergottes auf dem Halbmond, von Flammen umgeben.
R⁴ .R s. g. e.

Bergwerks-Marke 1628.

848. *Av.* Unter einer Arabeske eine Leiste, darunter in drei Reihen G · D · G · P (Gabriel Dei Gratia Princeps) | · 1628 · · ❀ · |
Rv. Zwei gekreuzte Berghämmer in den Schenkeln eines grossen V steckend; an den Seiten des V die Buchstaben F — K, darüber zwei Rosetten, darunter zwei Punkte; an den Seiten der Hämmer I — L, ferner um dieselben vertheilt zwei Punkte, eine Rosette und ein Zackenkreuz.
(Wesz. t. IX. 21.)
R⁴ .E s. g. e.

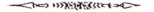

CATHARINA von Brandenburg

1629 — 1630,

Tochter des Kurfürsten Johann Sigismund von Brandenburg und zweite Gemahlin Gabriel Bethlen's, succ. nach des Letzteren Tode, 15. November 1629. Durch den Unwillen der Stände, in deren Rechte sie sich willkürlich Eingriffe erlaubte, sah sich Catharina bereits am 28. September 1630 zur Abdankung gezwungen; sie starb 1649.

Ducat 1630, ohne Angabe der Münzstätte.

849. *Av.* CATH · D : G · N · M · B · S · R · I · ET · TRAN · PRINC (Lilien-artiger Zierrath). Brustbild beinahe von vorn, etwas nach links gewendet, mit zurückgekämmtem Haar, doppeltem weit abstehenden Spitzenkragen, Hals- und Brustkette.
Rv. · PAR · R · H · D · SIC · CO — · I · B · I · C · M · D · 1630 Die Mutter-gottes, von Strahlen umgeben; zu ihren Füssen ein ovales verziertes Schild mit dem brandenburgischen Adler.
   Sz. VIII. 3. Wesz. IX. 22.   R⁴ — A⁷ — s. sch.

Clausenburger Ducat 1630.

850. *Av.* Wie vorher, aber Doppelpunkt nach PRINC : und leicht ver-änderte Zeichnung; namentlich ist der Spitzenkragen niedriger.
Rv. PAR · R · H · D · SIC · CO · A · B · I · C · M · D · 1630 Unter einer Krone im ovalen, verzierten Schilde das sechsfeldige siebenbürgisch-brandenburgische Wappen mit dem Bethlen'schen Mittelschild. Unten zu beiden Seiten C — V (Colos Var).
   (Sz. VIII. 2. Wesz. IX. 23, beide ungenau.)   R⁸ — A⁷ — s. sch.

STEPHAN BETHLEN

1630,

Bruder Gabriel Bethlen's und Statthalter unter der Regierung seiner Schwägerin Catharina von Brandenburg, wurde nach der Letzteren Verzichtleistung am 28. Sept. 1630 vom Landtag gewählt, resignirte jedoch bereits am 26. Nov. gleichen Jahres zu Gunsten des Georg Rákóczi I.

Clausenburger Ducat 1630.

851. *Av.* STEPHA · BET · D : G : – PRIN · TRA Geharnischtes Brustbild nach rechts, mit dem Kalpag bedeckt. Des letzteren Reiherbusch theilt oben, das Brustbild unten die Umschrift.

Rv. PAR ○ REG ○ HVN ○ DOM ○ ET ○ SIC ○ COM ‿ 1630 Im Drachenringe das Bethlen'sche Wappen, zu beiden Seiten des Schildes C – V (Colos Var).

Wesz. IX. 24. R⁴ A' s. sch.

GEORG RÁKÓCZI I.

1630 — 1648,

Sigismund Rákóczi's Sohn, wurde nach Stephan Bethlen's Rücktritt am 26. Nov. 1630 zum Fürsten erwählt. Im Bunde mit Frankreich und Schweden bekämpfte er siegreich den Kaiser und zwang diesen 1645 im Frieden zu Linz zur Abtretung ansehnlicher ungarischer Gebietstheile; er starb am 11. October 1648.

Clausenburger 10 Ducatenstücke.

852. *Av.* GEORG o RAKOC o II o D ♀ G o PR o TR o PAR o RE o HVN o DO o ET o SIC o COM o Geharnischtes, mit dem Kalpag bedecktes Brustbild nach rechts; mit der Rechten das Scepter schulternd, die Linke am Säbelgriff.

Rv. SOLI ✦ DEO ✦ GLORIA ✦ ANNO ✦ DOM · 1631 ✦ Auf einer quadratischen, mit Schnörkeln verzierten Tafel in sechs Reihen: NON ! EST CVRREN | TIS NEQVE ! VOLENTIS | SED MISERE NTIS DEI | Zu beiden Seiten der Tafel C—V

(Sz. VIII. 5. Wesz. X. 1.) R⁵ — A⁷ — s. sch.

853. *Av.* Vom Stempel des vorigen.

Rv. Wie vorher, aber DO : 1637 ✦ und ganz veränderte Zeichnung. Die Ecken der Tafel berühren den Perlenkreis, die Verzierungen sind reicher und die Aufschrift in fünf Reihen: NON · EST · | CVR-RENTIS ! NEQVE VOL | ENT : SED MIS | ERENTIS DEI | Zu beiden Seiten C — V

Unedirt. *Siehe Abbildung Tafel IV.* R⁸ — A⁷ — vorzügl. erh.

854. *Av.* Vom Stempel des vorigen.

Rv. Wie vorher, aber DOMINI · 1 · 6 · 3 9 ✦ und auf der wieder kleineren und wieder anders verzierten Tafel in sechs Reihen: NON · EST · ' CVRRENT | IS · NE · QVE · | VOLENTIS · | SED : MISER ENTIS : DEI · an den Seiten C — V

R⁷ — A⁷ — s. g. e.

Clausenburger Ducaten.

855. *Av.* · GEOR · RAKO · D : G · PR · TR · PAR · RE · HVNG · DOM ·
Geharnischtes Brustbild bis halben Leib nach rechts, mit dem
Kalpag; die Rechte das Scepter schulternd, die Linke am Säbelgriff.
Rv. ET · SICVLORVM · — · COMES · 1631 ● Der auf einer Leiste
nach links schreitende, gekrönte Rákóczi'sche Adler, mit dem
rechten Fuss einen Säbel haltend; zu beiden Seiten seines linken
Fusses AQV - ILA Unter der Leiste die sieben Burgen in einer
Reihe und darunter, auf dem inneren Perlenkreis, die Umschrift
theilend, das Clausenburger Castell.

R⁴ — A' — s. g. e.

856. *Av.* (Mönchsschrift) GEO · RAKO · D : G · PR · TR · PAR · RE · HUN ·
DO ● Geharnischtes Brustbild nach rechts wie vorher, aber im
blossen Kopf.
Rv. (Mönchsschrift) ET · SICULORUM · CO · — · MES · MDCXXXI
Der Adler wie vorher.

Wesz. X. 2.   R⁵ — A' — s. g. e.

857. *Av.* ✳ GEOR · RAKO · D : G · PR · TR · PA · RE · HVN · DOMI: Geharnischtes, mit dem Kalpag bedecktes Brustbild nach rechts, mit
der Rechten das Scepter schulternd, die Linke am Säbelgriff.
Rv. ET · SICVLORVM ✳ - ✳ COMES · 1 · 6 · 3 · 3 · ⊛ Der Rákóczi'sche
Adler wie vorher, unten das Clausenburger Castell.

R¹ A' - war gebogen, sonst vorzügl. erh.

858. *Av.* Vom Stempel des vorigen.
Rv. ET · SICVLORVM · ✳ ✳ COMES · 1633 · ⊛ Sonst wie vorher.

R¹ A' - s. g. e.

859. *Av.* Wie vorher, aber DOM: (statt DOMI:) und leicht veränderte
Zeichnung. Das Scepter trifft das O in DOM, beim vorigen das M.
Rv. Vom Stempel der Nr. 857.

R¹ — A' — s. g. e.

860. *Av.* Vom Stempel des vorigen.
Rv. Wie der vorige, aber 1 · 6 · 3 · 5 ·

R¹ A' s. sch.

861. *Av.* ✳ GEOR · RAKO · D : G : PR : TR : PA : RE : HV : DO Geharnischtes Brustbild bis halben Leib nach rechts wie vorher, aber
schmäler. Das Scepter trifft das D in DO
Rv. ET · SICVLORVM · · COMES · 1 · 6 · 3 · 6 · ✳ ⊛ Der Adler wie
vorher.

R¹ A' s. sch.

862. *Av.* GEORG · RAKOC (I · D · G · I R · TR ·) PA · RE · HV · DO · Geharnischtes Brustbild nach rechts wie vorher, aber von ganz veränderter Zeichnung; der Kalpag ganz nach hinten gesetzt.

Rv. ET · SICVLORVM · COMES · 1639 Der Rákóczi'sche Adler mit
AQV — · ILA · Darunter die sieben Burgen auf einer Leiste, und
dann der Prägeort · C · V · (Colos-Var) Das Castell fehlt. Die eingeklammerte Stelle ist wegen schwacher Ausprägung nicht ganz
deutlich.

Monn. en or pag. 239.   R⁶ — A⁷ — s. g. e.

Weissenburger Ducaten 1646.

863. *Av.* GEORG · RAKO · D · G · PRI · TRA   Geharnischtes Brustbild
mit breiter, die Umschrift trennender Pelzmütze nach rechts, mit
der Rechten das Scepter schulternd, die Linke am Säbelgriff. Das
Scepter trifft zwischen R und A in TRA, der Knauf des Säbelgriffs
das R in RAKO .

Rv. PA · RE · HV · DO · ET · SIC · CO · 1646 · ❀ Die sieben Burgen
zwischen zwei Leisten, darunter · + ·, darüber der Adler, unten mit
AQV - - ILA · oben zu beiden Seiten des Adlers A - - I (Alba-Iulia
Weissenburg).

Wesz. X. 4.   R² - - A⁷ — Stgl.

864. *Av.* Wie vorher, aber die Pelzmütze schmäler; der Säbelknauf
trifft das letzte G in GEORG. — Das A in TRA berührt den
Reiherbusch der Pelzmütze, beim vorigen n i c h t.

Rv. Wie der vorige, wenig verändert. Auf dem vorigen stehen
die sieben Burgen zwischen zwei Punkten, welche auf diesem fehlen.

R² — A⁷ - - Stgl.

865. *Av.* Wie vorher, die Pelzmütze noch kleiner; das Scepter trifft das
A in TRA, der Säbelknauf das R in RAKO.

Rv. Wie vorher, aber vor PA ein Punkt.

R² - - A⁷ — s. g. e.

Nagybanya'er Ducaten.

866. *Av.* GEORGIVS · RAKO – · D · G · PRI · TRA · ❀ Geharnischtes
Brustbild nach rechts im blossen Kopf, Mantel über dem Harnisch,
unten die Umschrift theilend.

Rv. PAR : REG : HVN · DO - ET · SI : CO : 1645 Die Muttergottes
mit dem Kinde auf dem linken Arm, in der Rechten das Scepter
haltend, auf dem Halbmond, zu beiden Seiten Ṅ Ḃ Unten in
der Umschrift das ungarische Wappen.
Unedirt. *Siehe Abbildung Tafel IV.*   R⁴ — A' s. g. e.

862. *Av.* · GEORG · RAKOCI · D : G · PRI · TRA · Geharnischtes Brustbild bis zum halben Leib nach rechts, im blossen Kopf, mit der
Rechten das Scepter schulternd, die Linke am Säbelgriff. Kopf
und Scepter ragen weit in die Umschrift hinein.
Rv. · PAR · REG · HVN · — DO · ET · SI · CO · 1648 Die Muttergottes mit Ṅ — Ḃ wie vorher, aber das Jesuskind mit der Rechten.
das Scepter mit der Linken haltend (beim vorigen umgekehrt).
(Wesz. X. 5.)   R⁴ — A' s. sch.

868. *Av.* GEORG o RAKO o D Ꞔ G o PRI o TRANS o Brustbild wie vorher, wenig verändert.
Rv. Wie vorher. aber HVNG statt HVN ·
                                             R⁴ — A' · · s. sch.

Nagybanya'er ¼ Ducat 1647 (Denarprobe).
869. *Av.* GEOR · RAKO · D : G · PRI · TRAN · Das gekrönte ungarische
Wappen, an den Seiten Ṅ · Ḃ
Rv. · PATRONA · HVNGARI · 1647 · Die Muttergottes auf dem
Halbmond, von Strahlen umgeben.
(cf. Wesz. X. 5, von 1642.)   R⁴ A' gel., g. e.

Nagybanya'er Thaler.
870. *Av.* GEORGIVS · RAKOCI · D : G · PRINCEPS · TRANS · Geharnischtes, mit der Pelzmütze bedecktes Brustbild nach rechts, mit
der Rechten das Scepter schulternd, dessen Spitze zwischen N
und S in TRANS trifft.
Rv. · PAR · REG · HVNG · DOM · ET · SIC · COM · 1645 · Unter
einer Krone das henkelartig verzierte, combinirte Siebenbürgisch-
Rákóczi'sche Wappen, nämlich in der Mitte das Rákóczi'sche halbe
Rad, darüber Sonne. Mond und halber Adler (Siebenbürgen), unten
links der Rákóczi'sche Adler, rechts die sieben Burgen. Zu beiden
Seiten des Wappens u n t e n , innerhalb der Seitenverzierungen N B
                                             R⁵ Ɽ s. sch.

871. *Av.* Vom Stempel des vorigen.

Rv. Wie vorher, aber von gänzlich abweichender Zeichnung. Statt der beim vorigen über dem Wappen schwebenden kleinen, unten geschlossenen, mit zwei Kreuzzacken versehenen Krone, liegt eine grosse mit fünf Blattzacken versehene Krone auf dem geraden oberen Schildrand in der ganzen Breite desselben. Zu beiden Seiten des Wappens, in der Mitte ·N—B· Die Seitenverzierungen sind nur oben und unten flügelartig aufwärts gebogene Ansätze.

$$R^5 - R - \text{war geh., s. g. e.}$$

872. *Av.* Vom Stempel des vorigen.

Rv. ·PAR·REG·HVN·DOM·ET·SI·COM·1645. Das Wappen mit kleiner Krone wie bei Nr. 870, aber die Seitenverzierungen wie bei Nr. 871. N—B wie beim vorigen in der Mitte zu beiden Seiten des Wappens.

$$R^5 - R - \text{s. g. e.}$$

873. *Av.* Vom Stempel des vorigen.

Rv. ·PAR·REG·HVN·DOM·ET·SIC·COM·1646· Das Wappen wie vorher, an den Seiten N—B. Ueber dem N ein horizontaler bis unter die Sonne des Wappens sich hinziehender Stempelriss.

$$R^4 - R - \text{s. sch.}$$

874. *Av.* Wie Nr. 870, aber von verschiedener Zeichnung; das Brustbild ist unten breiter, so dass die linke Seite des Körpers das K in RAKOCI. statt wie auf den vorigen zwischen O und C, trifft.

Rv. Wie der vorige, aber ohne Punkt zu Anfang und Ende der Umschrift. $R^4 - R - \text{s. sch.}$

875. *Av.* GEORG·RAKo (O klein)   ·D:G·PRI·TRA· Brustbild wie vorher, aber grösser und unten in seiner ganzen Breite die Umschrift theilend; das Scepter trifft das A in TRA.

Rv. Vom Stempel des vorigen. $R^4 - R - \text{s. sch.}$

876. *Av.* GEORG·RAKOCI — ·D:G·P·TRA· Brustbild wie vorher, jedoch schmäler, unten die Umschrift theilend, aber mit hoher hut-ähnlicher Pelzmütze; ausserdem ist die linke den Säbelgriff haltende Hand sichtbar, was bei den vorigen nicht der Fall ist.

Rv. Vom Stempel des vorigen. $R^4 - R - \text{s. sch.}$

877. *Av.* Vom Stempel des vorigen.

Rv. ·PAR·REG·HVN·DOM·ET·SIC·COMES·1647· Wappen wie bisher, mit kleiner zweibogiger Krone und reichen, henkel-artigen Seitenverzierungen. Ganz unten zu beiden Seiten des Schild-fusses ·N·—·B· $R^4 - R - \text{s. g. e.}$

878. *Av.* Vom Stempel der Nr. 875 (mit RAKO und breitem Brustbild).
Rv. Umschrift wie vorher, doch mit 1648. Wappen und Krone
aber wie bei Nr. 872, mit N   B an den Seiten.

R⁶   ℛ   war geh. s. g. e.

879. *Av.* Vom Stempel der Nr. 876.
Rv. · PAR · REG · HVN · DO : ET · SIC · COMES · 1648 · Das Wappen
wie vorher, aber mit ·N· — ·B· und die Krone von abweichender
Zeichnung.

R¹   ℛ   s. sch.

880. *Av.* Vom Stempel des vorigen.
Rv. Wie vorher, aber mit DOM · (statt DO :) und N   B

R⁴   ℛ   s. sch.

881. *Av.* Vom Stempel des vorigen, aber verprägt, so dass das Brustbild viel schmäler und in der Umschrift TRA · TRA · erscheint.
Rv. Wie der vorige, mit HVHVN (ebenfalls durch Verprägung).

R⁴ - ℛ   s. sch.

882. *Av.* GEORGIVS · RAKOCI · D : G · PRINCEPS · TRA Brustbild wie
vorher, mit hoher Pelzmütze und die Linke am Säbelgriff, aber
kürzer und unten innerhalb des inneren Perlenkreises bleibend,
während es bei den vorigen die Umschrift theilt.
Rv. Vom Stempel der Nr. 880, mit DOM · und N   B

R⁴   ℛ - s. sch.

883. *Av.* Vom Stempel des vorigen.
Rv. PAR · REG · HVNGA : DOM · ET · SIC · COM · 1648 Das Wappen
wie vorher, mit N   B

R⁴   ℛ   s. sch.

Nagybanya'er viereckige Thalerklippen.

884. *Av.* Vom Stempel des Thalers Nr. 872.
Rv. Wie Nr. 872 von 1645, aber mit SI : (statt SI ·), N·   ·B·
(statt N   B) und leicht veränderter Zeichnung.

Wesz. X. 6.   R⁷   ℛ 28.; Grm.   s. sch.

885. *Av.* Vom Stempel des vorigen.
Rv. Umschrift wie Nr. 873 von 1646, aber ganz veränderte Zeichnung.
Die bisher durchweg zweibogige Krone hat nur einen einzigen mit
zwölf Perlen besetzten Bogen; das Wappen ist wieder mit den henkelartigen Seitenschnörkeln verziert wie bei Nr. 877 und die Münzbuchstaben N - B stehen ganz unten neben dem Schildfuss.

Sz. VIII. 8.   R⁷ — ℛ 28.₄ Grm.   s. sch.

9

Nagybanya'er viereckige 1½ Thalerklippe.

886. *Av.* und *Rv.* von den Stempeln der Nr. 883.

R⁴   AR 42,0 Grm.   vorzügl. erh.

Nagybanya'er ½ Thaler 1645.

887. *Av.* · GEORG · RAKOCI · D : G · PRINCEPS · TRA · Geharnischtes
Brustbild bis halben Leib nach rechts mit hoher Pelzmütze, die
Rechte das Scepter schulternd, die Linke am Säbelgriff.
Rv. · PAR · REG · HVN · DOM · ET · SIC · COMES · 1645 · Das ge-
krönte Wappen wie bisher.   In der Mitte zu beiden Seiten N   B
Unedirt. *Siehe Abbildung Tafel IV.*   R⁴ — AR · · vorzügl. erh.

Sechsgröscher 1637.

888. *Av.* GEO : RAKO : D : G :   : PRI ···. Brustbild (verwetzt).
Rv. PAR · REG · HV : DOM : ET · SIC · CO · 1637 Unter einer
Krone die Werthzahl VI und drei zusammengestellte Schilde (Sonne,
Halbmond, sieben Burgen).
Wesz. XXIII. 8.   R⁶ — AR — schl. erh.

Dreigröscher 1637.

889. *Av.* G · RAKO · D · G · P · T · P · R · H · D · S · C · Geharnischtes
Brustbild, mit dem Kalpag bedeckt, nach rechts.
Rv. · III · ' 1 – 6 – 3 – 7   GROS · ARG ' TRIP · REG · | TRANS · |
Zwischen den Ziffern 1 und 6 der Jahrzahl der freistehende Rákóczi'sche Adler, zwischen 6 und 3 der siebenbürgische Adler in
einem Schilde; zwischen 3 und 7 die sieben Burgen (1, 3, 3), freistehend.
                              R⁴ — AR -- gel., schwach erh.

Clausenburger Groschen 1636.

890. · GEOR · R · D · — G · P · T · P · R · H · D · Das gekrönte, quadrirte
Wappen mit dem Rákóczi'schen Familienwappen im Mittelschild;
unten, die Umschrift theilend, die Werthzahl 3 in einem Schildchen.
Rv. * — MONE N — REG TRA   * Der Reichsapfel mit z · 4 ·,
an den Seiten oben 3 — 6 ; unten, die Umschrift theilend (C   V)
= Colos Var.
    (cf. Wesz. X. 8, von 1637).   R⁷ — AR ··· s. g. e.

Groschen 1638, ohne Angabe der Münzstätte.

891. *Av.* G · RA · D : G   P · T · P · R · H · D ·   Sonst wie der vorige.
Rv. · MONE · NO   RE · TRAN ·   Der Reichsapfel mit 24, oben
an den Seiten die abgekürzte Jahrzahl 3 – 8: unten, die Umschrift
theilend, ein freistehender mit der Spitze nach oben gerichteter
Pfeil zwischen zwei Punkten.

R· · .R   – s. g. e.

Bergwerks-Marke 1630.

892. *Av.* Zwei gekreuzte Berghämmer, in den Seitenwinkeln · G ·   · R ·
(Georgius Rákóczi); im oberen Winkel ein Zackenkreuz von vier
Punkten umgeben; im unteren eine Blattranke.
Rv. Im Felde ein grosses V. in dessen Winkel · 1630 · und eine
grosse Blattranke: ausserhalb abwechselnd Punkte, Kreuze und
Rosetten.
   (Wesz. X. 10. ähnlich.)   R· — .E   s. g. e.

GEORG RÁKÓCZI II.

1648 — 1660,

Sohn des vorigen, succ. 1648, nachdem er bereits 1642 vom Landtage zum Nachfolger seines Vaters gewählt worden war. Um die polnische Krone zu erlangen, schloss er ein Bündniss mit Carl Gustav von Schweden und brach 1657 mit einem starken Heere in Polen ein, unterlag jedoch schmählich und floh nach Vernichtung seines Heeres nach Siebenbürgen zurück. Auf Befehl des Sultans musste Rákóczi zu Gunsten Franz Rhedeys abdanken, erhob sich jedoch kurz darauf von Neuem gegen die Pforte, welche 1658 den Achatius Barcsai zum Fürsten ernannte. Mit wechselndem Glück kämpfte Rákóczi gegen den letzteren Rivalen und gegen die Türken, wurde aber 1660 nach der vergeblichen, sechsmonatlichen Belagerung Hermannstadt's bei Clausenburg geschlagen und verwundet und starb Anfangs Juni zu Grosswardein an den Folgen dieser Verwundung.

Nagybanya'er 10 Ducatenstücke (Thalerstempel).

893. *Av.* · GEOR · RAKO · — D : G · PRI · T · Geharnischtes Brustbild mit hoher Pelzmütze nach rechts, oben und unten die Umschrift theilend. Die Rechte schultert das Scepter, welches das Schluss-T trifft, die Linke hält den Säbelgriff.

Rv. · PAR · REG · HVN · DOM · ET · SIC · COM · 1652 · Unter einer Krone ein vielfach verzierter Schild, der in seinem oberen Theil das Rákóczi'sche Wappen zwischen Sonne und Mond, unten den siebenbürgischen Adler und die sieben Burgen zeigt; zu beiden Seiten des Schildes, innerhalb der henkelartigen Seitenverzierungen, N – - B

(cf. Wesz. X. 12.)   R³ — A⁷ — Stgl.

894. *Av.* · GEOR : RAKO · Sonst wie vorher, von wenig abweichender Zeichnung des Brustbildes.

Rv. Genau wie der vorige.

R³ — A˙ · vorzügl. erh.

895. *Av.* Vom Stempel der Nr. 893.

Rv. Wie der vorige, aber 1654· und Ṅ - Ḃ, auch von leicht abweichender Zeichnung.

R³ N' vorzugl. erh

Weissenburger 10 Ducatenstück 1657.

896. *Av.* GEORGIVS + RAKOCI + D + G + PRINCEPS + TRA + Geharnischtes Brustbild mit hoher Pelzmütze, welche oben die Umschrift theilt, nach rechts, mit der Rechten das Scepter schulternd, die Linke am Säbelgriff.

Rv. PART + REG + HVN + DO + ET + SIC + CO + 1657 + Unter einer vierbogigen Krone im ovalen geschnörkelten Schild das längsgetheilte siebenbürgische Wappen mit dem Wappen Rákóczi im ovalen Mittelschild. Unten im Schildesfuss A · I · - Beide Seiten sind von einem breiten Blätterkranz umgeben.

Sz. VIII. 12. Wesz. X. 11.   R³ — A' — s. g. e.

Nagybanya'er Ducaten.

897. *Av.* · GEOR · RA — D : G : P · TR · Geharnischtes Brustbild nach rechts mit der Pelzmütze, in der Rechten das Scepter, in der Linken den Säbelgriff.

Rv. PAR · REG · HV ·   DO · ET · SI : CO · 1649 Die Muttergottes mit dem Jesuskind auf dem Halbmond, zu beiden Seiten Ṅ Ḃ Unten in der Umschrift das gekrönte ungarische Wappen.

(Sz. VIII. 9.)   R² — A' s. g. e.

898. *Av.* GEOR · RA · — · D : G · P · TR · Brustbild wie vorher; aber schmäler, mit kleinerem Kopf und im Linien- statt Perlenkreis.

Rv. PAR · RE · HV · DO · – · ET · SI : COM · 1650 Die Muttergottes wie vorher.

(Sz. VIII. 10.)   R² — A' s. g. e.

899. *Av.* · GEO : RA · · D : G · P · TRA Brustbild wie vorher.

Rv. PAR · REG · HVN — DO · ET · SI : CO · 1650 Sonst wie vorher.

R² A' s. g. e.

900. *Av.* GE · RA · D · · G · P · T · Brustbild wie vorher.

Rv. PAR . RE · HV · DO ·   ET · SI · COM · 1651 · Die Muttergottes mit N — B (anstatt Ṅ — Ḃ) an den Seiten.

R² A' · s. g. e.

901. *Av.* Vom Stempel des vorigen.
Rv. PAR · REG · HV · DO – ET · SIC · CO · 1653 · Die Madonna
mit Ṅ–·Ḃ
Wesz. X. 14.   R² A' Stgl.

902. *Av.* Vom Stempel des vorigen.
Rv. PAR · REG · HV · — DO · ET · SI · CO · 1654 · Wie vorher.
                                    R² ·– A'   s. sch.

903. *Av.* Vom Stempel des vorigen.
Rv. PAR · RE · HV · DO · ·· ET · SIC · COM · 1655 · Die Madonna
wie vorher.
                                    R² ·– A' — s. g. e.

904. *Av.* Vom Stempel des vorigen.
Rv. Genau wie der vorige, aber mit Punkt vor PAR und 1656·
                                    R² — A' — gel., g. e.

905. *Av.* Vom Stempel des vorigen.
Rv. Wie beim vorigen, nur ohne die Punkte vor und nach PAR.
                                    R² — A' — s. sch.

906. *Av.* Vom Stempel des vorigen.
Rv. · PAR · RE · HV · DO — ET; SIC · CO · 1657 Die Madonna mit
Ṅ — Ḃ (anstatt Ṅ — Ḃ).
                                    R² ·– A' ·· Stgl.

Weissenburger Ducat 1657.

907. *Av.* GEORG · RAKO · D · G · PRI · TRA · Brustbild wie vorher,
nur oben die Umschrift theilend.
Rv. PA · RE · HV · DO · ET · SIC · CO · 1657 · ❀ Der stehende Rá-
kóczi'sche Adler, unten mit AQV — ILA oben mit A — I an den
Seiten; darunter auf einer Querleiste die sieben Burgen, dann ein
Zackenkreuz zwischen zwei Punkten.
Sz. VIII. 11. Wesz. X. 15.   R³ — A' — vorzügl. erh.

Clausenburger Ducat 1657.

908. *Av.* GEORG · RAKO · D · G · PRI · TRA Brustbild wie vorher mit
veränderter Zeichnung, namentlich der Pelzmütze, welche niedriger
und mehr nach hinten aufgesetzt erscheint.
Rv. Wie vorher, aber zu beiden Seiten des Adlers C   V
Unedirt. *Siehe Abbildung Tafel IV.*   Rˣ — A' — vorzügl. erh.

Nagybanya'er ¼ Ducat 1653 (Denarprobe).

909. *Av.* · GEOR · RAKO · D : G · PRI · TRA · Das gekrönte ungarische
Wappen mit N — B an den Seiten.
Rv. PATRONA · HVNGAR · 1653 Die Muttergottes auf dem Halb-
mond, von Strahlen umgeben.
(Wesz. XI. 3.)   R⁶   A˙   s. g. e.

Nagybanya'er Doppelthaler 1659.

910. *Av.* · GEORGI · — RA · D : G : P · T Geharnischtes, mit der Pelzmütze
bedecktes Brustbild bis halben Leib nach rechts, oben und unten
die Umschrift theilend, mit der Rechten das Scepter schulternd, die
Linke am Säbelgriff. Das Scepter trifft das Schluss-T.
Rv. · PAR · REG · HVN · DOM · ET · SIC · COM · 1659. Unter einer
zweibogigen Krone das Wappen, ähnlich wie bei Nr. 893, in
einem mit henkelartigen Seitenverzierungen versehenen Schilde.
An den Seiten, innerhalb der Verzierung N   B
                                             R⁶ .R s. sch.

Nagybanya'er Thaler 1649.

911. *Av.* · GEORG : RAKO — : D : G : PRIN : TRA · Das Brustbild ähnlich
dem vorigen, aber schmäler. Das Scepter trifft das R in TRA.
Rv. PAR · REG · HVN · DOM · ET · SIC · COMES · 1649 Unter
einer zweibogigen Krone das combinirte siebenbürgisch-Rákóczi'sche
Wappen (ohne Theilungsstriche), in einem oben und unten mit
flügelartigen Seitenzierrathen versehenem Schilde, an dessen Seiten
· N · — · B ·
                                             R² .R - St͜ql.

912. *Av.* Vom Stempel des vorigen.
Rv. Wie der vorige; die Krone, die beim vorigen offen ist, unten
geschlossen; die Ziffer 9 der Jahreszahl näher bei der Krone.
                                             R² .R s. g. e.

913. *Av.* Vom Stempel des vorigen.
Rv. Wie vorher, aber Punkte zu Anfang und Ende der Umschrift.
Krone geschlossen.
                                             R² .R vorzügl. erh.

914. *Av.* Vom Stempel des vorigen.
Rv. Wie der vorige, aber die Krone offen.
                                             R⁴ .R s. sch.

915. *Av.* Vom Stempel des vorigen.
      Rv. · PAR · REG · HVNG · DO : ET · SIC · COMES · 1649 ·   Wappen
      wie vorher, Krone geschlossen.
                                                    R² — Æ - s. sch.

916. *Av.* GEORGIVS : RA ·   D : G : PRI : TRA   Geharnischtes Brust-
      bild von ähnlicher Zeichnung wie vorher, nur der Harnisch etwas
      reicher verziert. Das Scepter trifft ebenfalls das R in TRA.
      Rv. · PAR · REG · HV · DOM · ET · SIC · COMES · 1649 · Das Wappen
      wie vorher, mit offener Krone und N   B an den Seiten.
                                                    R² — Æ — s. sch.

917. *Av.* Vom Stempel des vorigen.
      Rv. Wie vorher, aber o h n e Punkte zu Anfang und Ende der
      Umschrift und HVN · (statt HV ·). Krone geschlossen.
                                                    R² — Æ — war geh., s. g. e.

918. *Av.* · GEOR : RAKO — · D : G : P : TRA · Geharnischtes Brustbild
      wie vorher, aber kürzer (nur bis zur halben Brust) und etwas
      breiter. Das Scepter trifft das A in TRA.
      Rv. · PAR · REG · HVN · DOM · ET · SIC · COMES · 1649 ·   Das
      Wappen wie bisher mit · N ·   · B · Krone offen und von ver-
      schiedener Zeichnung.
                                                    R² — Æ - s. sch.

919. *Av.* GEORGIVS · — RAKO : D : G : P · T · Brustbild wie vorher.
      Rv. Wie der vorige, mit wenig veränderter Zeichnung, namentlich
      der Krone.
                                                    R² - Æ — war geh., s. g. e.

Nagybanya'er Thaler 1650.

920. *Av.* · GEORG : RAKO   : D : G : PRIN : TRA · Schmales Brustbild
      wie bei Nr. 911, aber von verschiedener Zeichnung des Harnisch.
      Das Scepter trifft das R in TRA.
      Rv. · PAR · REG · HVN · DOM · ET · SIC · COMES · 1650 · Das ge-
      krönte Wappen wie vorher, mit · N · — · B · Krone unten geschlossen,
      oben mit dem Reichsapfel versehen.
                                                    R² -- Æ — s. g. e.

921. *Av.* Vom Stempel des vorigen.
      Rv. Wie vorher, von etwas abweichender Zeichnung. Der Punkt
      vor PAR berührt die Perlen der Krone; letztere ist unten offen,
      o h n e Reichsapfel.
                                                    R² — Æ — s. sch.

922. *Av.* Vom Stempel des vorigen.

> *Rv.* Umschrift wie vorher, aber das Wappen von gänzlich ver-
> schiedener Zeichnung. Der Rákóczi'sche Adler steht auf dem
> halben Rade statt unter demselben. Die sieben Burgen, welche
> seither die rechte Seite der unteren Wappenhälfte (3, 3, 1) ein-
> nahmen, sind regellos (2 links, 5 rechts) um den Adler und das
> Rad zerstreut. Zu beiden Seiten N - B innerhalb der henkelartigen
> Seitenschnörkel. Krone geschlossen, mit Reichsapfel.

> R² - .R — s. sch.

923. *Av.* Vom Stempel der Nr. 911.

> *Rv.* Vom Stempel der Nr. 921.

> R² - .R   s. sch.

924. *Av.* · GEORG : RAKO ·   D : G : P · TRAN · Geharnischtes Brustbild wie vorher; das Scepter trifft den ersten Schenkel des N in
TRAN.

> *Rv.* Wie Nr. 920, das Wappen mit · N · — · B · Die Krone aber
> offen und ohne Reichsapfel.

> R² — .R — s. sch.

925. *Av.* Vom Stempel des vorigen.

> *Rv.* Wie Nr. 922. aber die Burgen sind 3 links, 4 rechts vertheilt.
> Das Wappen ist mit den flügelartigen Ansätzen versehen, in deren
> Mitte · N · — · B · Die Krone offen, ohne Reichsapfel.

> R² .R — s. sch.

926. *Av.* ⸰ GEORGIVS ⸰   RA ⸱ D ⸱ G ⸱ P ⸱ T ⸰ Geharnischtes Brustbild nach rechts wie vorher, aber kürzer (nur bis zur halben
Brust). Das Scepter trifft das T.

> *Rv.* Umschrift wie vorher. Gruppirung der Wappenembleme wie
> beim vorigen, aber das Wappen mit henkelartigen Seitenschnorkeln.
> innerhalb welcher unten N   B wie bei Nr. 922. Krone offen. ohne
> Reichsapfel.

> R² .R   s. sch.

927. *Av.* Vom Stempel des vorigen.

> *Rv.* · PAR : REG : HVN : DO : ET · SIC · COM : 1650 · Wappen wie
> vorher, aber statt der kleinen zweibogigen Krone eine breite sieben-
> zackige, unten geschlossene Krone mit einem einzigen, perlen-
> besetzten Bügel.

> Sz. IX. 1.

> R¹ — .R   s. sch.

928. *Av.* Vom Stempel des vorigen.
Rv. Umschrift wie vorher, aber überall einfache Punkte. Das Wappen
wie auf dem sub Nr. 893 beschriebenen 10 Ducatenstück von
1652. Den oberen Theil nimmt das Rákóczi'sche Wappen in
einem ausgeschweiften, oben dachförmig über den Schildrand vorspringenden Schilde ein, daneben links in der oberen Ecke die
Sonne, rechts der Mond. In der getheilten, unteren Hälfte des
Wappens links der Adler, rechts die sieben Burgen (1, 2, 3, 1).
An den Seiten die beiden flügelartig nach oben gebogenen Verzierungen; zwischen ihnen in der Mitte N—B Krone klein, zwei-
bogig, unten offen, ohne Reichsapfel.
$R^2 — AR —$ war gch., s. g. e.

929. *Av.* Vom Stempel des vorigen.
Rv. · PAR · REG · HVN · DOM · ET · SIC · COMES · 1650 · Wappen
wie vorher, aber mit den henkelartigen Seitenschnörkeln, innerhalb welcher unten N—B Krone wie beim vorigen.
$R^2 — AR —$ vorzügl. erh.

930. *Av.* Vom Stempel des vorigen.
Rv. Wie vorher, aber SI: (statt SIC·) und leicht veränderte
Zeichnung.
$R^2 — AR —$ s. sch.

931. *Av.* Vom Stempel des vorigen.
Rv. · PAR · REG · HVN · DOM · ET · SIC · COM · 1650 · Wie Nr. 928,
aber · Ṅ · — · Ḃ · und abweichende Zeichnung. Krone offen, ohne
Reichsapfel. $R^2 — AR —$ vorzügl. erh.

932. *Av.* · GEOR : RAKO — · D : G : P : TRA · Geharnischtes Brustbild
wie vorher bis zur halben Brust. Das Scepter trifft das A in TRA.
Rv. Wie Nr. 925, wenig verändert.
$R^2 — AR —$ s. sch.

933. *Av.* · GEOR : RAKO · — D : G · PRI · T · Geharnischtes Brustbild
wie vorher bis zur halben Brust. Das Scepter trifft das T.
Rv. Wie Nr. 926, aber statt der kleinen offenen Krone eine breite
unten geschlossene, siebenzackige Krone, ohne Reichsapfel.
$R^2 — AR —$ s. g. e.

934. *Av.* GEORG : RAKO   D : G · P · TRAN Geharnischtes Brustbild
wie vorher bis zur halben Brust. Das Scepter trifft das N.
Rv. · PAR : REG : HVN : DOM : ET · SIC · COM : 1650 · Wie vorher,
aber mit Ṅ — Ḃ und breiter, unten geschlossener Krone mit 5 Blattzacken und Reichsapfel. Die Burgen stehen wieder rechts, 2, 3, 2.
$R^2 — AR —$ s. sch.

Nagybanya'er Thaler 1651.

935. *Av.* Vom Stempel der Nr. 926.

Rv. · PAR ○ REG ○ HVN ○ DO ○ ET ○ SIC ○ COMES ○ 1651 · Das Wappen wie bei Nr. 928, aber mit den henkelartigen Seiten-schnörkeln, innerhalb welcher unten N B Die Krone geschlossen, ohne Reichsapfel.

R² .R s. sch.

936. *Av.* Vom Stempel des vorigen.

.. Wie vorher, aber SI· (statt SIC·) und Punkte statt der Ringel. Die Burgen stehen 1, 1, 3. 2.

R² .R g. e.

937. *Av.* Vom Stempel des vorigen.

Rv. Wie Nr. 935, aber DOM○ (statt DO○) und SIC○ Die Burgen 1, 1, 3, 2, gestellt.

R² .R – s. sch.

938. *Av.* Vom Stempel des vorigen.

Rv. Wie der vorige, aber von abweichender Zeichnung. Der Kronenrand bedeckt die Spitze des dachförmig vorspringenden Rákóczi'schen Schildes, welche beim vorigen sichtbar ist. Die sieben Burgen stehen 1. 3, 3 (die beiden letzten Reihen von links nach rechts ansteigend).

R² · .R s. sch.

939. *Av.* Vom Stempel der Nr. 933.

Rv. · PAR · REG · HVN · DOM · ET · SIC · COM · 1651 · Das Wappen wie vorher, aber die Burgen 1, 1, 3. 2 und mit N B Die Krone offen, ohne Reichsapfel.

R² .R – war geh.. s. g. e.

940. *Av.* Vom Stempel des vorigen.

Rv. Wie der vorige, aber COMES·, die Burgen 2. 3. 2 und die offene Krone mit Reichsapfel. Ohne den Theilungsstrich im Wappen zwischen Burgen und Adler.

R² – .R s. sch.

Nagybanya'er Thaler 1652.

941. *Av.* Vom Stempel der Nr. 933.

Rv. · PAR · REG · HVN · DOM · ET · SIC · COM · 1652 · Das Wappen wie vorher, die Burgen 1, 1, 3, 2 und mit N B Krone mit zwei Bogen- und zwei Kreuzzacken.

Sz. IX. 3.   R² .R – s. sch.

942. *Av.* Wie der vorige.

Rv. Wie der vorige, aber die Burgen 1. 2. 3. 1 und mit dem Theilungsstrich im Wappen.

R² – .R s. sch.

943. *Av.* Wie der vorige.
    Rv. Wie Nr. 941, aber Ṅ - Ḃ und mit dem Theilungsstrich.
    R² — ℛ - - s. sch.

944. *Av.* Wie der vorige.
    Rv. Wie der vorige, aber CO · (statt COM ·) und · Ṅ - Ḃ ·
    R² — ℛ - - s. sch.

945. *Av.* Wie der vorige.
    Rv. Wie der vorige, aber DO : (statt DOM ·)
    R² — ℛ -- gelocht, sonst s. g. e.

946. *Av.* Wie der vorige.
    Rv. Wie der vorige, aber das Wappenschild ist wieder mit den
    beiden flügelartig aufwärts gebogenen Zierrathen versehen. Da-
    zwischen in der Mitte zu beiden Seiten des Wappens N - B
    Krone wie bei Nr. 941.
    R² — ℛ — s. g. e.

947. *Av.* Wie der vorige.
    Rv. Wie der vorige, mit N—B, aber DO : (statt DOM ·)
    R² — ℛ — s. g. e.

948. *Av.* Wie der vorige.
    Rv. Wie Nr. 946, aber mit · Ṅ · — · Ḃ · Ohne Theilungsstrich.
    R² — ℛ — Stgl.

Nagybanya'er Thaler 1653.

949. *Av.* Vom Stempel der Nr. 933.
    Rv. · PAR · REG · HVN · DOM · ET · SIC · COM · 1653 · Das Wappen
    wie vorher, mit den henkelartigen Seitenverzierungen und N — B
    Die sieben Burgen sind 1, 2, 3, 1 gestellt. Mit dem Theilungsstrich.
    R² — ℛ — vorzügl. erh.

950. *Av.* Wie der vorige.
    Rv. Wie vorher, aber die sieben Burgen in fünf Reihen 1, 1, 2, 2, 1.
    R² — ℛ — s. sch.

951. *Av.* Wie der vorige.
    Rv. Wie vorher, aber die sieben Burgen 1, 1, 2, 3 (die letzte
    Reihe, dem unteren Schildrand parallel, von links nach rechts an-
    steigend).
    R² — ℛ — s. sch.

952. *Av.* Wie der vorige.
    Rv. Wie vorher, aber die sieben Burgen 1, 3, 3 (die beiden letzten
    Reihen nach rechts ansteigend).
    R² — ℛ — gel., sonst s. g. e.

953. *Av.* ·GEOR·RAKO·   D : G · PRI · T · Dem vorigen sehr ähn-
liches Brustbild. Das letzte T steht dem Reiherbusch der Pelzmütze
viel näher, wie beim vorigen.
Rv. Wie vorher, aber Ṅ   Ḃ Die sieben Burgen stehen 1. 2. 2. 2.
(die letzte Reihe nach rechts ansteigend).

R²   ℛ   s. sch.

Nagybanya'er Thaler 1654.

954. *Av.* Vom Stempel des vorhergehenden.
Rv. ·PAR · REG · HVN · DOM · ET · SIC · COM · 1654· Das Wappen
wie vorher mit N — B. die sieben Burgen 1. 3. 3. (die letzten Reihen
ansteigend).

R²   ℛ   s. sch.

955. *Av.* Wie der vorige.
Rv. Wie vorher, aber Ṅ — Ḃ (statt N — B).

R²   ℛ   s. sch.

956. *Av.* Wie der vorige.
Rv. Wie vorher mit Ṅ - Ḃ, aber die Burgen 1, 1, 2, 2, 1 gestellt.

R²   ℛ   war geh., s. g. e.

Nagybanya'er Thaler 1655.

957. *Av.* Wiederum vom Stempel der Nr. 933.
Rv. ·PAR · REG · HVN · DOM · ET · SIC · COM · 1655· Wappen wie
vorher mit N—B. die Burgen 1, 3, 3. (die beiden letzten Reihen
ansteigend).

R² – ℛ   s. g. e.

958. *Av.* Vom Stempel des vorigen.
Rv. Wie der vorige, aber die Burgen 1, 2, 2, 2.

R²   ℛ – s. g. e.

959. *Av.* Wie der vorige.
Rv. Wie der vorige, aber die Burgen 2, 2, 2, 1, (die ersten drei
Reihen von links nach rechts herabsteigend).

R²   ℛ   s. g. e.

960. *Av.* Wie bei Nr. 957.
Rv. Wie bei Nr. 957, aber die Burgen 1, 1, 3, 2 gestellt und ohne
den Theilungsstrich.

R²   ℛ   s. sch.

961. *Av.* · GEOR · RAKO — · D : G · PRI · T · Brustbild wie vorher. Das Scepter trifft gegen das T, ohne jedoch den Perlenkreis zu berühren.
Rv. Genau vom Stempel des vorhergehenden.

R" .R – s. sch.

962. *Av.* Wie der vorige.
Rv. Wie vorher, aber die Burgen 1, 2, 2. 2 und mit dem Theilungs-strich zwischen ihnen und dem Adler.

R² — .R   s. g. e.

Nagybanya'er Thaler 1656.

963. *Av.* · GEOR · RAKO — · D : G · P · T · Brustbild wie vorher : das Scepter, welches den inneren Perlenrand berührt, trifft das T.
Rv. · PAR · REG · HVN · DOM · ET · SIC · COM · 1656 · Das Wappen wie vorher mit Ṅ — Ḃ

R² — Æ — s. g. e.

964. *Av.* · GEOR : RAKO · — · D : G · PRI · T Brustbild wie gewöhnlich. Das Scepter trifft das T. Starker Stempelriss vom D nach oben laufend.
Rv. Wie vorher, mit Ṅ · Ḃ

R² — Æ — war geh., s. sch.

965. *Av.* Wie der vorige.
Rv. Wie vorher, aber N   B

R² — Æ — war geh., s. sch.

966. *Av.* · GEOR · RAKO — D : G · PR · T · Brustbild wie vorher. das Scepter, welches den Perlenkreis berührt, trifft das T.
Rv. Wie vorher mit N — B; die Burgen 1, 1, 3. 2. Der Theilungs-strich trifft das E in ET.

R² — Æ — s. sch.

967. *Av.* Wie der vorige.
Rv. Wie vorher; der Theilungsstrich trifft den Punkt zwischen DOM und ET ·

R² — Æ — s. sch.

968. *Av.* Wie der vorige.
Rv. Wie vorher, aber Ṅ — Ḃ Der Theilungsstrich trifft den zweiten Längsstrich des M in DOM.

R²   Æ — vorzügl. erh.

969. *Av.* Wie der vorige.
Rv. Wie vorher, mit N — B und dem Stempelfehler 1636 · (statt 1656 ·) Der Theilungsstrich trifft den Punkt zwischen DOM und ET.

R⁴ — Æ — war geh., s. sch.

970. *Av.* ·GEORGIVS·   RAKO·D:G·P·T· Brustbild wie gewöhnlich.
das Scepter, welches den Perlenkreis berührt, trifft das P.

Rv. Wie vorher mit N   B; die Burgen 1. 2. 2. 2 gestellt.

R²   Ⅿ — s. sch.

971. *Av.* ·GEORGIVS·   RAKO·D:G·P·T· Brustbild ähnlich wie
beim vorigen. Der Daumen der den Säbelgriff haltenden Linken
ist unverhältnissmässig lang. Das Scepter bleibt innerhalb des
Linien- und Perlenkreises und trifft zwischen G und P.

Rv. Wie vorher mit N ÷ B, die Burgen 1, 1. 3. 2 gestellt; der
Theilungsstrich trifft das E in ET.

R² — Ⅿ   s. sch.

972. *Av.* Wie der vorige.

Rv. Wie vorher; der Theilungsstrich trifft den Punkt zwischen
DOM und ET.

R²   Ⅿ — s. sch

973. *Av.* Wie der vorige.

Rv. Wie vorher, aber N̊   B Der Theilungsstrich trifft das M in
DOM in der Mitte. Die Burgen 1, 1, 2, 2, 1 (die dritte und vierte
Reihe absteigend). Die Krone hat zwei mittlere Lilienzacken, oben
eine Spitze statt des Reichsapfels.

R²   Ⅿ   s. sch

974. *Av.* Wie der vorige.

Rv. Wie der vorige, aber die Krone hat zwei mittlere Blattzacken
und oben ebenfalls ein Blatt statt der Spitze.

R²   Ⅿ   s. sch.

Nagybanya'er Thaler 1657.

975. *Av.* Vom Stempel der Nr. 971.

Rv. ·PAR·REG·HVN·DOM·ET·SIC·COM·1657· Wappen wie
bisher mit N — B Die Burgen 1, 1. 3. 2 gestellt. Der Theilungsstrich trifft das E in ET.

R⁴   Ⅿ   vorzügl. erh.

976. *Av.* Wie der vorige.

Rv. Wie vorher, aber mit N̊   B neben dem Wappen. Die Burgen
wie bei Nr. 973 gestellt. Der Theilungsstrich trifft den zweiten
Längsstrich des M in DOM.

R³   Ⅿ   s. sch.

Nagybanya'er Thaler 1658.

977. *Av.* Vom Stempel der Nr. 971.

Rv. PAR · REG · HVN · DOM · ET · SIC · COM · 1658 Das Wappen
wie bisher, mit N   B Die Burgen 2, 3, 2 gestellt. Der Theilungsstrich trifft den Punkt zwischen DOM und ET.

R² – Æ   s. g. e.

978. *Av.* · GEORGIVS · — RAKO · D : G · P · T · Brustbild wie vorher,
aber von veränderter Zeichnung. Der Reiherbusch der Pelzmütze
ist so weit nach hinten gerückt, dass der Fuss des T mitten darin
steht, während er ihn auf dem vorigen kaum berührt. Das Scepter
trifft zwischen G und P wie vorher. Der Säbelknauf berührt den
Punkt nach GEORGIVS (beim vorigen weit davon entfernt).

Rv. Wie vorher, aber Punkte zu Anfang und Ende der Umschrift
und Ṅ — Ḃ Die Burgen stehen 1, 2, 3, 1. Der Strich trifft den
letzten Längsstrich des M in DOM.

R² - Æ - s. sch.

979. *Av.* Wie der vorige.

Rv. Wie vorher mit Ṅ — Ḃ, aber die Burgen 2, 3, 2.

R² — Æ — s. sch.

980. *Av.* Wie der vorige.

Rv. Wie vorher mit Ṅ -- Ḃ, aber die Burgen 1, 1, 3, 2.

R² — Æ -- s. g. e.

981. *Av.* · GEORGI · — RA · D : G · P · T Brustbild wie vorher; das T
berührt den Reiherbusch; das Scepter trifft das T ohne den inneren
Perlenkreis zu berühren.

Rv. · PAR · REG · HVN · DOM · ET · SIC · COM · 1658 · Das Wappen
wie vorher, mit N - B, die Burgen 1, 2, 2, 2.

R² -- Æ — s. sch.

982. *Av.* Wie der vorige.

Rv. Wie vorher mit N—B, aber die Burgen 1, 1, 3, 2.

R² — Æ — s. sch.

983. *Av.* Wie der vorige.

Rv. Wie vorher mit N — B, aber abweichende Zeichnung. Die
Krone hat oben ein kleines Dreiblatt statt der Spitze. In dem C
vor COM ist ein Stempelfehler, der es wie ein G erscheinen lässt.
Die Burgen und der Theilungsstrich wie vorher.

R² — Æ -- s. sch.

984. *Av.* Wie der vorige.

Rv. Wie vorher, aber Ṅ - Ḃ Die Burgen 1, 1, 3, 2.

R² — Æ -- s. sch.

985. *Av.* Wie der vorige.
      Rv. Wie vorher mit N̈ B Die Burgen 1. 2. 2. 2. Der Theilungs-
      strich trifft das E in ET.
                                         R² .R war geh., s. g. e.

Nagybanya'er Thaler 1659.

986. *Av.* · GEORGI · RA · D : G · P · T Vom Stempel der Nr. 981.
      Rv. · PAR · REG · HVN · DOM · ET · SIC · COM · 1659 · Das Wappen
      wie bisher, mit N—B Die Burgen 1. 1. 3. 2 gestellt, von links
      nach rechts ansteigend. Der Strich trifft den Punkt zwischen DOM ·
      und ET.
                                         R² .R s. g. e.

987. *Av.* Vom Stempel des vorigen.
      Rv. Wie vorher, aber die Burgen 1. 2. 2. 2. Die 2. und 3. Reihe
      absteigend, die 4. ansteigend.
                                         R² .R — s. g. e.

988. *Av.* · GEORGI · RA · D : G : P · T Brustbild wie vorher, von
      wenig veränderter Zeichnung.
      Rv. Wie vorher, aber N̈ B Die Burgen 1. 1. 3. 2.
                                         R² .R s. g. e.

989. *Av.* · GEOR : RA :   D : G : P : T : Brustbild wie vorher. Das Scepter,
      welches den innern Kreis berührt, trifft den letzten Doppelpunkt
      (nach T :)
      Rv. Wie vorher, mit N · B Die Burgen 1. 1. 2. 2. 1 (die vor-
      letzte Reihe absteigend).
                                         R² .R vorzügl. erh.

990. *Av.* · GEOR : RA ·   D : G : P · TR · Brustbild wie vorher, das Scepter
      berührt den innern Kreis und trifft das R in TR ·
      Rv. Vom Stempel des vorigen.
                                         R² .R s. sch.

991. *Av.* · GEOR : RA :   D : G : P : TRA · Brustbild wie vorher. Das Scepter
      trifft das A in TRA · ohne den innern Kreis zu berühren.
      Rv. Vom Stempel des vorigen.
                                         R² .R vorzügl. erh.

Nagybanya'er Thaler 1660.

992. *Av.* · GEOR : RA ·   D : G : P · TR · Vom Stempel der Nr. 990.
      Rv. · PAR · REG · HVN · DOM · ET · SIC · COM · 1660 · Das Wappen
      wie vorher, mit N B; die Burgen 1. 1. 1. 2. 2 gestellt.
                                         R² .R Sgl

993. *Av.* Vom Stempel des vorigen.
   Rv. Wie vorher, aber die Burgen 1. 2, 2. 2 (die letzten 3 Reihen
   nach rechts ansteigend).

   R² .R   vorzügl. erh.

994. *Av.* Vom Stempel des vorigen. über der Mütze ein starker Stempelriss.
   Rv. Wie vorher. aber die Burgen 1. 1, 3, 2 gestellt und der
   Theilungsstrich auf den zweiten Längsstrich des M in DOM.

   R² - AR   s. sch.

Nagybanya'er viereckige Thalerklippen.

995. *Av.* · GEORGIVS ·   RAKO · D : G · P · T Vom Stempel der Nr. 970.
   Rv. · PAR · REG · HVN · DOM · ET · SIC · COM · 1657 · Das Wappen
   mit N· B Vom Stempel der Nr. 976.

   Rᵘ — AR — s. g. e.

996. *Av.* · GEORGI · — RA · D : G · P · T   Vom Stempel der Nr. 981.
   Rv. Wie vorher, mit 1658 und N — B Vom Stempel der Nr. 981.

   ʃ   Rᵘ — AR — s. sch.

Nagybanya'er Thalerproben 1658.

997. Lange, schmale, viereckige Silberplatte (230 m/m lang, 43 m/m breit).
   welche auf der einen Seite fünfmal den *Av.*-Stempel des sub Nr. 980
   beschriebenen Thalers von 1658 und in den Zwischenräumen acht-
   mal den *Av.*-Stempel der sub. Nr. 909 beschriebenen Denarprobe
   von 1653 trägt. während die entgegengesetzte Seite die betreffenden
   Rv.-Stempel in derselben Wiederholung zeigt.

   R⁵ — AR, 144 Grm. — vorzügl. erh.

998. Unregelmässig viereckige, offenbar von einer der vorigen ähnlichen
   Probeplatte abgeschnittene Thalerklippe. *Av.* und *Rv.* von den
   Stempeln der Nr. 981, in der oberen Ecke einmal mit den
   Stempeln des Golddenars Nr. 909 versehen.
   Siehe Abbildung Tafel V.   R⁴ — AR 29,₅ Grm. — s. sch.

Clausenburger Thaler. 1660.

999. *Av.* GEOR : RAKo (o klein im K)   D : G : PR · TR · Geharnischtes
   Brustbild bis zum halben Leib nach rechts, mit der Pelzmütze,
   im geblümten Brustharnisch, die Schenkelwehren schuppig ; die
   Rechte schultert das Scepter (welches hinter das letzte R trifft). die
   Linke hält den Säbelgriff.

Rv. PAR : REG : HVN : DO : ET : SIC : CO : 1660 Unter einer Krone
im ovalen, mit Schnitzwerk verzierten Schild das siebenbürgische
Wappen mit dem Rákóczi'schen Mittelschild, zu beiden Seiten C—V
(Wesz. X. 13.)   R⁵ — .R — vorzugl. erh

Clausenburger sechseckige Thalerklippe 1660.

1000. *Av.* und *Rv.* von den Stempeln des vorhergehenden Thalers.
       Siehe Abbildung Tafel V.   R⁵   .R   vorzugl. erh.

Nagybanya'er ½ Thaler 1654.

1001. *Av.* ·GEORG·RAKO   D : G · P ·TRA · Geharnischtes Brust-
       bild in der Pelzmütze nach rechts, oben und unten die Um-
       schrift theilend, mit der Rechten das Scepter schulternd, die Linke
       am Säbelgriff.
       Rv. · PAR · REG · HUN · DOM · ET · SIC · COM · 1654· Unter einer
       Krone das siebenbürgische Wappen mit dem oben dachartig in
       die Krone ragenden Rákóczi'schen Mittelschild. Das Wappen ist
       oben und unten mit den flügelartig aufwärts gebogenen Zierrathen
       versehen, in deren Mitte zu beiden Seiten N — B
       Unedirt. *Siehe Abbildung Tafel V.*   R⁵   .R   s. sch.

Nagybanya'er ¼ Thaler.

1002. *Av.* ·GEORG : RAKO — D : G : P ·TRA · Brustbild wie vorher.
       Rv. · PAR · REG · HVN · DOM · ET · SIC · COMES · 1651. Das
       Wappen wie vorher mit N — B Von den sieben Burgen, welche
       sonst immer die rechte Seite der unteren Hälfte des Wappens
       einnehmen, ist eine aus Mangel an Raum auf die linke Seite über
       den Adler versetzt.
       Unedirt. *Siehe Abbildung Tafel V.*   R⁵   .R   s. sch

1003. *Av.* GEOR : RAKO   D : G : P ·TRA · Brustbild wie gewöhnlich.
       Rv. Wie vorher, aber mit 1656· und von ganz veränderter
       Zeichnung Die Krone über dem Wappen ist ausserordentlich
       klein und bleibt in der Umschrift. Die sieben Burgen, wie ge-
       wöhnlich, sämmtlich auf der rechten Seite. Das Wappenschild
       hat an den Seiten die henkelartigen Seitenbogen als Verzierung,
       in deren Mitte N — B
                                                     R⁵   .R   s. sch

FRANZ RHEDEY

1657 — 1658,

auf Befehl des Sultans von dem zu Weissenburg versammelten Landtag am 2. November 1657 zum Fürsten erwählt, dankte nach Rákóczi's Erhebung bereits am 21. Januar 1658 freiwillig wieder ab.

Nagybanya'er Ducat.

1004. *Av.* FRANC · REDEI   D · G · PR · TRA ·   Brustbild bis halben Leib nach rechts in ungarischer Kleidung, Pelzmütze mit Reiherbusch, mit der Rechten das Scepter schulternd.

Rv. PAR · REG · HVN · (DOM · ET · SIC ·) COM · 1658   (Die eingeklammerte Stelle durch Verprägung nicht ganz deutlich.) Unter einer Krone das siebenbürgische Wappen im verzierten Schild; den oberen Theil nimmt das Rhedey'sche Familienwappen (stehender Löwe, in der Rechten ein Schwert haltend) in einem oben dachartig in die Krone gehenden Mittelschilde ein. Zu beiden Seiten zwischen Krone und Schildrand N   B

R^3 — A^1 — s. g. e.

Moderner Becker'scher Stempel, welchen Pinder und Steinbüchel nicht kannten, der übrigens auch nur recht selten vorkömmt. Aechte Münzen dieses Fürsten sind bis jetzt nicht bekannt.

ACHATIUS BARCSAI

1658 — 1660.

nach Rhedey's Abdankung 1658 von der Pforte zum Fürsten ernannt, kämpfte mit deren Unterstützung, gegen Georg Rákóczi, entsagte aber auf Wunsch der Stände am 31 Dezember 1660 zu Gunsten Johann Kemény's, welch Letzterer ihn kurz darauf ermorden liess.

Clausenburger 10 Ducatenstücke.

1005. *Av.* · ACHA : BAR   D : G · PR · TR · Brustbild bis halben Leib
nach rechts, oben und unten die Umschrift theilend, im blossen
Kopf, ungarischer Kleidung, mit der Rechten das Scepter schulternd.
Unter dem Unterarm eine Arabeske.
Rv. PA · REG · HVN · DO · ET · SI · CO : 1·6·5·9 · Unter einer Krone
im ovalen verzierten Schild das längsgetheilte siebenbürgische
Wappen mit dem Wappen Barcsai (geharnischter Arm, dessen
unterer Schenkel von einem Pfeil durchbohrt ist, hält einen
Säbel; der Ellenbogen ruht auf einer Krone) im ovalen Mittel-
schild. · Zu beiden Seiten des Wappens C   V

    Sz. X. 1.   R   Æ   vorzugl. erh.

1006. *Av.* Vom Stempel des vorhergehenden.
Rv. PAR : REG : HVN : DO : ET : SIC : CO : 1660 Das Wappen wie
vorher.
    Wesz. XI. 1.   R   Æ · s. g. e.

Clausenburger Ducat.

1007. *Av.* ACHA · BAR · — D · G · P · TR · Geharnischtes Brustbild mit
der Pelzmütze nach rechts, die Rechte das Scepter schulternd, die
Linke am Säbelgriff.

Rv. PA · RE · HV · DO · ET · SI · CO · 1·6·5·9 · Unter einer Krone
ein verzierter ovaler, dreigetheilter Schild; in der oberen Hälfte
das Wappen Barcsai, unten links der Adler mit der Sonne, rechts
die sieben Burgen mit dem Halbmond. Oben zu beiden Seiten
des Wappens C — V
(Wesz. XI. 9, ungenau.)   R⁷ — AV — Stgl.

Clausenburger Thaler.

1008. *Av.* und *Rv.* genau von den Stempeln des sub Nr. 1005 beschriebenen 10 Ducatenstückes von 1660.
Sz. X. 4.   R⁵ .R - vorzügl. erh.

1009. *Av.* und *Rv.* von den Stempeln des 10 Ducatenstückes Nr. 1006.
R⁶ — .R — s. sch.

Einseitige Thalerprobe.

1010. *Av.* ACHA : BAR — D · G · PR · TR · Vom Stempel des vorher-
gehenden Thalers.
Rv. Glatt.
R⁷ .R 23,₂ Grm. — s. sch.

Während Barcsai's Regierungsperiode geprägte Nothmünzen:

a) Hermannstadt,

während der fruchtlosen fünfmonatlichen Belagerung durch Georg Rákóczi, vom Dezember 1659 bis
14. Mai 1660.

10 Ducatenstück (Thalerstempel).

1011. *Av.* ACHATIUS · BARCSAI · D : G : P : T : PA : RE : HV : DO : SI : Co : ⚜
(Die Anfangsbuchstaben alle grösser wie die übrigen.) Das ge-
krönte siebenbürgische Wappen mit dem Barcsai'schen Mittel-
schild. Zu beiden Seiten 16 60 Unten · I · R · (vielleicht Johann
Reteke der 1664 Stempelschneider in Hamburg wurde?).
Rv. Umschrift in 2 Reihen. Aeussere: ⚜ SVB · RAKOCIANA ·
OPPRESSIONE · REGNI · TR = innere : = ANSILVANIÆ · ET ·
OBSIDIONE · CIBINIENSi Im Felde in 3 Reihen · DEVS ·
· PROVI · · DEBIT · oben und unten eine Rosette.
Sz. XI. 6.   R⁷ — .R — s. g. e.

10 Ducatenstück (in ½-Thaler-Grösse).

1012. *Av.* ACHATIVS · BARCSAI · D : G : P : T : PA : RE : HV : DO : SI ·
C : ✦ Das gekrönte Wappen wie vorher, neben der Krone zwei
Rosetten. Zu beiden Seiten des Wappens 1 — 6 , 6   o
Rv. Wie vorher, aber zu Anfang der Umschrift ein Kreuz : ferner
nach TRANS und vor ILVANIÆ statt der Trennungszeichen
Doppelpunkte und nach CIBINIENSI ein grosser Punkt. Die Auf-
schrift im Felde wie vorher, aber ohne Punkte und oben wie
unten eine Arabeske statt der Rosette.
(Sz. IX. 5, achteckig.)   R⁵   N   s. g. e.

7 Ducatenstück.

1013. *Av.* und *Rv.* von den Stempeln des vorigen 10 Ducatenstückes.
                                   R⁵   N   vorzügl. erh.
Noththaler.

1014. Von den Stempeln des sub Nr. 1011 beschriebenen 10 Ducatenstückes.
                                   R⁶ — Æ — vorzügl. erh.

1015. *Av.* Wie der vorige, aber Si Co (statt Si : Co :) und mit leicht
veränderter Zeichnung. Der Name des Stempelschneiders I- R
steht unten zu beiden Seiten des Wappens, statt unter demselben.
Rv. Wie Nr. 1011, aber die Umschrift ist TRA= =NSILVANIÆ
abgetheilt. Statt der Rosetten über und unter der Aufschrift im
Felde stehen zwei umgekehrte Herzen, genau wie die Mailliet'sche
Abbildung sie zeigt.
Mailliet 51. 6.   R⁶ — Æ   s. sch.

b) Cronstadt
(1660).

10 Ducatenstück (Thalerstempel).

1016. *Av.* ACHATIVS · BARCSAI · D · G · P · T · P · R^ID · S · C · Das quadrirte siebenbürgische Wappen mit dem Barcsai'schen Mittelschild, in einem gekrönten, an den Seiten mit Fratzenköpfen
verzierten Schilde.
Rv. · DE · PROFVNDIS · CLAMAMVS · AD · TE · DOMIN¹ · (Engelskopf.) Im geschnörkelten Rahmen in zwei Reihen : ¦ SERVA ·
NOS · ¦ QVIA PERIMVS   Darunter der durch die Krone ge-
steckte wurzelreiche Stamm ; im Felde zu beiden Seiten eine
Rosette, darunter 16 · 60 und endlich C · B
(Wesz. XI. 7)   R⁶   N - vorzügl. erh

Nebthaler.

1017. *Av.* Vom Stempel des vorigen 10 Ducatenstückes.

Rv. DE · PROFVNDIS · CLAMAMVS · AD · TE · DOMINE (Engelskopf). In fünf Reihen die Aufschrift ❁ SERVA ❁ NOS QVIA ¦
PERI * MVS | 16   60 ¦ C — B   Die beiden letzten Reihen von
dem gekrönten Baumstamm unterbrochen.

   Av. Mailliet Suppl. 28. 1.   *Rv.* ibid. 28. 4.   R⁴   R   s. sch.

1018. *Av.* ACHATIVS · BARCSAI · D · G · P · TR · P · R · H · D · S · C ·
Das gekrönte Wappen wie vorher, an den Seiten Arabesken statt
der Fratzenköpfe.

Rv. DE PROFVNDIS · CLAMAMVS · AD · TE · DOMINE · (Engels-
kopf) In drei Reihen SERVA NOS · QVIA , PERIMVS | Das
Cronstädter Wappen wie vorher mit 16 — 60 | C — B an den Seiten.

   Sz. IX. 7.   R⁴ — R — s. sch.

1019. *Av.* Wie der vorige, aber das letzte C · steht weit von der Krone
ab, während es dieselbe bei jenem berührt. Der Rand der unten
offenen Krone ist gerade, bei dem vorigen gebogen.

Rv. Vom Stempel des vorigen.   R⁴ — R — s. sch.

1020. *Av.* Wie bei Nr. 1018, von leicht veränderter Zeichnung. Der
Rand der Krone ist gerade und letztere unten geschlossen, während
bei jenem die Krone offen ist und einen gebogenen Rand hat.

Rv. Wie der vorige, mit geringen Abweichungen. Nach DOMINE
statt des Punktes eine Rosette.

                                     R⁴ · R   s. g. e.

1021. *Av.* Vom Stempel der Nr. 1019.

Rv. Wie Nr. 1018, aber mit DE · PROFVNDIS · und DOMINE
(N und E verbunden).

   Mailliet Suppl. 29. 6.   R⁴ — R · · s. sch.

1022. *Av.* und *Rv.* von den Stempeln des sub Nr. 1016 beschriebenen
10 Ducatenstücks.

   Mailliet Suppl. 28. 2.   R⁴ — R — s. sch.

1023. *Av.* Vom Stempel des vorigen.

Rv. Wie der vorige, aber ohne den Punkt zu Anfang der Umschrift, ferner ohne die Rosetten über der Jahrzahl. Die Aufschrift
in dem Rahmen lautet SERVA · NOS QVIA · PERIMVS | und
an den Seiten des Cronstädter Wappens 16 — 60 | C · — B ·

   Wesz. XI. 7. Maill. Suppl. 28. 1.   R⁴ — R — s. sch.

c) Schassburg
(1660).

Noththaler.

1024. *Av.* ACHATIVS · BARCSAI · D · G · P · T · P · R · H · D · ET · SI · CO :  Das gekrönte, längsgetheilte siebenbürgische Wappen mit dem Barcsai'schen Mittelschild, an den Seiten mit Fratzenköpfen verziert.

Rv. DE PROFVNDIS · CLAMAMVS · AD · TE · DOMINE · ⁂ Im Felde in fünf Reihen SERVA NOS QVIA | PERIMVS · S΄CHES-BVRGI | 1 · 6 · 6 0 · oben und unten eine Rosette.

Sz. X. 2.   R² .R — war geh., s. g. e.

1025. *Av.* Wie der vorige, von wenig veränderter Zeichnung. Der siebenbürgische Adler sitzt mit geschlossenen Flügeln, während er auf dem vorhergehenden mit ausgespannten Flügeln dargestellt ist.

Rv. Wie vorher, nur fehlt der Punkt am Schluss der Umschrift und im Felde über, und unter der Aufschrift sind Punkte statt der Rosetten.

R² .R s. g. e.

1026. *Av.* Vom Stempel des vorigen.

Rv. Vom Stempel der Nr. 1024.

R³ — .R s. sch

JOHANN KEMÉNY

(1661).

Seiner am 1. Januar 1661 erfolgten Wahl versagte die Pforte ihre Bestätigung, vertrieb ihn und zwang die Stände, einen anderen Fürsten zu wählen. Kemény versuchte mit kaiserlichen Hilfstruppen die Herrschaft zurückzuerobern, fiel aber am 23. Januar 1662 in der Schlacht bei Gross-Alisch gegen die Türken.

Clausenburger 10 Ducatenstück.

1027. *Av.* IOAN : KEMENY — D : G : PRI : TRA · Geharnischtes Brustbild bis halben Leib nach rechts, oben und unten die Umschrift theilend, mit hoher Pelzmütze; die Rechte hält das Scepter, die Linke den Säbelgriff.

Rv. PAR · REG · HVN · DO · ET · SIC · CO · 1661 Unter einer Krone im ovalen verzierten, oben mit Adlerköpfen versehenen Schilde das getheilte siebenbürgische Wappen mit dem Wappen Kemény (aus einer Krone wachsender Hirsch) als Mittelschild. Unten zu beiden Seiten C—V

Wesz. XI. 11. R⁵ — A' — Stgl.

3 Ducatenstück (Dickmünze vom Ducatenstempel).

1028. *Av.* IO KEMENi — D G · P · T · Geharnischtes Brustbild nach rechts wie vorher.

Rv. PAR · REG · HVN · DO · ET · SI · CO · 1661 Unter einer Krone das der Länge nach dreigetheilte Wappen: in der Mitte der Kemény'sche Hirsch, links der halbe Adler unter der Sonne, rechts die sieben Burgen. 2, 2. 2, 1. unter dem Mond.

R⁴ — A' — s. sch.

Doppelducatenklippe (sechseckig).

1029. Von den Stempeln der vorigen Nr.

R⁵ N' — 2 vernietete Löcher, sonst s. g. e.

Ducaten.

1030. *Av.* und *Rv.* von den Stempeln der beiden vorhergehenden.
Monn. en or pag. 235. 2.   R⁵ N' — s. g. e.

1031. *Av.* IOAN · KEM   D · G · P · TR   Geharnischtes Brustbild mit
der Pelzmütze wie vorher, aber kürzer, nur bis zur halben Brust,
und von weit besserem Schnitt.
Rv. Genau vom Stempel der Nr. 1028.
Unedirt. *Siehe Abbildung Tafel V.*   R⁵ — N' Stgl.

1032. *Av.* Vom Stempel des vorigen.
Rv. Wie vorher, aber das Kemény'sche Mittelschild, welches beim
vorigen oben dachförmig zugespitzt erscheint, zeigt sich im verzierten o v a l e n Rahmen.   Die Krone ist unten g e s c h l o s s e n,
beim vorigen o f f e n.
Unedirt. *Siehe Abbildung Tafel V.*   R⁵ — N' — vorzugl. erh.

1033. IOAN · KEMENI · D · G · PRIN · TRA · Brustbild wie vorher, aber
noch kürzer, so dass es unten die Umschrift nicht mehr theilt,
sondern innerhalb des inneren Perlenkreises bleibt.
Rv. Wie bei Nr. 1030, mit dachförmig zugespitztem Mittelschild,
aber von veränderter Zeichnung. Oben zu beiden Seiten zwei un-
deutliche Buchstaben, welche auf Weszerle's Zeichnung mit A   B
gegeben sind: der erste Buchstaben ist aber so schlecht geschnitten,
dass er nicht mehr zu erkennen ist, während der zweite eben so
gut A wie B gelesen werden kann.
(Wesz. XI. 12.)   R⁵ — N' — s. g. e.

Clausenburger Doppelthaler.

1034. *Av.* Vom Stempel des 10 Ducatenstückes Nr. 1027.
Rv. Das Wappen wie auf demselben, aber in der Umschrift
überall Doppelpunkte.
                R⁵ · .R · s. sch.

Clausenburger Thaler.

1035. *Av.* und *Rv.* von den Stempeln des 10 Ducatenstückes Nr. 1027.
                R⁶ · .R — Stgl.

1036. *Av.* Wie der vorige.

Rv. Ebenfalls wie der vorige und Nr. 1027, aber mit einer kleinen Veränderung im Revers. Der getheilte Schildfuss des siebenbürgischen Wappens zeigt bei jenen nämlich links eine Arabeske, rechts einen Boden mit verschobenen Vierecken, in deren Mitte ein Punkt befindlich. Hier sind aber statt jener Vierecke zugerundete, sich deckende Schuppen mit je einem Punkt in der Mitte.   R⁶ — Æ — vorzügl. erh.

1037. *Av.* und *Rv.* von den Stempeln des Doppelthalers Nr. 1034.
                                                      R⁶ — Æ — vorzügl. erh.

1038. *Av.* Vom Stempel des vorigen.

Rv. Wie Nr. 1027, aber überall Doppelpunkte. Unterscheidet sich vom vorhergehenden hauptsächlich durch die Stellung der Umschrift. Beim vorigen trifft der Theilungsstrich des Wappens das O in DO: bei diesem das E in ET: Auch steht die 1 der Jahreszahl viel weiter von der Krone entfernt, wie beim vorigen.
(z. X. 7, ungenau.)   R⁶ — Æ — vorzügl. erh.

1039. *Av.* Vom Stempel des vorigen.

Rv. Wie vorher. überall Doppelpunkte, auch nach der Jahrzahl (1661:) Die Zeichnung ist von den früheren gänzlich verschieden: die Ziffern 6 der Jahreszahl, welche seither nach vorn ausgeschweift waren (ϭ) sind nach hinten gebogen (ϥ); das Ganze von sehr rohem und gegen den Avers-Stempel sehr contrastirendem. schlechten Schnitt.
                                                      R⁶ — Æ — vorzügl. erh.

1040. *Av.* Vom Stempel des vorigen.

Rv. Wie vorher, aber 1·6·6·1 Die Münzbuchstaben C — V stehen nicht wie bisher neben der den Schildfuss vom übrigen Wappen trennenden Querleiste, sondern oberhalb derselben.
                                                      R⁶ — Æ — s. sch.

1041. *Av.* IOANNES : KE — D : G : PRI : TR   Geharnischtes Brustbild nach rechts wie bisher, von wenig veränderter Zeichnung.

Rv. Vom Stempel der Nr. 1027.
                                                      R⁶ — Æ — vorzügl. erh.

Schässburger Thaler.

1042. *Av.* ❀ IOANNES ❀ KEM   ENI ❀ D ✚ G ⁞   Geharnischtes Brustbild nach rechts bis zur halben Brust, oben und unten die Umschrift theilend, in hoher Pelzmütze, mit der Rechten das Scepter schulternd.

Rv. PRI : TRAN : PAR : RE : -- HVN : DO : ET • SI : CO : Unter einer Krone das getheilte siebenbürgische Wappen mit dem Kemény'schen Familienschild. oben und unten blumenartige, in je zwei Rosetten auslaufende Zierrathen. Zu beiden Seiten des Wappens S•— B• (Schässburg) darunter 1·6· 61· Unter dem Wappen, die Umschrift theilend, ein dreithürmiges Castell.

(Wesz. XI. 13.)　　　　　　　　　R⁷　Æ　vorzügl. erh.

1043. *Av.* ✸IOHAN : KEMÉNY ✸　D : G : PR : TR : Geharnischtes Brustbild wie vorher, aber der Harnisch ist nicht geblümt wie beim vorigen, sondern mit dachförmigen. in der Mitte mit Kreuzchen besetzten, breiten Rippen versehen.

Rv. PAR : REG : HVN : DO : ET • SI:CO:•1661 Das gekrönte Wappen im ovalen, oben mit Adlerköpfen verzierten Schilde. wie bei Nr. 1027. Zu beiden Seiten S B. unten in der Umschrift das Castell wie vorher.

　　　　　　　　　　　　R⁷　Æ　s. sch.

MICHAEL APAFI

1661 — 1690,

Sohn des Hermannstädter Stadtrichters Georg Apafi, wurde Ende November 1661 von den Ständen an Stelle des den Türken missliebigen Joh. Kemény erwählt. Nach der Türkenniederlage vor Wien schloss Michael Apafi mit Kaiser Leopold einen Vertrag, in Folge dessen der Landtag 1688 die Oberhoheit des Kaisers anerkannte. Er starb am 17. April 1690.

Fogaras'er 100 Ducatenstück 1677.

1045. *Av.* MIC : APAFI — DEI — G : P : TR : Geharnischtes Brustbild bis halben Leib nach rechts mit der Pelzmütze, die Rechte das Scepter schulternd, die Linke am Säbelgriff. Das Ganze ist von einem breiten Lorbeerkranze umgeben, welcher von zwei unten zusammengebundenen Zweigen gebildet wird. Ueber den Kranz hin zieht sich ein Band mit folgender, oben rechts beginnender Aufschrift: SPLENDOR, OPES, AVRVM MVNDI, MIHI NULLA VOLVPTAS -- QVIN PUTO PRO CHRISTO HAEC OMNIA DAMNA MEO

Rv. PART : REG : HUNGARIÆ : DNS : ET · (E und T verbunden) SI : CO : 1677 In einem oben in zwei geflügelte Adlerköpfe, unten in einen Fratzenkopf auslaufenden Schilde das Wappen dreigetheilt; links und rechts die beiden siebenbürgischen Wappen, in der Mitte ein ovales Schild mit dem Wappen Apafi (ein von einem Schwerte durchbohrter Helm, durch welchen ein traubenreicher Weinstock wächst). Ueber dem Wappen eine grosse zweibogige Krone, in deren unten geschlossenem Reif ganz klein der Name des Stempelschneiders CB · F *) steht. Um das Ganze der Lorbeerkranz wie im Avers, mit der Aufschrift: SPES CONFISA DEO NVNQVAM CONFVSA RECEDIT   FIDENTEM NESCIT DESERVISSE DEVS An der Stelle, wo die beiden

---

*) Oder GB · F Die Buchstaben sind so ausserordentlich klein, dass sie kaum zu lesen sind, trotz der vollständig scharfen, tadellosen Erhaltung des Stückes.

Lorbeerzweige übereinanderliegen. ist statt der Schleife hier ein kleiner. ovaler Schild mit den Fogaras'er drei Fischen. über welchen die Münzbuchsaben A : F : (Arx Fogaras) stehen.

Wesz. XII. 1 und XIII. 1. Mon. en or pag. 235.

R³ A˙ 517 Grm. - vorzugl. erh.

Von diesem mächtigen Goldstück sind nur zwei Exemplare geprägt worden. Das eine zum Geschenk für Kaiser Leopold, befindet sich im k. k. Münzcabinet zu Wien. Das zweite schenkte Fürst Michael Apati einem General Grafen Andrassy, in dessen Familie das Stück aufbewahrt wurde, bis es vor etlichen Jahren in den Besitz des Fürsten Montenuovo, dessen Güte wir diese Mittheilungen verdanken, überging. - Das k. k. Münzcabinet in Wien bewahrt auch noch einen dünnen Abschlag in Silber von den Stempeln des 100 Ducatenstückes.

Cronstädter 10 Ducatenstück.

1046. *Av.* ✠ MICHA ✠ APAFI ✠ D ✠ G ✠ PRIN ✠ TRAN Geharnischtes mit der Pelzmütze bedecktes Brustbild bis halben Leib nach rechts, oben und unten die Umschrift theilend. mit der Rechten das Scepter schulternd, die Linke am Säbelgriff. Die Schenkelwehren bestehen aus einer dreifachen Schuppenreihe.

Rv. ✠ PAR · REGN · HVN ✠ ✠ DOM · SI · CO · 1662 ✠ Unter einer Krone das quadrirte siebenbürgische Wappen mit dem Apafi'schen ovalen Mittelschild. Zu beiden Seiten C—B Unten in der Umschrift das Cronstädter Wappen.

Siehe Abbildung Tafel V. R⁶ — A˙ s. sch.

Cronstädter 5 Ducatenstücke.

1047. *Av.* ✕ MI ✕ APA ✕ D ✕ G ✕ ⌐ — ⌐ PRIN ✕ TRA ✕ Geharnischtes Brustbild wie bisher. im glatten. nur vorne an der Brust verzierten Harnisch. auf dessen Achselstück ein Löwenkopf.

Rv. · PAR · REG · HV · D · · ET · SI · CO · 1664 · Unter einer Krone das quadrirte siebenbürgische Wappen mit dem ovalen Apafi-Schild in der oberen Hälfte. Unten, die Umschrift theilend. das Cronstädter Wappen. Zu beiden Seiten der Krone die Münzbuchstaben C - B

Siehe Abbildung Tafel VI. R⁶ A˙ s. sch.

1048. *Av.* · MI · APA · DG · · PRIN · T · ❀ Brustbild wie vorher.

Rv. ❀ ❀ PAR · REG · H · D - ET · SI · CO · 1673 ❀ · ❀ Das quadrirte Wappen wie vorher. Unten das Cronstädter Wappen. Ohne die Münzbuchstaben neben der Krone.

Wesz. XII. 4. R⁴ — A˙ s. sch.

Hermannstädter 10 Ducatenstück.

1049. *Av.* (Gestieltes Dreiblatt) MICHA • APAFI • D • G • PR • TR • Geharnischtes Brustbild bis halben Leib nach rechts wie vorher, doch von ganz verschiedener Zeichnung. Auf der Schulter ein Löwenkopf, unter dem Ellenbogen ein gestieltes Dreiblatt wie zu Anfang der Umschrift, unter den Schenkelwehren eine Arabeske.
Rv. (Gestieltes Dreiblatt) PAR • REG • HVN • D • ET • (E und T verb.) SICV • CO • 1663 (gestieltes Dreiblatt) Unter einer Krone im ovalen, geschnörkelten Schilde das siebenbürgische Wappen mit dem Apafi'schen Mittelschild; unten in der Umschrift das Hermannstädter Wappen.
Wesz. XII. 3. R³ -- A' vorzügl. erh.

Hermannstädter 5 Ducatenstück.

1050. *Av.* Vom Stempel des vorigen 10 Ducatenstückes.
Rv. (Gestieltes Dreiblatt) PAR • REG • HVN • D • ET • (E und T verb.) SICV • CO • 1662 • Das gekrönte ovale Wappen wie vorher, mit leicht veränderter Zeichnung.
R³ — A' — vorzügl. erh.

Weissenburger 10 Ducatenstücke.

1051. *Av.* MIC : APAFI — D : G : P : T : Mit der Pelzmütze bedecktes Brustbild bis halben Leib nach rechts, mit Scepter, im reich verzierten Harnisch ohne Löwenkopf, oben und unten die Umschrift theilend.
Rv. PAR : REG : HÛNG : D : ET · SI : CO : 1677 Das gekrönte Wappen, ähnlich wie bei Nr. 1045. Unten, die Umschrift theilend, ein Schildchen mit A · I · (Alba-Iulia) R⁴ — A' — kl. Loch, s. sch.

1052. *Av.* MICH ❀ APAFI ❀ — D ❀ G ❀ PRIN : TR : Brustbild wie vorher, von veränderter Zeichnung, auf der Schulter ein Löwenkopf.
Rv. PAR : REG : HUN : DO — ET : SIC : COMES 1678 Das Wappen wie vorher; im Schildchen A : I über einem Zweiblatt.
(Wesz. XXIII. 10.) R⁴ -- A' — s. sch.

1053. *Av.* MICHAEL ❀ APAFI ❀ DEI ❀ GRATIA ❀ PRINC ❀ TRANS ❀ Brustbild wie gewöhnlich, auf der Schulter ein Löwenkopf. Unter dem Brustbild drei kleine Rosetten (❀ ❀ ❀).
Rv. PAR : REG : HVNGARIÆ -- DO : ET · SI : COMES. 1681 Das gekrönte, ovale Wappen wie bisher: unten im Schildchen A · I ! ❀
(Sz. XI. 2, von 1683.) R⁴ A' -- war geh., leidl. erh.

1054. *Av.* Vom Stempel des vorigen.

Rv. Wie der vorige, aber mit 1684. Unter der Ziffer 4 der Jahrzahl sieht man deutlich die im Stempel geänderte 3.

R¹   A⁔   s. sch.

Fogaras'er 10 Ducatenstücke.

1055. *Av.* MICHAEL · APAFI · D · G · PRIN · TRAN (zu Anfang und
Ende der Umschrift eine Arabeske). Geharnischtes Brustbild nach
rechts wie vorher, aber kürzer, nur bis zur halben Brust und
die Umschrift nur oben theilend.

Rv. PAR · REG · HVN · DOM · ET · SIC · CO · 1670 Das ovale
verzierte, gekrönte Wappen wie vorher. Unten zu beiden Seiten
des geschnitzten Schildfusses A- F (Arx-Fogaras).

(Sz. XI. 1, ungenau). R⁴ — A⁔ s. sch.

1056. *Av.* ✶MICHA : APAFI · ✶   ✶ D : G : PR : TR ✶ Brustbild wie
bei Nr. 1049, nur fehlt das Dreiblatt unter dem Ellenbogen.

Rv. PAR · REG HVN D – ET (E und T verb.) SIC · CO 1675 Das
Wappen wie vorher, aber unter demselben ein Schildchen mit
dem Fogaras'er Wappen (hier nur zwei liegende Fische), an
dessen Seiten ganz unten A—F

(Sz. XI. 7, ungenau.) R⁴ -- A⁔ – s. sch.

1057. *Av.* MICH · APAFI · D · G · P · T · Brustbild wie vorher, aber
von roherem Schnitt.

Rv. Wie der vorige, von leicht veränderter, nachlässiger Zeichnung.

R⁴ — A⁔ s. sch.

Fogaras'er 10 Ducatenklippe (sechseckig).

1058. *Av.* Brustbild und Umschrift wie bei Nr. 1053, aber mit TRANS ✶
und von abweichender Zeichnung des Harnisch.

Rv. PAR : REG : HVNGARLÆ   DO : ET · SI : CO : MES · 1689
Das Wappen wie vorher, unten ein Schildchen mit A F

Das vorliegende Stück ist eine getreue Nachbildung des sub Nr. 1053
beschriebenen Weissenburger 10 Ducatenstücks von 1684, mit Ab-
änderung des A · I in A · F

Rⁿ A⁔ s. g. e

Fogaras'er 5 Ducatenklippe (sechseckig).

1059. Von den Stempeln der vorigen 10 Ducatenklippe.

Rⁿ A⁔ s. g. e

11

Fogaras'er 4 Ducatenstück (rund).

1060. Von den Stempeln der beiden vorigen Goldklippen.

R⁴ · A˙ — s. sch.

Clausenburger 10 Ducatenstucke.

1061. *Av.* Vom Stempel der Nr. 1055.

Rv. Wie Nr. 1055, aber mit 1671 und neben dem Schildfusse die Münzbuchstaben A C (Arx Claudiopolis). Auch von leicht veränderter Zeichnung.

R⁶ · A˙ — vorzügl. erh.

1062. *Av.* MICHA · APAFI — D : G · PR · TR Geharnischtes Brustbild nach rechts, ganz wie bei Nr. 1049.

Rv. PAR · REG · HVN · D · ET · (E und T verb.) SIC · CO · 1673 · Das gekrönte Wappen im ovalen verzierten Schild wie vorher: unten im Schildfuss, die Umschrift theilend, das Clausenburger Castell in einer Cartouche, an deren Seiten A —C

Die Stempel dieses 10 Ducatenstückes sind augenscheinlich nach dem Vorbild des Hermannstädter 10 Ducatenstücks von 1663, Nr. 1049, geschnitten.

R⁶ — A˙ — s. g. e.

Hermannstädter 2 Ducatenklippe (sechseckig).

1063. *Av.* MIC · APAFI — D · G · PRI · TR Geharnischtes Brustbild bis halben Leib nach rechts, wie bisher.

Rv. PAR · REG · HVN — D · ET · SI · CO · 1662 Das reichverzierte, gekrönte Wappen wie bisher: unten, die Umschrift theilend, das Hermannstädter Wappen.

Siehe Abbildung Tafel VI.   R⁸ — A˙ vorzügl. erh.

Hermannstädter Ducaten.

1064. *Av.* und *Rv.* von den Stempeln der vorhergehenden 2 Ducatenklippe von 1662.

R⁶ · A˙ — s. g. e.

1065. *Av.* MIC · APAFI — D · G · PR · TR Brustbild wie vorher, auf der Schulter ein Löwenkopf.

Rv. PAR · REG · HVN D · ET (E und T verb.) SI · CO · 1663 · Das Wappen wie vorher, aber schmäler und weniger reich verziert.

(cf. Wesz. XII. 6.)   R⁶ — A˙ — s. g. e.

Ducat 1677 (ohne Münzbuchstaben).

1066. MIC · APAFI - D · G · P · T · Brustbild wie vorher, im reicher verzierten Harnisch.
Rv. PAR : REG : HVNG : DO : ET · S : C : 1677 Das gekrönte Wappen wie bisher.
(cf. Sz. X. 8.) R⁴ — A' - s. g. e.

Fogaras'er Ducatenprobe auf halbmondförmiger Goldplatte.

1067. *Av.* MIC APAFI D G P · T Geharnischtes Brustbild nach rechts, in der Pelzmütze, mit der Rechten das Scepter schulternd, die Linke am Säbelgriff.
Rv. PAR · REG · HVN · DO · ET (E und T verb.) SI · CO · 1668 Unter einer Krone das siebenbürgische Wappen mit dem Apafi'schen Mittelschild ; unten zu beiden Seiten A — F (Arx Fogaras)
Siehe Abbildung Tafel VI. R⁴ — A' 7.₂₅ Grm. s. sch.

Fogaras'er Ducaten.

1068. *Av.* MIC · APAFI — D · G · P · T · Sonst wie bei Nr. 1067.
Rv. Vom Stempel der vorigen Nr., mit 1668. R⁴ · A' s. sch.

1069. *Av.* MIC · APAFI -- D · G · P · T Geharnischtes Brustbild wie gewöhnlich; unter demselben eine gestielte Blume.
Rv. PAR · REG · HVN · DO · ET · (E und T verb.) SI · CO 1673 Das gekrönte Wappen wie bisher, im Schildfuss A F R⁴ — A' s. sch.

1070. *Av.* MIC · APAFI D · G · P · TR Brustbild bis halben Leib, nach rechts wie bisher, im reich verzierten Harnisch.
Rv. PAR · REG : HVNG : DO : & SI : CO : 1678 Das Wappen wie bisher, unter demselben ganz klein A F
Sz. X. 8. R³ A' Stgl

1071. *Av.* MIC : APAFI D : G : P : TR Brustbild wie vorher.
Rv. Vom Stempel des vorigen. R³ A' s. sch.

1072. *Av.* MIC : APAF D : G : PR : T : Brustbild wie vorher, von leicht veränderter Zeichnung.
Rv. PAR : REG : HVNG : Do : & SICV : COMES : 1681 Das Wappen wie gewöhnlich, darunter ganz klein A F R³ A' Stgl.

11*

1073. *Av.* Vom Stempel des vorigen.
       Rv. PAR · REG · HVNG · Do & SICV : COM · 16·81 · Das Wappen
       wie vorher, die Münzbuchstaben A — F durch den Schildfuss
       getrennt.
                                                    R³ — A' · · s. g. e.

1074. *Av.* MIC : APAFi — D : G : PRI : T   Brustbild wie vorher, wenig
       verändert.
       Rv. PAR · REG : HVNG : DO : & SICV · COMES 1682 Das Wappen
       wie bisher, darunter klein A F
                                                    R³ — A' — vorzügl. erh.

1075. *Av.* MIC : APAFI — D : G : P : TRA ·   Brustbild wie bisher.
       Rv. PAR : REG : HVNGARIÆ : DO : & SICV : CO : 1683 Das Wappen
       wie vorher, darunter A — F
                                                    R³ — A' — s. sch.

1076. *Av.* Vom Stempel des vorigen. Das Scepter trifft das A in TRA ·
       Rv. PAR · REG · HVNGA · DO · & SICV · CO · 1684   Das Wappen
       wie vorher, unten im Schildfuss gross A F.
                                                    R³ — A' — s. g. e.

1077. *Av.* MIC · APAFI - D · G · P · TRA Brustbild wie vorher mit wenig
       veränderter Zeichnung; das Scepter trifft das R in TRA ·
       Rv. PAR · REG H · (sic) VNGA · DO · & · SI · CO · 1684 · Das Wap-
       pen wie vorher.
                                                    R³ — A' — vorzügl. erh.

1078. *Av.* MIC · APAFI - D · G · P · TRAN   Brustbild wie vorher, das
       Scepter trifft das A in TRAN .
       Rv. Vom Stempel des vorigen.
                                                    R³ — A' — s. g. e.

1079. *Av.* MIC : APAFI · — D : G : P · TR :   Brustbild wie bisher. Das
       Scepter trifft das R in TR .
       Rv. PAR : REG HVNGA : DO · & SICVLO : COM : 1685   Wappen
       wie vorher, unten AF im Schildfuss.
                                                    R³ — A' – Stgl.

1080. *Av.* Vom Stempel des vorigen.
       Rv. Wie der vorige, aber mit COM 1686
                                                    R³ — A' — vorzügl. erh.

1081. *Av.* Vom Stempel der Nr. 1078.
       Rv. PAR · REG HVNGA · DO & SICV · CO 1687   Wappen wie
       vorher, unten im Schildfuss gross A : F
                                                    R³ A' — vorzügl. erh.

1082. *Av.* Wie vorher, aber Punkte zu Anfang und Ende der Umschrift; das I in APAFI steht niedriger wie das angrenzende F. Das Brustbild ist unten breiter.

Rv. Wie vorher, aber REG · (statt REG) und leicht veränderte Zeichnung.

R⁴ — A· — s. g. e.

1083. *Av.* Vom Stempel der Nr. 1081.

Rv. Genau wie Nr. 1081, aber mit CO 1688

R³ — A· s. sch

1084. *Av.* MIC · APAFI -- D · G · P · TRAN Brustbild wie bisher, von leicht veränderter Zeichnung.

Rv. PAR · REG · HVNGA : DO : & SICV · CO · 1688 Wappen wie vorher.

R⁴ — A· s. g. e.

1085. *Av.* MICH · APAFI D · G · P · TRAN Brustbild wie bisher, nur etwas schmäler.

Rv. PAR · REG · HVNGA · DO · & · SICVLOR · COM · 1689 Wappen wie bisher, unten ganz klein AF

R⁴ — A· — vorzugl. erh.

1086. *Av.* MIC · APAFI DG · P · T Brustbild wie gewöhnlich. Das Scepter trifft das T.

Rv. PAR · REG · HVNGA · DO · & SIC · CO · 1690 Wappen wie vorher, mit AF klein im Schildfuss.

R⁴ — A· - Stgl.

Fogaras'er Ducatenklippen (sechseckig).

1087. Von den Stempeln des sub Nr. 1076 beschriebenen Ducaten von 1684.

R⁶ A· s. g. e.

1088. Von den Stempeln des sub Nr. 1079 beschriebenen Ducaten von 1685.

R⁶ A· s. sch.

1089. Von den Stempeln des sub Nr. 1081 beschriebenen Ducaten von 1687.

R· -- V· s. g. e.

1090. Von den Stempeln des sub Nr. 1083 beschriebenen Ducaten von 1688.

R⁶ - A· gel., sonst s. sch.

1091. Von den Stempeln des sub Nr. 1085 beschriebenen Ducaten von 1689.

R⁶ A· gel., sonst s. sch.

Cronstädter Doppelthaler.

1092. *Av.* × MI × APA × D × G (Blattarabeske) — (Blattarabeske) PRIN ×
TRAN ⨪ Geharnischtes, mit der Pelzmütze bedecktes Brustbild bis
halben Leib nach rechts, oben und unten die Umschrift theilend,
im einfachen Harnisch, auf der Schulter ein Löwenkopf. Die
Rechte schultert das kurze Scepter, die Linke am Säbelgriff.
Ohne innere Schriftlinie.

   Rv. ✿ PAR · REG · HV · DO ✤   ✤ ET · SIC · CO · 1667 ✿   Unter
einer Krone das quergetheilte siebenbürgische Wappen, in dessen
oberer Hälfte das ovale Apafi'sche Mittelschild; im Schildesfuss zwei
Rosetten. Unten, die Umschrift theilend, das Cronstädter Wappen.
   (Sz. XI. 4.)   R⁶ — AR — s. g. e.

Cronstädter Thaler.

1093. *Av.* ✤ MI · APA · DG ⚬ — ⚬ PRIN · TRAN ✤ Brustbild wie vorher.
   Rv. · PAR · REGNI · HVN — DO · ET · SI CO · 1662 · Das gekrönte, quadrirte siebenbürgische Wappen mit dem ovalen Apafi-
schen Mittelschild; im Schildesfuss zwei Arabesken. Unten, die
Umschrift theilend, das Cronstädter Wappen zwischen C—B
                                             R³ — AR — s. g. e.

1094. Von den Stempeln des subNr. 1046 beschriebenen 10 Ducatenstückes
von 1662.   R³ — AR — s. sch.

1095. *Av.* × MI × APA × DG (gestieltes Dreiblatt) — (gestieltes Dreiblatt)
PRIN × TRA × Brustbild wie bei dem Doppelthaler Nr. 1092.
   Rv. × PAR · REG · HV · DO × — × ET · SI · COM · 1663 × Das gekrönte, quadrirte siebenbürgische Wappen, in dessen oberer Hälfte
der ovale Apafi-Schild. Im Schildesfuss zwei gestielte Kreuzrosetten.
Neben dem Wappen Ċ—Ḃ Unten in der Umschrift das Cronstädter Wappen.
                                             R³ — AR — s. g. e.

1096. *Av.* ✤ MI · APA · D · G · — PRIN · TRA ✤ Brustbild wie vorher.
   Rv. ✤ PAR · RE · HV · DOM ✤ — ✤ ET · SI · CO · 1663 ✤ Das Wappen
wie bei dem vorigen, an den Seiten C—B
                                             R³ — AR — s. sch.

1097. *Av.* ✤ MI ✤ APA ✤ DG (gestieltes Dreiblatt)   (gestieltes Dreiblatt)
PRIN ✤ TRAN ✤ Brustbild wie vorher.

Rv. · PAR · REGN · HV · DO ·   · ET · SI · COM · 1664 ∗ Das
Wappen wie vorher mit C — B. aber ohne den Längstheilstrich.
also wie bei Nr. 1092. Zu beiden Seiten der Krone ein Punkt.

R⁴ .R s. g. e.

1098. *Av.* ⊢ MI + APA + D : G (gestieltes Dreiblatt) (gestieltes Dreiblatt) ·
PRIN + TRAN ✦ Brustbild wie vorher, aber durch einen Perlenkreis von der Umschrift getrennt.

Rv. · PAR · REG · HV · DO · - · ET · SI · COM · 1664 · Das Wappen
wie vorher, aber mit dem Längstheilstrich und C B unten zu
beiden Seiten des Cronstädter Wappens. Zu beiden Seiten der
Krone eine Rosette. Der Schildfuss leer.

R³ — .R — s. g. e.

1099. *Av.* Vom Stempel des vorigen.

Rv. ∗ PAR · REG · HV · DO   ET · SI · COM · 1664 ∗ Das Wappen
wie vorher, aber im Schildesfuss zwei gestielte Rosetten und unten
neben dem Cronstädter Wappen C B

R⁰ — .R s. sch.

1100. *Av.* ❀ MI + APA + D : G (gestieltes Dreiblatt) ❀ (gestieltes Dreiblatt) PRIN + TRAN ❀ Brustbild wie vorher.

Rv. · PAR · REG · HV · DO   ET · SI · COM · 1665 · Das Wappen
wie vorher. Unten in der Umschrift das Cronstädter Wappen
mit · C B · an den Seiten.

R⁴ .R — s. g. e.

1101. *Av.* ✦ MI · APA · D : G (gestieltes Dreiblatt) (gestielte Rosette)
PRIN · TRANS ✦ Brustbild wie vorher.

Rv. · PAR · REG · HV · DO ❀ ❀ ET · SI · COM · 1666 · Das Wappen
wie bisher, ohne Längstheilstrich. im Schildesfuss zwei Rosetten.
Zu beiden Seiten des Wappens eine Kreuzblume zwischen zwei
gestielten Rosetten. Unten das Cronstädter Wappen ohne
Münzzeichen.

R .R s. g. e.

1102. *Av.* Vom Stempel des vorigen.

Rv. · PAR · REG · HV · DOM   · ET · SIC · COM · 1666 ·   Das
Wappen mit der nämlichen Seitenverzierung wie vorher: im Schildesfuss zwei Rosetten und zwei Punkte (❀ ❀) Unten das Cronstädter Wappen wie vorher. Mit grossem Stempelsprung durch
den ganzen Revers.

R⁰ .R s. g. e.

1103. *Av.* ⚬ MIC · APA · DG (gestieltes Dreiblatt) – PRINC · TRAN ⚬
Brustbild wie vorher.

Rv. × PAR · REG · HVN · DO × — × ET · SIC · COM · 1666 ×   Das
Wappen wie vorher, im Schildesfuss zwei Rosetten zwischen je zwei
Punkten (· ⚬ ·   · ⚬ ·) Unten das Cronstädter Wappen.

R³ — Æ — s. g. e.

1104. *Av.* ⚬ MI · APA · D : G (gestieltes Dreiblatt) – (gestieltes Dreiblatt)
PRIN · TRAN ⚬ Brustbild wie vorher.

Rv. + PAR · REG · HV · DO + — + ET · SI · COM · 1666+   Das
Wappen wie vorher, statt der Seitenverzierungen nur je ein
Kreuzchen.   R³ — Æ — s. g. e.

1105. *Av.* ⚬ MIC · APA · D : G (gestielte Rosette) — (gestielte Rosette)
PRIN · TRAN ⚬ Brustbild wie bisher.

Rv. ⚬ PAR · REG · HV · DO ⚬ -- ⚬ ET · SIC : CO · 1667 ⚬   Das
Wappen wie vorher. zu beiden Seiten eine grössere und eine
kleinere gestielte Rosette.

(Sz. XI. 5, ungenau.)   R³ — Æ — s. sch.

1106. *Av* MI · APA · D · G · (gestieltes Dreiblatt) ⚬ - PRIN · TRAN · +
Brustbild wie bisher.

Rv. PAR · REG · HVN · DO ⚬ — ⚬ ET · SI · COM · 1667 ⚬   Das
Wappen wie vorher, an den Seiten nur je eine kleine Rosette;
im Schildesfuss zwei Arabesken.

Sz. XI. 4.   R³ — Æ — vorzügl. erh

1107. *Av.* MICHA · APAFı — · D : G · PR · TRA · Geharnischtes Brustbild bis halben Leib von vorn, der mit der Pelzmütze bedeckte
Kopf nach rechts gewendet.   Unter dem geblümten Brustharnisch
ist ein Theil des schuppigen Panzerhemdes sichtbar.
Die Rechte schultert das Scepter, die Linke hält den Säbelgriff.

Rv. PAR · REG · HVN · DO   ET · SIC · COM · 1664 Unter einer
Krone im ovalen geschnörkelten, oben mit Adlerköpfen verzierten
Schild das längsgetheilte siebenbürgische Wappen mit dem
Apafi'schen Mittelschild. Unten in der Umschrift das Cronstädter
Wappen.

(Sz. XI. 3, von 1663).   R⁴ — Æ — vorzügl. erh.

Dieser und die beiden folgenden Thaler sind getreue Nachbildungen.
der Clausenburger Thaler Johann Kemény's von 1661 (siehe Nr. 1034
bis 1041).

1108. *Av.* MICHA · A · PAFI · ⚭ – D · G · PR · TR⌢ A · Brustbild wie vorher, aber von roherem Schnitt.

    Rv. PAR · REG · HVN · DO — ET · SIC · COM · 1665 Wappen wie vorher; die Burgen stehen 2, 3, 2, (beim vorigen 1, 2, 2, 2).

                                          R¹ — ℛ – vorzügl. erh.

1109. *Av.* Vom Stempel des vorigen.

    Rv. Wie der vorige, aber 1667 und von leicht veränderter Zeichnung.

                                          R¹ — ℛ — vorzügl. erh.

1110. *Av.* ❀ MIC · APA · D · G · PRINCEPS · TRANSILVA ✿ ❀ Brustbild wie auf den Cronstädter Thalern von 1662 ff. (Nr. 992 1003), aber kürzer, so dass es unten den inneren Perlenkreis nicht mehr durchbricht.

    Rv. PAR · REG · HV · DO ∙ ∙ ET (E und T verb.) · SIC · COM · 167z (die Ziffer 7 im Stempel aus einer 6 umgearbeitet.) Das ovale Wappen wie auf den drei vorhergehenden Thalern nach dem Kemény'schen Typus. Unten zu beiden Seiten des Wappens C—B und in der Umschrift das Cronstädter Wappen.

                                        R¹ — ℛ — s. g. e.

Hermannstädter Thalerklippe (sechsseitig mit abgerundeten Ecken).

1111. Von den Stempeln des sub Nr. 1050 beschriebenen 5 Ducatenstückes von 1662.

    Siehe Abbildung Tafel VI.   R² ℛ — s. sch.

Hermannstädter Thalerklippe (sechseckig).

1112. Von den Stempeln des sub Nr. 1049 beschriebenen 10 Ducatenstückes von 1663.

                                          R³ — ℛ s. sch.

Hermannstädter Thaler.

1113. Von den Stempeln der vorhergehenden Thalerklippe.

                                        R² ℛ s. sch.

1114. *Av.* MICHA · APAFI · D · G · PR · TR · Brustbild wie vorher; unter demselben zwei gestielte Blumen, unter dem Ellenbogen ein Blatt.

    Rv. PAR · REG · HVN · D · ∙ E · SICV · CO · 1667 Das Wappen wie vorher.

                                        R² ℛ s. sch.

1115. *Av.* ✱ MICHA • APAFI •   D • G • PR • TR • Brustbild wie vor-
her: unter demselben eine Arabeske. unter dem Ellenbogen und
der linken Hand je ein gestieltes Kleeblatt.
Rv. PAR • REG • HVN • D •   • ET (E und T verb.) • SICV •
CO • 1•6•7•1 • Wappen wie vorher. von ziemlich rohem Schnitt.
Unten zu beiden Seiten C — I (Cibinium)
$$R^3 — \mathcal{R} — \text{vorzügl. erh.}$$

1116. *Av.* ✱ MICHA : APAFI : D : G : PRIN : TRANSIL · Brustbild wie
gewöhnlich aber kürzer, so dass es den inneren Perlenkreis nur
oben durchbricht, auch ohne den Blumenzierrath.
Rv. Vom Stempel des vorigen.
$$R^3 — \mathcal{R} — \text{vorzügl. erh.}$$

1117. *Av.* · MICHA · APAFI — D · G · PR · TR · Langes, die Umschrift
unten theilendes Brustbild wie bei Nr. 1114; unter dem Brustbild
zwei gestielte Blumen, unter dem Ellenbogen eine gleiche.
Rv. PAR · REG · HVN · D — · E · SICV · CO · 1671 · Das ovale
Wappen wie bisher. zu beiden Seiten des Hermannstädter Schildchens die Münzmeister- oder Stempelschneider - Initialen M - R
(nicht H R. wie Erdy und Reissenberger lesen).
$$R^3 — \mathcal{R} — \text{s. g. e.}$$

1118. *Av.* · MICHA · APAFI — D · G · PR · TR · Grosses Brustbild
wie vorher: unter demselben eine gestielte Blume, unter dem
Ellenbogen eine Lilie.
Rv. PAR · REG · HVN · D - E · SIC · V · CO · 1·6·7z · Das Wappen
wie vorher, ohne die Initialen M—R
$$R^3 — \mathcal{R} — \text{vorzügl. erh.}$$

1119. *Av.* Vom Stempel der Nr. 1116.
Rv. ✱ PAR : REG : HV : DO · — ✱ ET : SIC : CO : 16·72 Das ge-
krönte, quadrirte siebenbürgische Wappen mit dem ovalen Apañ-
schen Mittelschild im einfachen, oben geradlinigen, wenig verzierten
Schild; zu beiden Seiten Ci — Bi Unten im ovalen Rahmen das
Hermannstädter Wappen, die Umschrift theilend.
$$R^4 — \mathcal{R} — \text{war geh., s. sch.}$$

1120. *Av.* ✚ MICH · APAFI · D · G · PRIN · TRANS ✚ Kurzes Brustbild
wie vorher, aber breiter.
Rv. ✚ PAR · REG · HV · DO — ✚ ET · SI · CO · 1·6·7·2 ✚ Das
Wappen wie vorher. aber viel breiter und ohne Theilstriche: die
Burgen stehen 2, 2, 2, 1 (beim vorigen 2. 2, 3). An den Seiten
CI — BI auf granulirtem Grunde. $R^4 — \mathcal{R} — \text{vorzügl. erh.}$

Clausenburger Thaler.

1121. *Av.*(Gestieltes Kleeblatt) MICHA · APAFI — D · G · PR · TR · Brust-
bild wie bei der Nr. 1107.
Rv. · PAR · REG · HVN · DOM · ET · SI · CO · 1667 Das gekrönte,
ovale Wappen wie bei Nr. 1107. Unten zu beiden Seiten K V
Dieser Thaler ist wieder ganz nach dem Typus der Kemény'schen
Thaler (Nr. 1034—1041) ausgeführt.
Rᵈ — .R Stgl.

1122. *Av.* Vom Stempel des sub. Nr. 1061 beschriebenen 10 Ducaten-
stücks.
Rv. Vom Stempel des vorhergehenden Thalers.
Rᵈ .R — vorzügl. erh

1123. *Av.* Vom Stempel des vorigen.
Rv. PAR · REG · HVN · DOM · ET · SIC · CO · 1671 Das Wappen
wie bei den vorigen, aber mit den Münzbuchstaben A—C (statt
K V)
R¹ — .R — s. sch.

1124. Von den Stempeln des sub Nr. 1062 beschriebenen 10 Ducatenstücks von 1673.
Rᵃ .R s. g. e.

Fogaras'er Thaler.

1125. *Av.* Vom Stempel des sub 1055 beschriebenen 10 Ducatenstücks.
Rv. PAR · REG · HVN · DOM · ET · SI · CO · 1668 (gestieltes Kleeblatt). Das ovale Wappen wie vorher, unten neben dem Schildfuss A F (Arx Fogaras). •
R¹ · .R · Stgl.

1126. *Av.* Ebenfalls vom Stempel der Nr. 1055.
Rv. Wie der vorige, aber mit SIC · CO 1669
Rᵃ .R War geh., s. g. e.

1127. *Av.* Vom Stempel des vorigen.
Rv. Wie vorher, aber mit 1670
Rᵈ — .R s. sch.

1128. *Av.* MIC : APAFI — D : G : P : TR · Schmales Brustbild bis halben
Leib nach rechts wie gewöhnlich, unter demselben eine Arabeske.
Rv. PAR : REG : HUN : DO : ET · SIC · 1677 Unter einer Krone
das bisherige Wappen. Der oben in einen geflügelten Engelskopf
auslaufende, barock geschnitzte Schildrahmen theilt das Wappen,
so dass Sonne und Mond ganz oben, Adler und Burgen unten stehen.
Unter dem Wappen, die Umschrift theilend, ein ovales Schildchen mit
den drei liegenden Fischen, über welchen C · F (Civitas Fogaras.)
R¹ .R — vorzügl. erh.

1129. *Av.* Vom Stempel des sub Nr. 1058 beschriebenen 10 Ducatenstücks.
Rv. PAR : REG ; HVNGARIÆ   DO : ET : SI : COMES· 1687 In
einem an den Seiten mit geflügelten Adlerköpfen und oben mit
einem Engelskopf verzierten, gekrönten Schilde das Wappen wieder wie früher. Unten ein Schildchen mit AF

R⁹ — ℛ — s. sch.

Bistritzer Thaler.

1130. *Av.* (Gestielte Rosette) : MIC : APA : D : G · - · PRIN : TRA : Brustbild bis halben Leib nach rechts mit Pelzmütze, im geblümten
Harnisch mit Löwenkopf auf der Schulter; mit der Rechten das
Scepter schulternd, die Linke am Säbelgriff.
Rv. ·:·: PAR · REG · HV · DO · ET · SIC · CO · 16·7z ·:·:   Das gekrönte, quadrirte siebenbürgische Wappen mit dem ovalen Apafi-
schild. im geraden. an den Seiten stark geschnörkelten Schilde.
Zu beiden Seiten der unteren Hälfte des Wappens B—T (Bistritz,
magyar. Besztercza - Videk). —Von rohem groteskem Schnitt.

R⁹ — ℛ — vorzügl. erh.

1131. *Av.* ✿ MIC APA : D : G :   : PRIN : TRAN :   ✿ Brustbild wie
vorher, aber schmäler, mit längerem Schooss, längs gestreiftem
Harnisch, ohne Löwenkopf.
Rv. Vom Stempel des vorigen.   Ebenfalls rohe Arbeit, das
Brustbild etwas weniger-grotesk gezeichnet.

R⁹ — ℛ — vorzügl. erh.

Schässburger Thaler.

1132. ✿ MICH ✿ APAFI ✿ — D : G : PR ✿ TR ·   Brustbild mit der Pelzmütze bis halben Leib nach rechts, im geblümten Harnisch, mit
der Rechten das Scepter schulternd, die Linke am Säbelgriff.
Unter dem Ellenbogen eine Rosette.
Rv. PAR · REG · HVN · D · — ET · SIC · COM 16·7z · Das ovale,
gekrönte Wappen wie bisher, an den Seiten S B (Schässburg)
unten. die Umschrift theilend, ein dreithürmiges Castell.

R⁵ — ℛ — vorzügl. erh.

Weissenburger Thaler.

1133. Von den Stempeln des sub Nr. 1051 beschriebenen 10 Ducaten-
sückes von 1677.

R² — ℛ — s. sch.

1134. Von den Stempeln des sub Nr. 1052 beschriebenen 10 Ducatenstückes von 1678.

R² — Æ s. sch.

1135. Av. MIC : APAFI — ● D : G : P : T : Brustbild wie vorher; unter
dem Ellenbogen ein Blumenzierrath.
Rv. Vom Stempel des vorigen.

R² — Æ — s. g. e.

1136. Av. Vom Stempel des vorigen.
Rv. PAR : REG : HUN : D : — ET · SIC : COM : 1679 Das Wappen
wie vorher; unten, die Umschrift theilend, das Schildchen mit A · I
über einem Dreiblatt.

R² — Æ — s. sch.

1137. Av. Wie der vorige, aber von abweichender Zeichnung : der
Harnisch hat auf der Schulter einen dem vorigen fehlenden
Löwenkopf.
Rv. Vom Stempel des vorigen.

R² Æ vorzügl. erh.

1138. Av. Vom Stempel des vorigen.
Rv. PAR : REG : HUN : Do — ET · SIC : COM : 1680 Das Wappen
wie vorher, unten im Schildchen A · I · über einem Dreiblatt.

R² — Æ — vorzügl. erh.

1139. Von den Stempeln des sub Nr. 1053 beschriebenen 10 Ducatenstücks von 1681.

R² — Æ — vorzügl. erh.

1140. Av. Vom Stempel des vorigen.
Rv. Wie der vorige, aber mit 1683.

R² Æ s. sch.

1141. Von den Stempeln des sub Nr. 1054 beschriebenen 10 Ducatenstücks von 1684.

R² Æ vorzügl. erh.

1142. Av. Vom Stempel des sub Nr. 1053 beschriebenen 10 Ducatenstücks.
Rv. Wie der vorige, aber mit 1686.

R² — Æ — vorzügl. erh.

Weissenburger Thalerklippen (sechseckig).

1143. Von den Stempeln des sub Nr. 1140 aufgeführten Thalers von 1683.

R³ Æ war gelb., sonst vorzügl. erh.

1144. Von den Stempeln des sub Nr. 1141 aufgeführten Thalers von 1684.

R³ Æ - Sigl.

Einseitiger Probethaler o. J.

1145. *Av.* Vom *Av.*-Stempel des sub Nr. 1137 beschriebenen Weissenburger Thalers.
Rv. Glatt.

Rⁿ — AR — vorzügl. erh.

Cronstädter ½ Thaler.

1146. *Av.* Vom Stempel des sub Nr. 1047 beschriebenen 5 Ducatenstücks.
Rv. ✛ PAR · REG · HV · D · · ET · SI · CO · 1663 ✛ Das gekrönte, quadrirte Wappen im einfachen, oben geradlinigen Schilde wie auf dem Thaler von 1663. (Nr. 1095). An den Seiten Ċ — Ḃ Unten, die Umschrift theilend, das Cronstädter Wappen.

Rᵍ — AR — s. sch.

1147. *Av.* ✛ MI · APA · D (· G · — PR)IN · TRA ✛ Brustbild wie vorher. Die eingeklammerte Stelle sehr verwetzt.
Rv. · ✛ PAR · RE · HV · DO — ET · SI · CO · 1663 ✛ · Das Wappen wie vorher, aber Ċ—Ḃ unten in der Umschrift neben dem Cronstädter Wappen.

Rᵍ — AR — schl. erh.

1148 *Av.* ✛ MI ✛ APA ✛ D : G ✛   ✛ PRIN ✛ TRA ✛ Brustbild wie vorher.
Rv. ✹ PAR · RE · HV · DO · — · ET · SI · CO · 1665 ✹ Wappen wie vorher, aber ohne die Münzbuchstaben C—B
Sz. XII. 3. Rᵍ — AR — vorzügl. erh.

1149. *Av.* ✹ MI · APA · D · G ✹ - ✹ PRIN · TR ✹ Das Brustbild wie vorher, unter dem Ellenbogen eine Rosette.
Rv. ✹ · ✹ PAR · REG · H · D · - · ET · SI · CO · 1666 ✹ · ✹ Das Wappen wie vorher, ohne C—B, dagegen an beiden Seiten des Schildes je eine Rosette und eine Kreuzblume.

Rᵍ — AR - war geh., s. sch.

Cronstädter Zwölferprobe (sechseckig).

1150. Eine 85 Millimeter lange und 26 Millimeter breite Silberplatte, welche auf einer Seite dreimal den *Av.*-Stempel des nachfolgend unter Nr. 1151 beschriebenen Cronstädter Zwölfers von 1672 und auf der anderen Seite dreimal den entsprechenden *Rv.*-Stempel zeigt. Oberhalb des mittleren *Av.*-Stempels III III, oberhalb des unteren V—V.
Siehe Abbildung Tafel VI. Rⁿ AR — s. sch.

Cronstädter Zwölfer (Groschen zu 12 ungarischen Denaren).

1151. *Av.* · MI · APAFI ● · DG P T · ● Brustbild wie bei Nr. 1149.
darunter eine gestielte Rosette. Der Harnisch mit Löwenkopf
auf der Achsel, an der Brust mit einer Blatt-Arabeske verziert.
Rv. ● PAR · R · H · DO · ET · S · CO · GROS · ARG · ● ✱ Unter einer
Krone die beiden siebenbürgischen Wappen, zwischen ihnen der
Apafi'sche Helm und darunter das Cronstädter Wappen. Zwischen
der Krone und den Schilden die Werthzahl XII Die Jahrzahl
oben neben der Krone und unten neben dem Cronstädter Wappen
vertheilt 1 — 6 | 7   2

R¹   Ꞷ   Stgl.

1152. *Av.* ✱ MI · APAFI ● · — · D G P T · — ● Brustbild wie vorher.
Rv. Vom Stempel des vorigen, mit grossem Stempelriss.

R¹ — Ꞷ   s. sch.

1153. *Av.* · MI · APAFI ●   D G · P · T ● Brustbild wie vorher.
Rv. Wie vorher, die Umschrift schliesst aber GROS · ARGE ● ✱

R¹   Ꞷ - s. sch.

1154. *Av.* ✱ MI · APAFI ● , DG · P · T ● ● Brustbild wie vorher.
Rv. Wie vorher, die Umschrift schliesst GROS · ARGEN ● ✱

R¹ — Ꞷ   s. g. e

1155. *Av.* MI · APAF — I   D · G · P · T ·   ● Brustbild wie vorher:
auf dem Harnisch eine gestielte Blume als Verzierung.
Rv. PAR · R · H · D · ET · S · C · GROS · ARG · 1673 Die Jahrzahl
in der Umschrift, statt wie bisher vertheilt.

R¹ — Ꞷ   s. g. e.

1156. *Av.* MI · APAFI — · D · G · P · T ·   ● Wie vorher.
Rv. Wie der vorige, die Umschrift schliesst GROS · AR ● 1673

R¹   Ꞷ - gel. g. e

1157. *Av.* Vom Stempel des vorigen.
Rv. Wie vorher, aber mit GROS · AR · 1673

R¹ - Ꞷ   s. sch.

1158. *Av.* MI · APAFI   DG P · T ·   ● Brustbild wie vorher.
Rv. Wie der vorige, aber GROS AR 1673

R¹   Ꞷ   s. g. e.

1159. *Av.* MI · APAFI ·   D G P T   ● Brustbild wie vorher.
Rv. PAR R H D ET S C · GROS · AR · 1673 Zu beiden Seiten
des Reifes der Krone ein Punkt, sonst wie vorher.

R¹   Ꞷ   vorzügl. erh.

1160. *Av.* MI APAFI — D G P T ◉ Brustbild wie vorher.

    Rv. PAR · R · H · D · ET · S · C · GROS · AR · 1673 Oben neben der Krone und unten neben dem Cronstädter Wappen je zwei Sternchen.

                       R^1 — R gel., s. g. e.

1161. *Av.* MI APAFI · · — · DG · P · T · ◉ Brustbild wie vorher, unter demselben drei Rosetten nebeneinander (◉ ◉ ◉, anstatt der gestielten Rosette).

    Rv. Ganz wie der vorige.

                       R^1 — R — vorzügl. erh.

1162. *Av.* Wie bei Nr. 1160.

    Rv. * · PAR · R · H · D · ET · S · C · GROS · AR · 1673 ◉ * Die Wappen wie seither, an Stelle der Sternchen neben Krone und Cronstädter Wappen sind nun vier Rosetten.

                       R^1 — R — s. g. e.

1163. *Av.* Wie der vorige.

    Rv. Ganz wie der vorige, aber mit 1673 * am Schlusse der Umschrift.

                       R^1 — R — s. g. e.

1164. *Av.* · MI · APAFi   · D · G · P · T · ◉ Brustbild wie vorher.

    Rv. PAR · R · H · D · ET · S · C · GROS · AR · 1673 · · Zu beiden Seiten der Krone und links neben dem Cronstädter Wappen je eine Rosette, dagegen fehlt die vierte Rosette, rechts vom Stadtwappen.

                       R^1 — R — s. g. e.

1165. *Av.* MI · APAFI — · D · G · P · TRAN Brustbild wie bisher, unter demselben wieder die gestielte Rosette, unter dem Ellenbogen ein Kreuzchen.

    Rv. PAR · REG · H · D · ET · S · C · GROS · AR · 1673. Die Wappen wie früher, von den vier Rosetten umgeben.

                       R^1 — R — s. g. e.

1166. *Av.* Wie bei Nr. 1156.

    Rv. Wie bei Nr. 1155, ohne Rosetten, aber mit GRO · AR · 1673.

                       R^1 — R — s. g. e.

1167. *Av.* MI · APAF ·   · DG · P · T — ◉ Brustbild wie vorher.

    Rv. PAR · R · H · D · ET · S · CO · GRO AR 1637 (sic! statt 1673)

                       R^1 — R — g. e.

1168. *Av.* MI · APAFI · — · D · G · P · T · — ◉ Brustbild wie vorher, unter demselben zwei Rosetten.

    Rv. PAR · REG · H · D · ET · S · CO · GR · AR · 1673 Die Wappen wie vorher, wieder von den vier Rosetten umgeben. R^1 — R s. g. e.

1169. *Av.* · MI · APAFI · —— DG · P · (also ohne T.) Brustbild wie bisher.
Rv. · PA · REG · HU · D · E · S · C · GR · A · 1·6·7·3· Wie vorher,
doch ohne die beiden oberen Rosetten.
R¹ .R — s. g. e

1170. *Av.* MI · APAFI · — · D · G · P · T + ⚬ + Brustbild wie vorher. Der
Harnisch ist mit einer Rosette und einem gestielten Dreiblatt
verziert, unter dem Brustbild eine gestielte Rosette.
Rv. PAR · REG · H · D · ET · S · C · G · ARG · 1673 · Die Wappen
von vier Rosetten umgeben.
R¹ — .R s. sch.

1171. *Av.* MI · APAFI —— · D · G · P · T * Brustbild wie vorher, auf dem
Harnisch eine Blattverzierung; unter dem Brustbild ein Zweig
mit drei Blättern.
Rv. PAR · RE · H · D · ET · S · C · GROS · ARGEH Die Wappen
in der Stellung wie bei Nr. 1151, die Jahreszahl 16 73 aber
getheilt zu beiden Seiten des Cronstädter Wappens.
R¹ .R s. sch.

1172. *Av.* MI · APAFI · · D · G · P · T · — ⚬ Auf dem Harnisch eine
gestielte Rosette, unter dem Brustbild zwei Rosetten.
Rv. PAR · R · H · DO · ET · S · CO · GROS · AR · Die Jahrzahl
1—6 7 4 um die Wappen vertheilt, wie bei Nr. 1151.
R¹ .R g. e.

Bistritzer Zwölfer.

1173. *Av.* MI · APA · — ⚬ DG · P · T · ⚬ Das Brustbild wie bei No. 1151.
Rv. PAR · R · H · DO : ET · S ⚬ CO · GRO · ARG ⚬ Unter einer
Krone die drei Wappen wie bei Nr. 1159, von der vertheilten
Jahrzahl 1 6 7 3 umgeben; darunter ein Schildchen mit den
Münzbuchstaben BE V (Besztercza-Videk — Bistritz).
R⁴ — .R s. g. e

1174.* *Av.* ⚬ MI ⚬ APA · D · G · P · T Wie vorher, aber ohne die
Rosette unter dem Brustbild.
Rv. Vom Stempel des vorigen.
R¹ .R gel. g. e

Hermannstädter Zwölfer.

1175. *Av.* · MI · APAFI · · D · G · P · T · ⚬ Brustbild wie bisher, unter
demselben 3 Rosetten (⚬ ⚬ ⚬), Harnisch mit der gestielten Rosette
verziert.

12

Rv. PAR · R · H · D · ET · S · C · GR · AR · 1673 · Die Wappen wie
bisher, allein an Stelle des Cronstädter Wappens sind hier die
Hermannstädter Schwerter im unteren Schildchen. An den Seiten
des letzteren zwei Rosetten.   R¹ — AR - s. g. e.

1176. *Av.* Wie der vorige.
Rv. PAR · REG · H · D · ET · S · C · G · AR · G · 1673   Sonst wie
vorher.   R¹ — AR — s. g. e.

1177. *Av.* MI · APAF — D : G · P · T · ❀ Unter dem Brustbild gestielte
Rosette.
Rv. · PAR · R · H · D · E · S · CO · GR · AR · 1 · 6 · 7 · 4 Wie vorher,
doch ohne die Rosetten neben dem Hermannstädter Wappen.
                                               R¹ — AR — s. g. e.

1178. *Av.* MI · APAFI ·   D · G · P · T · — ❀ Unter dem Brustbild die drei
Rosetten. Am Harnisch eine Rosette als Verzierung.
Rv. FAR · R · H · D · ET · S · C · G · R · AR · 1673 · Wie vorher,
aber an den Seiten des Stadtwappens die Münzbuchstaben S · · V ·
(Szeben - Város   Hermannstadt). Die Spitzen der gekreuzten
Schwerter sind nach aufwärts gerichtet, statt wie sonst bei dem
Hermannstädter Wappen nach unten.   R³ — AR — s. sch.

1179. *Av.* Wie der vorige.
Rv. Wie der vorige, aber mit · PAR · und GR · AR · 1673 ·, ferner
mit S · — V · (anstatt S · — · V ·) Zu beiden Seiten des Reifes der
Krone eine Rosette.
                                               R³ — AR — s. g. e.

1180. *Av.* ✛ MICHAEL · APAFI · D · G · PR · TR · Mit der Pelzmütze
bedecktes, k u r z e s Brustbild, welches die Umschrift unten n i c h t
theilt, nach rechts, ohne Scepter, im einfachen Harnisch, Löwenkopf auf der Schulter.
Rv. · PAR · R · H · D · ET · S · C · GR · AR · 16 · 73 · Die Wappen wie
stets, im unteren Schilde die gekreuzten Hermannstädter Schwerter
mit der Spitze nach unten, neben demselben C—I.
                                               R⁴ — AR — s. g. e.

1181. *Av.* · MI(CHA)EL · APAFI · D · G · PR · TRA Geharnischtes kurzes
Brustbild, wie beim vorigen.
Rv. PA · RE · HV · DO · ET · SIC · CO · GROS · AR · 1672. Der halbe
Adler mit ausgebreiteten Flügeln über einer Querleiste, auf welcher
sechs · Burgen in einer Reihe; darunter die siebente Burg, an
deren Seiten C I   B I
Wesz. XIII. 6.   R⁴ — AR — leidl. erh.

1182. *Av.* MICHAEL · APAFI · D · G · P · T · Kurzes Brustbild wie vorher, aber mit dem über die Schulter gelegten Scepter.
Rv. Umschrift wie vorher, mit 1673. Unter dem Adler die sieben Burgen auf einer Querleiste. darunter · S · XII · V ·
R⁴   ℛ · mittelmassig erh.

1183. *Av.* (Gestielte Rosette) MIC ● APAF · — · D ● G ● P ● T ● Langes Brustbild wie bei Nr. 1151, im reich verzierten Harnisch.
Rv. PA · RE · HV · DO · ET · SIC · CO · GROS · AR · 1 · 6 · 7 · 2 · Der halbe Adler über den sieben Burgen. wie beim vorigen. darunter die Münzbuchstaben M C zwischen zwei Arabesken.
R⁴ — ℛ · Loch. g. e.

1184. *Av.* (Gestielte Rosette) MIC ● APAF (A und F verb.) I ● D G ● P T ● Brustbild wie vorher, unter demselben eine gestielte Rosette. Der Harnisch mit einer einfachen Blattverzierung.
Rv. PA ● RE ● HV ● DO ● ET ● SIC ● CO ● GROS ● AR ● 1672 ● Wie vorher: unter der Querleiste zwischen zwei Arabesken N ● E (statt M C).   R²   ℛ — s. g. e.

1185. *Av.* ● MIC ● APAF   D ● G ● P ● T ● Brustbild wie vorher. ohne die gestielte Rosette.
Rv. PA RE HV DO ET SIC CO GROS AR 1672 Die Umschrift ohne Trennungszeichen, sonst wie vorher.
R²   ℛ · s. g. e.

Hermannstädter Sechser (zu 6 ungarischen Denaren).

1186. *Av.* MI · APAF   D · G · P · T · — ● Das Brustbild wie vorher. unter demselben eine grosse Rosette. Der Harnisch mit einer gestielten Rosette verziert.
Rv. · PAR · R · H · D · ET · S · C · GROS · AR · 1674 · Unter einer Krone die beiden siebenbürgischen Wappen und der Apafi'sche Helm. darunter ein Schild mit dem Hermannstädter Stadtwappen. an dessen Seiten die Buchstaben C   · B Zwischen der Krone und den Wappen die Werthzahl VI   R⁴   ℛ   s. g. e.

1187. *Av.* Vom Stempel des vorigen.
Rv. Wie der vorige. aber die Umschrift endigt GR · AR · 1674 und von verschiedener Zeichnung.
R⁴   ℛ   s. g. e.

1188. *Av.* MI · APAF   · D · G · P · T   ● Ohne die Rosette unter dem Brustbild.
Rv. Wie der vorige.   R⁴   ℛ   s. g. e.
12*

1189. *Av.* · MI · APAFI   · D · G · PR · T ·   Brustbild wie vorher.
       Rv. Umschrift und Wappen wie bei dem vorigen, aber die Münz-
       buchstaben C I (statt C· B)
                                               R⁴ — Æ — s. g. e.

1190. *Av.* MI · APAFI · · DG · P · T ·   ● Brustbild wie vorher.
       Rv. PAR · R · H · D · Æ · S · C · G · AR · 1674   Wie vorher, aber
       ohne Münzbuchstaben.
                                               R⁴ — Æ — s. sch.

Sechser mit MO | C an Stelle des Stadtwappens.

1191. *Av.* MI · APAFI ● ● DG · PR · TR · Das Brustbild wie bisher,
       der Harnisch vorne mit einfacher Blattverzierung.
       Rv. PAR · R · H · D · ET · SC · GR · AR · 1673 Typus der vorigen,
       mit Wertzahl VI: der untere Schild enthält an Stelle des Stadt-
       wappens in zwei Reihen die Buchstaben MO C An den Seiten
       dieses Schildchens die Buchstaben N—E (Münzmeister-Initialen?)
                                               R² — Æ — s. g. e.

1192. *Av.* MI · APAFI · ● D · G · PR · TR · Brustbild wie vorher.
       Rv. Wie der vorige, doch von abweichender Zeichnung · — Zwei
       variirende Exemplare.
                                               R² — Æ — s. g. e.

1193. *Av.* MI · APAFI ● ● D · G · PR · T · Sonst wie vorher.
       Rv. Vom Stempel der Nr. 1191.
                                               R² — Æ — s. g. e.

1194. *Av.* MI · APAFI   ● D · G · PR · TR · Unter dem Brustbild eine
       grosse Rosette.
       Rv. PAR · R · H · D · ET · SI · C · G · AR · 1674 · Sonst wie vorher,
       mit MO C im Stadtschild und N — E an dessen Seiten.
                                               R² — Æ — s. g. e/

1195. *Av.* MIC · APAFI   DG · PR · TR · Brustbild wie bisher, unter
       demselben eine gestielte Rosette.
       Rv. PAR ◦ RE ◦ H ◦ D ◦ ET ◦ SC ◦ GROS ◦ AR ◦ 1673 Typus wie
       bisher, in dem unteren Schilde liest man in drei Reihen MO
       CO · M, und an dessen Seiten N—E
                                               R⁴ · Æ · · s. sch.

EMMERICH TÖKÖLI

(1690).

Nach Apafi's Tode ernannte die Pforte den als Rebellen exilirten ungarischen Grafen Emmerich Tököli zum Fürsten von Siebenbürgen und erlangte dessen Bestätigung vom Landtage am 12. September 1690, noch vor Ablauf desselben Jahres musste Tököli aber mit den von den siegreichen kaiserlichen Feldherren immer weiter zurückgedrängten Türken das Land wieder verlassen.

Ducat 1690.

1196. *Av.* EME · THOKO — LI · DG · P · T · Geharnischtes, mit der Pelzmütze bedecktes Brustbild mit grossem Kopfe nach rechts, mit
der Rechten das Scepter schulternd. die Linke am Säbelgriff.
Rv. PAR : REG : HUNGA · D · & · SICULO · CO : 1690. (Die 9 wie
eine o gestaltet). Das doppelt behelmte, quadrirte Tököli'sche
Familienwappen mit einem zweiköpfigen Adler im Mittelschild,
zu beiden Seiten die siebenbürgischen Wappenbilder (links Sonne
und Adler, rechts Halbmond und 7 Burgen).
      Wesz. XIV. 8, Sz. XII. 8.   R⁷ N gel., sonst s. sch.

Medaille o. J.

1197. *Av.* EMERIC TECKLY . DUX PROTEST . IN HUN Brustbild
von vorn, im blossen Kopf mit über den Harnisch geknüpftem
Hermelinmantel.
Rv. SIC VIRTUS NESCIA FR. ENI. Ein bäumendes Pferd,
welches die Zügel, mit denen es zwischen zwei Säulen angebunden
war, zerrissen hat. Unter den Hinterfüssen liegt der Wärter am
Boden, in der Rechten noch die Peitsche haltend. Ganz unten
die Graveurs-Initialen I · S · (Johann Smeltzing).
      Wesz. XIV. 10.   R .R 1½ Grm. — vorzügl. sch.

Ovale Medaille o. J.

1198.　*Av.* • EMERIC • TOCKEL • HUNGAROR • REBELL • CAPUT •
Brustbild nach rechts in reicher ungarischer Kleidung, mit blossem
Kopf und langem, gelocktem Haupthaar. Unter dem Brustbild
die Initialen • E • F •

Rv. • RETRO CADIT AUDAX • Von einem Felsen, auf dessen
Gipfel eine von einem Adler vertheidigte Krone befindlich, stürzt
Tököli kopfüber in den Abgrund, wo ihn ein brüllender Löwe
empfängt. Der unglückliche Fürst ist in ungarischer Tracht und
hält den blanken Säbel in der Rechten; am Boden, links vom
Löwen, ein Æ.

　　　Wesz. XIV. 11. Sz. XII. 9.　　　　R⁶ — Æ 31,1 Grm. — vorzügl. sch.

Medaille von 1683.

1199.　*Av.* EMERIC • TÖC — KOL • HUNGAROR • REBELL • CAPUT •
Brustbild nach rechts, im blossen Kopf mit langem Haar und
Bart: Hermelinmantel über dem Harnisch, der auf der Schulter
mit einer Rosette aufgenommen ist. Am Armabschnitt mit Cursiv-
lettern *J E*

Rv. ❀ RETROCA — DIT AUDAX Unter der strahlenden Sonne
der in's Meer stürzende Icarus. Im Abschnitt • MDCLXXXIII

　　　Wesz. XXIV. 2.　　　　　　R⁸ — Æ 26,3 Grm. — vorzügl. schön.

　　　Die vorstehenden drei Medaillen beziehen sich auf den unglücklichen
Aufstand in Ungarn, welchen Emmerich Tököli an der Spitze der in
ihrem Glauben bedrückten ungarischen Protestanten erhoben hatte.

LEOPOLD I.

1690—1705.

Nachdem der Kaiser durch das Leopoldinische Diplom vom 4. Dezember 1691 den Grundvertrag des Lande Siebenbürgen mit dem Hause Oesterreich geschlossen, welcher ersterem seine verfassungsmässigen Rechte und alten Freiheiten in politischer und kirchlicher Beziehung gewährleistete, bewog seine Staatskunst den bereits zum Fürsten erwählten, aber noch unmündigen Sohn Michael Apati's, Michael Apafi II., der Regierung gänzlich zu entsagen (1696). Im Frieden von Carlovitz (1699) erkannte endlich auch die Pforte Kaiser Leopold im Besitze von Siebenbürgen an.

Bronzemedaillon o. J. auf die Einverleibung Siebenbürgens.

1200. *Av.* LEOPOLDVS AVG · PANNON · — DAC · ILLYR · TVRC MAX · Belorbeertes, geharnischtes Brustbild des Kaisers nach rechts, mit dem Mantel über dem Harnisch.

Rv. PANNONIIS DACIA ILLIRICO HEREDITARIIS REGNIS ADAVCTIS Der stehende Kaiser in römischer Rüstung, in der Rechten ein Schwert, in der Linken einen Globus haltend, und von einer schwebenden Victoria bekränzt. Zu seinen Füssen links die personificirte Pannonia und der Genius Illyrien, rechts die gefesselte Dacia, hinter derselben eine weibliche Figur, welche ein Votivschild mit der Inschrift SIC · XXX · SIC · XXXX · hält. Im Abschnitt Kriegsgeräth.

Sz. XII. 12. R⁴ .1 — s. eb.

Clausenburger 10 Ducatenstücke.

1201. *Av.* LEOPOLDVS D · G · ROM · I · S · AVG · GER · HVN · BO · REX · Geharnischtes belorbeertes Brustbild nach rechts, in grosser Perücke, mit breitem Halstuch und dem Vliessorden am Bande.

Rv. DVCATVS NOV9 TRANSYLVANIÆ · 16 95 · Der gekrönte, kaiserliche Doppeladler mit Schwert und Scepter, auf der Brust das gekrönte, längsgetheilte siebenbürgische Wappen. Unten, die Umschrift theilend, in einer Verzierung K · V · (Kolos Var.)

Sz. XIII. 1. R⁴ X Stgl

1202. *Av.* Wie der vorige, aber überall kleine Kreuzchen statt der
viereckigen Punkte in der Umschrift.
Rv. Wie vorher, aber mit + 16 — 96 + Die Münzbuchstaben unten
in der Arabeske K · V (anstatt K · V ·)
Wesz. XIV. 1.   R⁴ — A⁷ - Stgl.

Clausenburger 5 Ducatenstück (achteckig).

1203. *Av.* LEOPOLD9 D · G · R · I · S · A · GER · HVN · BOH · REX
(Arabeske) Brustbild wie vorher.
Rv. DVCATVS NOV9 -- TRANSYLVANIÆ· 16 — 94. Der gekrönte
Doppeladler, auf der Brust ein gekröntes, ovales Schild mit den
sieben Burgen (2, 3, 2 gestellt). Unten in einer Verzierung
K · V ·
(Wesz. XIV. 2, rund.)   R⁸ -- A⁷ --- Stgl.

Clausenburger 5 Dukatenstück (rund).

1204. Von den Stempeln des sub Nr. 1202 beschriebenen 10 Ducatenstückes von 1696.
                                                 R¹ -- A⁷   vorzügl. erh.

Clausenburger 3 Ducatenstück.

1205. *Rv.* LEOPOLD9 D + G + R + I + S + A + GER + HVN + BOH + REX
(Arabeske) Brustbild wie vorher.
Rv. DVCATVS NOVVS -- TRANSVLVANIÆ + 16 · 98 +   Der
gekrönte Doppeladler, auf der Brust ein gekröntes, ovales Schild
mit dem längsgetheilten siebenbürgischen Wappen. Unten in
einer Verzierung K · V ·   ·
                                                 R⁴ -- A⁷ -- Stgl.

Clausenburger Ducaten.

1206. *Av.* LEOPOLD · D · G · R · I · S · A · GER · HVN · BOH · Rᴺ Brust-
bild wie vorher.
Rv. DVCAT9 NOV9   TRANSYLVAN : 16 -- 93. Der gekrönte
Doppeladler, auf der Brust das ovale Schild mit den sieben Burgen
wie bei Nr. 1203. Unten in einer Verzierung C · V
(Sz. XII. 10.)   R² — A⁷ — Stgl.

1207. *Av.* Wie der vorige, aber mit LEOPOLD9 (statt LEOPOLD ·) und
BO · Rᴺ · (statt BOH · Rᴺ).
Rv. Vom Stempel des vorigen.   R² — A⁷ — s. sch.

1208. *Av.* Vom Stempel der Nr. 1206.
    Rv. Wie vorher, aber mit 16—94.

    R² — A⁰   s. g. e

1209. *Av.* Wie bei Nr. 1206, mit LEOPOLD·, aber am Schlusse mit
    BO · Rⁿ· (anstatt BOH · Rⁿ·)
    Rv. DVCAT9 NOV9   TRANSYLVA 1 : 16   95. Der gekrönte
    Doppeladler, auf der Brust ein ovales Schild mit dem längsgetheilten
    siebenbürgischen Wappen. Unten in einer Verzierung K V

    R² — A⁰   Stgl.

1210. *Av.* Wie vorher, aber mit LEOPOLD : (statt LEOPOLD·) und
    HV · BO · Rⁿ (statt HV · BO · Rⁿ·).
    Rv. DVCAT · NOV ·   TRANSYLV : 16   96. Doppeladler mit dem
    Wappen, unten K-V, wie vorher.

    R² — A⁰ — Stgl.

1211. *Av.* Vom Stempel des vorigen.
    Rv. DVCATVS NOV ·   TRANSYLVAN · 16   96. Wie vorher,
    aber K V, (statt K·V).

    R²   A⁰ · Stgl.

1212. *Av.* LEOPOLDVS · D · G · R · I · S · A · G · H · B · REX   Brustbild
    wie vorher.
    Rv. DVCATVS · NO   V9 TRANSYL · 16   97. Wie vorher.
    Sz. XII. 11.   R² — A⁰ — s. sch.

1213. *Av.* Wie der vorige, mit wenig veränderter Zeichnung.
    Rv. DVCATVS NOV9 — TRANSYLVAN : 16 — 98. Wie vorher.

    R² — A⁰ — s. sch.

1214. *Av.* LEOPOLD9 D · G · R ·   I · S · A · G · H · B · Rⁿ· Brustbild wie
    vorher, aber nicht mehr, wie bisher, durch einen Perlenkreis von
    der Umschrift getrennt.
    Rv. DVCATVS NOV · — TRANSYLVAN : 16   99. Wie vorher:
    ebenfalls ohne inneren Perlenkreis. Unten K · V ·

    R²   A⁰ — Stgl.

1215. *Av.* und *Rv.* ganz wie vorher, beide jedoch von gänzlich verschiedener
    Zeichnung. Die Münzbuchstaben K V (anstatt K · V·)

    R²   A⁰ — s. g. e.

1216. *Av.* LEOPOLD9 D · G ·   R · I · S · A · G · H · B · R · Brustbild wie
    vorher.
    Rv. DVCAT9 NOV ·   TRANSYLV : 16—99. Wie vorher, unten
    K · V

    R² — A⁰   Stgl.

Clausenburger Ducatenprobe auf halbmondförmiger Goldplatte.

1217. Dicke, halbmondförmig ausgeschnittene Goldplatte im Gewichte
von 10 Ducaten, auf welcher die Stempel des sub Nr. 1208 beschriebenen Clausenburger Ducaten von 1694 abgeprägt sind.

M. en or pag. 108. *Siehe Abbildung Tafel VI.*

R⁵ — A' 34,4 Grm. - - vorzügl. erh.

Ducaten mit F—T.

1218. *Av.* LEOPOLD · D · G · R · I - S · A · G · H · BO · REX : Der geharnischte Kaiser stehend, im Krönungsornat, mit Krone und
Mantel, in der Rechten das Scepter, in der Linken den Reichsapfel haltend.

Rv. ARCHID · AV · D · B · - MA · MOR · CO · TYR : 17—01. Der
gekrönte Doppeladler, auf der Brust das ovale, längsgetheilte
siebenbürgische Wappen, wie vorher. Zu beiden Seiten des
Schweifes F - T*)

(Sz. XIII. 2, von 1702).   R² — A' — s. sch.

1219. *Av.* Wie vorher, aber R · I · (statt R · I) und BOH · (statt BO ·)
und von leicht abweichender Zeichnung.

Rv. ARCHID · AVS · D · B ·   MA · MOR · COM · TYR : 17—02 :
Der Doppeladler wie vorher, mit F—T

R² — A' — s. sch.

1220. *Av.* Wie vorher, aber RO · I · (statt R · I ·) und BOH ·

Rv. ARCHID · AVS · D · BV :   - MAR · MOR · COM · TYR : 17 -02 .
Wie vorher.

Wesz. XIV. 4.   R² — A' — s. sch.

1221. *Av.* Vom Stempel des vorigen.

Rv. Wie der vorige, aber mit 17—03.

R² — A' — Stgl.

1222. *Av.* LEOPOLDVS · D · G · R · —I · S · A · G · H · B · REX · Der Kaiser
stehend, im Krönungsornat, wie vorher.

---

*) Szechenyi II. pag. 71 deutet die Buchstaben F—T in etwas gewaltsamer Weise mit
»Fogaras Turris«. Es sind aber nur die Initialen des Stempelschneiders, denn auf Nr. 1226
finden wir die Buchstaben F T zugleich mit den Münzbuchstaben von Clausenburg K—V, ferner
auf Nr. 1223 ff. zugleich mit dem Wappen von Hermannstadt. Dass es aber der Stempelschneider und nicht ein Münzbeamter ist, welcher sich durch die Sigle F T verewigt hat,
beweisen endlich Nr. 1235 ff., wo die Buchstaben F · T am Armabschnitt des Brustbildes
stehen, an der Stelle also, an welcher die Stempelschneider vorzugsweise ihre Initialen anzu-
bringen pflegten. Den vorliegenden Münzen zufolge hat der Stempelschneider F · T · in den
90er Jahren des 17. Jahrhunderts in Clausenburg, später in Hermannstadt gearbeitet, wenn
nicht für beide Münzstätten zu gleicher Zeit.

Rv. ARCHID · AVS · D · BV · MAR · MOR : COM · TYR · 17- 04 ·
Der Doppeladler wie vorher, aber mit kürzerem, die Umschrift nicht
theilenden Schweife. Die Buchstaben F T stehen höher, zu
beiden Seiten der Fänge.

R¹ N - vorzügl. erh

Hermannstädter 15 Kreuzerstücke.

1223. *Av.* LEOPOLDVS • D · G · R · I • S · A · G · H · B • REX •
Belorbeertes Brustbild wie bei Nr. 1200. darunter, die Umschrift
theilend, die Werthzahl: (XV)
Rv. MONETA NOVA ARG · TRANSYLV · 17 04 • Der
Doppeladler mit dem siebenbürgischen Wappen auf der Brust
wie vorher, neben dem Schweif die Initialen F –T, unten, die
Umschrift theilend, ein gekröntes Schildchen mit dem Wappen
von Hermannstadt. R³ .R s. g. e.

1224. *Av.* Wie der vorige, doch von verschiedener Zeichnung.
Rv. MONETA NOVA — ARG · TRANSYLV · 17 04 Wie vorher.
neben dem Schweif des Adlers · F T ·

R³ .R s. g. e.

1225. *Av.* Wie die vorigen, aber von beiden, in der Zeichnung
verschieden.
Rv. Umschrift und Darstellung wie bei No. 1223. nur stehen die
Initialen F –T nicht mehr neben den Schwanzfedern des Adlers,
sondern höher, zu beiden Seiten der Scepter und Schwert haltenden
Fänge. R³ .R g. e

Clausenburger 3 Kreuzerstücke.

1226. *Av.* LEOPOLDVS · D · G · R · I · S — A · G · H · B · REX · Brustbild wie bisher, darunter in einem Oval die Werthzahl 3
Rv. MONETA · NOV ARG · TRANSYL · 16 96 · Der Doppeladler mit dem Landeswappen, zu beiden Seiten, etwas über den
Fängen die Münzbuchstaben K V und unten in der die Umschrift theilenden Einfassung die Initialen F T
R³ .R - s. g. e.

1227. *Av.* LEOPOLDVS D · G · R · I · S — A · G · H · B · REX · Brustbild
wie vorher, von abweichender Zeichnung.
Rv. MONETA NOVA ARG · TRANSYLV · 16 96. Der Doppeladler wie vorher, an den Seiten, etwas über den Fängen F T *)
R³ .R s. g. e.

*) Bezüglich der Zutheilung der nur die Initialen F-T tragenden 3 Kreuzerstücke (N. 1227–
1231) nach Clausenburg siehe die Anmerkung pag. 186.

1228. *Av.* LEOPOLDVS · D : G · etc. Sonst wie vorher.
 Rv. MONETA NOVA — ARG · TRANSY : 16 96. Doppeladler
 wie vorher. aber die Initialen F—T unten in der Umschrift.
 (Sz. XIII. 4.)   R¹ — Æ — s. sch.

1229. *Av.* Wie bei Nr. 1227.
 Rv. Wie der vorige, aber mit TRANSYL · 16 - 96 ·
             R¹ — Æ - s. sch.

1230. Wie vorher, aber mit TRANSYLN · 16 - 96 ·
             R¹ — Æ s. sch.

1231. *Av.* Wie vorher, aber mit A · G · H · BO · REX
 Rv. Wie bei Nr. 1229.
             R¹ — Æ — s. sch.

1232. *Av.* Wie bei Nr. 1227.
 Rv. MONETA NOV — ARG TRANSYL 16 — 96 Sonst wie vorher.
 Wesz. XIV. 6.   R¹ — Æ — s. sch.

1233. *Av.* LEOPOLDVS D · G · R · I · S · A · — G · H · BO · REX · Brustbild wie bisher.
 Rv. MONETA NOV · ARG · TRANSYL · 16 — 96 Wie vorher.
             R¹ — Æ — s. sch.

1234. *Av.* Vom Stempel der Nr. 1231.
 Rv. MONETA NOVA — ARG · TRANSYL · 16 — 97. Sonst wie
 vorher.
             R² — Æ — s. sch.

Hermannstädter Polturen.

1235. *Av.* LEOPOLDVS · D · G · R · I · S · A · G · HV · BO · REX · Das Brust-
 bild wie gewöhnlich, am Armabschnitt die Stempelschneider-
 Initialen F · T
 Rv. Gekröntes Schild mit dem siebenbürgischen Landeswappen :
 vom Schildfuss an in drei Reihen · 17 — 04 | · POLTVRA + + |
 Zwischen den beiden Kreuzchen das Stadtwappen von Hermannstadt.
 Sz. XIII. 5.   R¹ — Æ — s. sch.

1236. *Av.* Wie der vorige, aber mit H · B · REX ·
 Rv. Wie der vorige, aber die Kreuze an den Seiten des Stadtwappens aus vier viereckigen Punkten gebildet, also •:• - •:•
 (statt + — +). Zwei variirende Exemplare.
             R¹ — Æ — s. g. e.

1237. *Av.* Wie vorher, aber mit HV · B · REX ·

    Rv. Wie vorher, jedoch Rosetten an Stelle der Kreuze neben dem Stadtwappen.

                                            R¹ R s. sch.

1238. *Av.* Wie vorher, aber von veränderter Zeichnung.

    Rv. Wie bei Nr. 1236, aber mit 17 05

    Wesz. XIV. 7.   R¹ R g. e.

1239. *Av.* Wie bei Nr. 1236.

    Rv. Wie vorher, mit 17 05 Das Hermannstädter Wappen, welches bisher frei stand, in einem gekrönten Schildchen, an dessen Seiten kleine, einfache Kreuzchen (+ +).

    Sz. XIII. 6.   R¹ R s. g. e.

JOSEPH I.

1705—1711.

Während seiner ganzen Regierungszeit hatte Kaiser Joseph I. den Aufstand der Malcontenten unter Franz Rákóczi II zu bekämpfen, der bereits zu seines Vaters Lebzeiten ausgebrochen war und erst mit dem Frieden von Szathmár (1711) erlosch.

Hermannstädter 5 Ducatenstück.

1240. *Av.* IOSEPHVS•D•G•R•I•S•A•G•HV•BO•   REX• Belorbeertes Brustbild nach rechts mit grosser Perücke, den Mantel über dem Harnisch. Auf der Brust die Vliessordenskette.

Rv. ARCHIDVX•AVSTR ꓽD꓾B꓾—MAR꓾M꓾CO꓾TYROL꓾1708• Unter einer Krone der kaiserliche Doppeladler mit Schwert und Scepter, auf der Brust das gekrönte, herzförmige, längsgetheilte siebenbürgische Wappen, von der Vliessordenskette umgeben. Unten, in der Umschrift das Hermannstädter Wappen in einem gekrönten Schildchen.

Wesz. XV. 1.   R⁵ — A' — kl. Loch, sonst s. sch.

Ducaten.

1241. *Av.* IOSEPHVS•D•G•R•I•—S•A•G•H•B•REX• Der stehende Kaiser, geharnischt, im Krönungsornat, nach rechts.

Rv. ARCHID•A•D•B•   MA•MO•CO•TYR•17 11. Der gekrönte Doppeladler mit dem siebenbürgischen Wappen auf der Brust wie vorher. Unter dem Schweif, die Umschrift theilend, auf einer Arabeske I•F•K (Joh. Franz Kropff, Stempelschneider).

Sz. XIII. 8.   R² — A' — s. sch.

1242. *Av.* IOSEPHVS D•G•R•   I•S•A•G•H•B•REX•Wie vorher. *Rv.* ARCHID•A•D•B•   MA•MO•C•TYR•17—11. Wie vorher.   R²   A' — s. g. e.

Hermannstädter Polturen.

1243. *Av.* IOSEPHVS · D · G · R · I · S · A · G · H · B · REX · Brustbild wie
bei Nr. 1240.
Rv Gekröntes Landeswappen: dann 17   05 ᴸ POLTVRA   und
das Hermannstädter Wappen im gekrönten Schildchen, an dessen
Seiten F — T
  Sz. XIII. 12.   R²   .R   s. g. e

1244. *Av.* Wie der vorige, aber mit H · B · REX ·
  Rv. Wie der vorige, aber mit 17   06
  Wesz. XV. 4.   R²   .R   s. g. e

1245. *Av.* Wie der vorige, doch von verschiedener Zeichnung.
  Rv. Wie vorher, aber mit 17   07
                                            R²   .R   Stgl.
1246. Wie der vorige, von 1707, nur in der Zeichnung des Brustbildes
abweichend. — Vier variirende Exemplare.
  Sz. XIII. 10.   R²   .R   s. g. e.

1247. Wie vorher, von 1707. Die sieben Burgen der rechten Hälfte
des Wappens, welche seither stets 3. 3. 1 gestellt waren, stehen
jetzt 3. 4.
                                            R² · .R   s. g. e.
1248. *Av.* Wie bei den vorigen.
  Rv. Wie vorher, aber mit 17   08 und an den Seiten des Stadt-
schildchens +   + (anstatt F   T) Die sieben Burgen sind wieder
3. 3. 1 gestellt.
  Sz. XIII. 11.   R²   .R   s. g. e.

1249. *Av.* Wie bei den vorigen, aber H · BO · REX ·
  Rv. Wie vorher, aber mit 17   09 und an den Seiten des Stadt-
schildchens die Initialen M · I   H · S
                                            R¹   .R   s. g. e.

3 Kreuzerstücke.

1250. *Av.* IOSEPHVS D · G · R · I · S ·   A · G · H · B · REX   Brustbild
wie bisher, unter dem Arme die Werthzahl 3 in einem Oval.
  Rv. ARCHID · A · D   B · M · M · C · TYR · 17   11. Der gekrönte
Doppeladler mit dem Wappen, unten in der Umschrift (IFK)
  Sz. XIII. 9.   R   .R   s. sch.

1251. *Av.* Wie vorher, aber die Buchstaben sind kleiner und mit REX ·
am Schlusse der Umschrift.
Rv. ARCHID · A · D · B ·   M · M · COM · TYR · 17   11. Die
Buchstaben ebenfalls kleiner, sonst wie vorher.
R³ . Æ   s. g. e.

1252. *Av.* IOSEPHVS D · G · R · I · — S · A · G · H · B · REX · Brustbild wie
vorher. Grosse Buchstaben.
Rv. Wie der vorige, aber mit CO · (statt COM ·)
Wesz. XV. 3.   R³ — Æ — g. e.

Kreuzer.

1253. *Av.* IOSEPHVS D · G · R · I · S · — A · G · H · B · REX · Das Brust-
bild, den inneren Perlenkreis wie seither oben durchbrechend,
darunter die Werthzahl 1 in einem Oval.
Rv. ARCHID · AV · D · — B · M · M · C · TYR · 17 — 09 · Der
Doppeladler wie vorher, unten in der Umschrift (I · F · K)
R² · Æ · g. e.

1254. *Av.* IOSEPHVS D · G · R · I · S - A · G · H · B · R · Brustbild wie
vorher, aber o h n e den inneren Schriftkreis.
Rv. Wie vorher, jedoch ARCHID · A · D ·   und ebenfalls o h n e
inneren Schriftkreis.
R² — Æ — gel., g. e.

1255. *Av.* IOSEPHVS D · G · R · I · · S · A · G · H · B · R . Wie vorher.
Rv. Wie vorher, aber ARCHID · A · D — und 1710.
R² — Æ — s. sch.

1256. Wie vorher, aber mit 17 —11.
R² — Æ — s. g. e.

1257. Wie der vorige, aber im *Rv.* A · D · B - M · M · abgetheilt.
R² — Æ — s. g. e.

½ Kreuzer (einseitig).

1258. *Av.* Drei ins Dreieck zusammengestellte Wappenschilde: Oben der
wachsende Adler, unten links Sonne und Mond, rechts die sieben
Burgen, 2, 3, 2 gestellt. Oben herum die Jahrzahl 1—7 · 0 · 9
Rv. Glatt.
R⁶   Æ — s. g. e.

FRANZ RÁKÓCZI II.

1704 — 1711,

ein Enkel Georg Rákóczi's II., erhob sich 1703 an der Spitze der ungarischen Malcontenten gegen den Kaiser und wurde von seinen Anhängern am 6. Juli 1704 zu Weissenburg zum Fürsten von Siebenbürgen ausgerufen. Mehrfache Niederlagen gegen die kaiserlichen Generale zwangen ihn, das Land zu verlassen und Anfangs 1711 nach Polen zu flüchten. Er starb im Exil im Jahre 1735.

Clausenburger Ducat.

1259. *Av.* MONETA NOVA AVREA TRANS : Unter einer Krone im ovalen, geschnörkelten Schilde das siebenbürgische Wappen mit dem Rákóczi'schen Mittelschild.

Rv. TANDEM OPPRESSA RESVRGET • Aus einem Dreiberg wachsender hoher Palmbaum, zu beiden Seiten die getheilte Jahrzahl 17 05 •, darüber die Münzbuchstaben K • V •

Sz. XIV. 7. R⁶ N Sgl

Clausenburger Ducatenprobe.

1260. *Av.* und *Rv.* von den Stempeln des vorhergehenden Ducaten von 1705, aber in Kupfer geprägt.

R⁵ A sch

Medaillen.

1261. *Av.* (Unten links begr.?) FRANCISCVS · II · D : G : TRANSVI PRIN : RAKOCZI · DVX · CONFOE : R : STAT : Kopf des Fürsten mit Schnurrbart und langgelocktem Haar nach rechts. Unten D · WAROU · F ·

*) Die Umschriften, welche sehr oft von oben rechts anzufangen pflegen, beginnen jetzt ab bald oben rechts, bald unten links. Es sind bei den Medaillen immer je nach den Abweichungen von der seitherigen Beschreibung worden. Wo wir die Umschrift nicht ausdrücklich bemerkt haben, ist immer der Anfang oben rechts.

13

Rv. (Ueberschrift) · DIMIDIVM · FACTI · QVI · BENE · COEPIT ·
HABET · Allegorie : Themis und Legalitas lösen der Libertas die
Fesseln ab. Die beiden ersteren stehend; die Legalitas knieend,
neben ihr am Boden ein aufgeschlagenes Buch mit: Le ges   pa tr:
Im Abschnitt in drei Reihen : · OPERE · LIB : INCHOATO .
· ANNO · MDCCIII · | · XIV · IVNII ·

Sz. XIII. 13.   R³ — Æ 45,0 Grm. — Stgl.

1262. *Av.* und *Rv.* wie vorher. Die Ränder der Medaille, welche bei
der vorigen hoch aufgeworfen sind, sind glatt.

R³ — Æ 21,2 Grm. — Stgl.

1263. Wie vorher, wieder mit hohen Rändern und mit der Randschrift:
LAQUEVS · CONTRITVS · EST · ET · NOS · LIBERATI · SVMVS ·
PSAL : 123 VER : 7 +

Sz. pag. 78. Nr. 2.   R³ — Æ 47 Grm. — vorzügl. erh.

1264. *Av.* (Unten links beg.) FRANCISCVS · II · D : G : TRANSYL : PRIN:
RAKOCZI · DVX · CONFCE : R : H : STAT : Geharnischtes Brustbild
von vorn, etwas nach links gewendet, den pelzverbrämten Mantel
über dem Harnisch.

Rv. (Ueberschrift) CONCVRRVNT · UT · ALANT · Drei Vestalinnen,
das auf einem Altar brennende heilige Feuer schürend, am Fusse des
Altars die Initialen des Stempelschneiders D W (D. Warov.) Im
Abschnitt in 4 Reihen CONCORDIA · RELIGIONUM · | ANIMATA ·
LIBERTATE · ❀ A · M · D · C · C · V · ❀   IN · CON : SZECH : |

Sz. XIV. 1.   R⁸ — A' 87,7 Grm. — vorzügl. erh.

1265. Dieselbe Medaille in Silber. Beide mit hohen Rändern.

R⁴ — Æ 50 Gr. — s. sch.

1266. Dieselbe Medaille, mit flachen Rändern.

R⁴ — Æ 21,0 Grm. -- Stgl.

1267. *Av.* (Unten links beg.) FRANCISCVS · II · D : G : S : R : I : PRIN=
CEPS · RAKOCZI & TRANSYL : Geharnischtes Brustbild im
blossen Kopf nach rechts.

Rv. (Ueberschrift) TENDIT PER ARDUA VIRTUS Hercules im
Kampf mit der Hydra.

Sz. XIII. 14. Wesz. XV. 8.   R³   Æ 74,2 Grm.   Stgl.

1268. Dieselbe Medaille in Bronze geprägt und versilbert.

R³   Æ — s. g. e.

1269. *Av.* Ohne Schrift. Das Brustbild des Fürsten mit langem Haar
nach rechts, im römischen Harnisch und umgelegtem Mantel.

Rv. Dieselbe Darstellung, vertieft. — Kleine. ovale. einseitig auf dünnes Goldblech geprägte Medaille.

Wesz. XV. 12.   R⁶   N 0,2 Grm.   s. g. e

1270. *Av.* Ohne Schrift. Ueber zwei kreuzweise übereinandergelegten Lorbeerzweigen der Kopf des Fürsten nach links, mit Schnurrbart und kurzem. krausem Haar.

Rv. Ohne Schrift. Das gekrönte ungarische Wappen über zwei kreuzweise übereinandergelegten Eichenzweigen.

Unedirt.   R⁴   Zinn, geprägt. — gel. s. g. e.

1271. *Av.* (Unten links beg.) + PERFIDA CEDE TRIAS PROPRIVS CADAT IGNIS AB ARA + MARTI IVRE PIO DISCE SACRARE TRIAS + Ein völlig geharnischter Krieger, in der Linken einen Schild mit dem Doppeladler haltend, zerstört das Feuer auf dem Altar mit dem Schwert und verjagt die drei Vestalinnen. Unter dieser Darstellung auf einer Leiste DE INIMICIS VICTOR • · Darunter auf einem gewundenen Bande INDE PAVOR PATRIAE • Ganz unten endlich G · S ·

Rv. (Unten links beg.) + VERA SALVS PATRIE SPONDETVR AB ARBORIS VMBRA : + SVB QVA PAX. REQVIES IPSA. SECVRA VIRENT + Ein reichbelaubter Baum in einer von Bergen abgeschlossenen Landschaft, welche die hauptsächlichsten Städte Siebenbürgens. nämlich: links B(istritz). S(chaessburg). CLAVDIOP(olis) DEVA, M(egyes), rechts CIB(inium). FOG(aras), COR(ona) und ALBA IVL: zeigt. Darunter auf einer Leiste INCOLIS NOBILE PRAESIDIVM • Dann auf einem Bande MANET HISC PROTECTIO REGNI • Endlich ganz unten G · SCHVLER ·

Sz. XIV. 2. Wesz. XV. 9.   R⁶   R 30 Grm.   s. sch

Diese Medaille ist von einem Hermannstädter Goldschmied. Namens Georg Schuler, als satyrisches Gegenstück zu der sub Nr. 1261 beschriebenen Medaille Franz Rakoczi's angefertigt, nachdem die Kaiserlichen im Jahre 1710 bereits fast an allen Punkten des Aufstandes Herr geworden waren

CARL VI.

1712 — 1740.

Kaum hatte der Friede von Szathmar die Ruhe im Innern wiederhergestellt, als die Turken einen neuen Versuch machten, Siebenbürgen dem osterreichischen Besitz wieder zu entreissen; nach schweren Niederlagen mussten sie aber im Frieden von Passarovitz (1718) die Herrschaft Oesterreich's anerkennen. — Carl VI. liess das durch die beständigen Kriege fast in Trümmern liegende Weissenburg (die alte Alba Julia) nach den Plänen des Prinzen Eugen zu einer starken Festung ausbauen, die er »Carlsburg« benannte.

Ducaten.

1273. *Av.* CAROL.9 VI · D · G · R · I — S · A · G · H · H · B · REX · Der stehende Kaiser, im Krönungsornat, nach rechts.

Rv. ARCHID · A · D · BV · — MA · MO · COM · TYR · 17—12. Der gekrönte Doppeladler mit Schwert und Scepter, auf der Brust das längsgetheilte siebenbürgische Wappen, unten I · F · K · wie bei Nr. 1241.

Wesz. XVI. 8. R² — A' — s. g. e.

1274. *Av.* CAR · VI · D · G · R · I · S · A — G · HI · H · B · REX Belorbeertes Brustbild des Kaisers nach rechts, im römischen Harnisch und darüber geknüpftem Mantel.

Rv. ARCHID · AV · D · BVR · PRINC · TRANSYL : 1726 Der gekrönte Doppeladler, auf der Brust das quergetheilte siebenbürgische Wappen, von der Vliessordenskette umgeben, in einem einfachen oben geraden Schilde.

(Sz. XV. 16, von 1725) R² — A' — s. sch.

1275. *Av.* CAR VI DG · R · I · S · A — G · H · H · B · REX Brustbild wie vorher, mit dem Vliessorden am Bande auf der Brust.

Rv. Wie vorher, aber mit TRANSYL · 1730 Das Schild mit dem Landeswappen ist oval und oben eingebogen.

Sz. XV. 9. R² — A' s. sch.

1276. *Av.* (Unten links beg.) CAR : VI · D : G : R : I : S :   A : GE : III : H : B : REX · Belorbeertes Brustbild nach rechts, mit dem Vliess-orden um den Hals und umgeknüpftem Mantel.

Rv. ARCHID : AU : D : BU : PR — INC · TRANSYL : 1737 · Der Doppeladler wie bei Nr. 1274.

R²   N'   Stgl.

1577. *Av.* Wie der vorige, aber mit R : I : — S : A : (anstatt R : I : S :   A :)

Rv. ARCHID : AUST : D : BUR : — PRIN : TRANSYL : 1740   Wie vorher.

Sz. XV. 10.

R² — V' — s. g. e.

¹/₃ Ducaten.

1278. *Av.* (Unten links beg.) CAR : VI · D : G : R : I : — S : A : GE : HI : H : B : REX · Belorbeerter Kopf des Kaisers nach rechts.

Rv. PRINCEPS — TRANSYL : Unter einem Fürstenhut auf einem Fürstenmantel das quergetheilte siebenbürgische Wappen. Unten im Oval ⅓ (Ohne Jahrzahl).

Wesz. XVI. 10.   R² — V'   Stgl.

1279. *Av.* CAR · VI · D : G · R · I · — S · A · GE · III · H · B · REX   Wie vorher.

Rv. Vom Stempel des vorigen.   R²   V'   vorzugl. erh.

1280. *Av.* CAR · VI · D : G · R · I · S · A · — GE · III · H · B · REX   Wie vorher.

Rv. Vom Stempel des vorigen.   R²   N'   Stg.'

1281. *Av.* Unter einem Fürstenhut in einem geschnörkelten, an den Seiten mit herabhängenden Ketten verzierten Schilde das quergetheilte siebenbürgische Wappen. Unten im Oval die Werthzahl ⅓ (Ohne Jahrzahl).

Rv. CONSTANTER · CONTINET · ORBEM   Die Weltkugel, von einem Wolkenring umgeben.

Wesz. XVI. 11.   R   V'   Stgl.

Thaler.

1282. *Av.* CAROLVS VI • D · G · R · IMP · S · A · GERM · HISP · HVNG • BOH • REX • Belorbeertes Brustbild in grosser Perrücke nach rechts, mit der Vliessordenskette und über den Harnisch geknüpftem Mantel.

Rv. ARCHIDVX AVSTR • D • B • MAR • MOR • COM • TYROL •
1712 • Der gekrönte Doppeladler mit Schwert und Scepter, auf
der Brust das längsgetheilte siebenbürgische Wappen in einem
mit dem Fürstenhut bedeckten und von der Vliessordenskette
umgebenen, herzförmigen Schilde.   R⁴ — ℛ — s. sch.

1283. *Av.* CAROL⁹ vi D : G : RO · IMP · S · A · GER : HIS - · HV · BO ·
REX · Belorbeertes Brustbild nach rechts wie vorher.
Rv. • ARCHIDVX • AVST ; DVX • BVRG • PRINC • TRANSSYL ;
1713 Der gekrönte Doppeladler wie vorher, auf der Brust das
gekrönte, quadrirte, von der Vliessordenskette umgebene kaiserliche Wappen mit dem siebenbürgischen Mittelschild.   Ohne
inneren Schriftkreis.   R² — ℛ   Stgl.

1284. *Av.* Vom Stempel des vorigen.
Rv. ARCHI • DVX • AVST ; DVX • BVRG ; PRINC ; TRANS-
SYL ; 1715 Der Doppeladler wie vorher; ebenfalls ohne inneren
Schriftkreis.   R² — ℛ · s. sch.

1285. *Av.* (Unten links beg.) CAROL : VI · D : G : R : I : — S : A : GE :
III : H : B : REX · Belorbeertes Brustbild nach rechts, mit römischem
Harnisch, Mantel und Vliessorden auf der Brust.
Rv. ARCHID : AU : D : BU : PR   INC : TRANSYL : 1737 · Der
Doppeladler wie vorher.
Sz. XV. 12.   R¹ — ℛ --- s. g. e.

1286. *Av.* Vom Stempel des vorigen.
Rv. Wie der vorige, mit 1738 (die Ziffer 8 ist im Stempel aus
einer 7 umgravirt.)
Wesz. XVI. 6.   R¹ — ℛ — s. g. e.

1287. *Av.* CAR : VI · D : G : R : I : — S : A : G : HI : H : B : REX · Wie vorher.
Rv. Wie der vorige, aber mit Punkt nach 1738 · und von abweichender Zeichnung.
          R¹ — ℛ -- s. sch.

½ *Thaler.*

1288. *Av.* CAROLVS VI · D · G · R · IMP · S · A · G · HISP · H · B · REX ·
Belorbeertes Brustbild nach rechts, mit Mantel und Vliessordens-
kette über dem Harnisch.
Rv. ARCHIDVX AVSTR · D · B · PR · TRANSYLV · 1713 · Der
Doppeladler, auf der Brust das längsgetheilte siebenbürgische
Wappen in einem einfachen, gekrönten und mit der Vliessordens-
kette umgebenen Schilde.
Sz. XV. 13.   R³ — ℛ — s. sch.

1289. *Av.* CAR · VI · D : G : R : I : S : A : G   III : HV : B : REX   Belorbeertes Brustbild nach rechts, im römischen Harnisch und Mantel, auf der Brust den Vliessorden.

Rv. ARCHI · D · AV · D · BV · PRI   NC · TRANSYL · 1721   Der Doppeladler wie bei No. 1283. Mit Randschrift: CONSTANTER ₊ CONTINET ₊◉₊ ORBEM ₊◉₊

    (cf. Wesz. XXIV. 3.)   R² – .R – s. sch.

       Dieser ½ Thaler ist etwas kleiner und dicker wie gewöhnlich, man findet ihn daher öfters mit der Bezeichnung »Dickgulden« catalogisirt.

1290. *Av.* CAR · VI · D · G · R · I · S · A · G   III · HV · B · REX ·   Das Brustbild wie vorher, von grösserer Zeichnung.

Rv. ARCHID · AV · D · BV · PRI — NC · TRANSYL : 1724   Wie vorher. Randschrift : CONSTANTER ₊ · ₊ CONTINET · · · ORBEM ₊₊

                                          R¹ .R   s. sch.

1291. *Av.* CAR · VI · DG · R · I · S · A · G ·   III · HV · B · REX Brustbild wie vorher.

Rv. ARCHID · AV · D BV · PR   INC · TRANSYL · 1725 Sonst wie vorher.

    Sz. XV. 13.   R¹ .R   s. g. e.

1292. *Av.* Ohne Punkt nach A · G und von veränderter Zeichnung.

Rv. Wie der vorige, aber mit 1726

                                       R¹   .R   s. sch

1293. *Av.* Vom Stempel des vorigen.

Rv. Wie vorher, aber ARCHI · D · AV · D · und 1727

                                       R¹   .R   s. sch

1294. *Av.* Wie der vorige, mit wenig veränderter Zeichnung.

Rv. Wie vorher, aber richtig ARCHID · und mit 1731

                                       R¹   .R   s. sch

1295. *Av.* Vom Stempel des vorigen.

Rv. ARCHID · AV · D · BV · PRINC · TRANSYL : 1733 · Wie vorher, aber der Doppeladler kleiner, so dass sein Schweif nicht mehr wie bisher die Umschrift theilt.

                                 · R¹   .R   s. sc.

1296. *Av.* (Unten links beg.) CAR : VI : D : G : R : I : S :   A : G : III : HU : B : REX · Belorbeertes Brustbild wie vorher, mit weniger stark gelocktem Haar.

Rv. ARCHID : AU : D : BU : PR   INC : TRANSYL : 1737 Doppeladler und Randschrift wie vorher.

    Sz. XV. 14.   R¹   .R   s. g. e.

1297. *Av.* (Unten links beg.) CAROL : VI · D : G : R : I :   S : A : GE :
    III : HU : B : REX   Brustbild wie vorher, etwas grösser und mit
    stärker gelocktem Haar.
    Rv. ARCHID : AUST : D : BUR :   PRIN : TRANSYL : 1739. Sonst
    wie vorher.
                                                            R¹ - - Æ -- s. sch.

    15 Kreuzerstück.

1298. *Av.* CAR · VI · DG · R · I · S · A · G   III · HV · B · REX   Brustbild
    wie seither, unter der Achsel ein Schildchen mit der Werthzahl XV
    Rv. ARCHI · D · AV · D · BV · PR -- INC · TRANSYL · 1726 Der
    gekrönte Doppeladler mit dem quergetheilten siebenbürgischen
    Wappen auf der Brust.
    Wesz. XVI. 17.   Rª -- Æ - s. g. e.

    3 Kreuzerstücke.

1299. *Av.* CAR · VI · D · G · R · I · S · A · -   G · III · H · B · REX Brustbild
    wie seither, am Armabschnitt die Werthzahl 3.
    Rv. ARCHI · D · A · D · B · PRINC · TRANSYL · ☉ · 1725 Doppel-
    adler mit ovalem, siebenbürgischen Brustschild. — *Av.* ohne. *Rv.*
    mit innerem Schriftkreis.
    (Sz. XV. 16.)   R² -- Æ -- s. g. e.

1300. *Av.* Wie der vorige, aber A · G — III ·
    Rv. ARCHID · A · D · B · PRINC · TRANSYL : 1725 Wie vorher:
    das Brustschild ist rund und oben eingebogen.
                                                    R² — Æ — gel., g. e.
1301. *Av.* CAR · VI · DG · R · I · S · A · G — HI · H · B · REX   Brustbild
    wie vorher.
    Rv. ARCHID · AV · D · BVR · PRINC · TRANSYL · 1729 Wie vor-
    her: das Brustschild ist herzförmig, oben und an beiden Seiten
    eingebogen. — *Av.* und *Rv.* ohne inneren Schriftkreis.
                                                            R² — Æ — s. sch.
1302. Wie der vorige, aber CAR VI · D · G · R · I · S · A — G · HI · H ·
    B · REX im *Av.* und D · BV · im *Rv.*   R² — Æ — g. e.

1303. *Av.* CAR · VI · DG · R · I · S · A · -- G · HI · H · B · REX Das Brustbild
    wie gewöhnlich, ohne die Werthzahl.
    Rv. ARCHID · AU · D · B · PRI   NC · TRANSYL : 1733 Doppel-
    adler mit Brustschild, wie vorher, unten, die Umschrift theilend,
    ein Schildchen mit der Werthzahl 3   R² -- Æ -- Stgl.

1304. *Av.* (Unten links beg.) CAR : VI : D : G : R : I :   S : A : G : III :
H : B : REX Brustbild wie vorher.
Rv. ARCHID : AU : D B : PR   INC · TRANSYL : 1735 Wie vorher
Wesz. XVI. 12.   R² - .R   s. v. e

1305. *Av.* (Unten links beg.) CAR : VI · D : G : R : I :   S · A · GE : III :
H : B : REX ·
Rv. ARCHID : A : D : BU : PRI   NC · TRANSYL : 1736.   Sonst
wie der vorige.
R¹ .R - zd. g. e.

1306. *Av.* (Unten links beg.) CAR : VI · D : G : R : I :   S : A . GE : III :
H : B : REX ·
Rv. ARCHID : AUST · D : BUR :   PRIN : TRANSYL : 1740 Sonst
wie vorher, nur von verschiedener Zeichnung.
R² .R   s. g. e.

Polturen.

1307. *Av.* CAR : VI · D : G : R : I : S : A : G : H : H : B : REX   Brustbild
wie seither, nach rechts.
Rv. Das quergetheilte Wappen von Siebenbürgen, darunter in zwei
Reihen POLTURA ¹ 1730 ¹
(Sz. XV. 17. Wesz. XVI. 14, beide ungenau.)   R² .R   s. g. e

1308. *Av.* (Unten links beg.) CAR : VI · D : G : R : I : - S : A : GE : III :
H : B : REX · Brustbild nach rechts.
Rv. Unter einer Fürstenkrone im geschnitzten Schilde das quer-
getheilte siebenbürgische Wappen. Oben herum die getheilte
Jahrzahl 17 40. Unten herum POLTURA ·
(Sz. XV. 19. Wesz. XVI. 13, ungenau.)   R² .R   s. sc i.

Kreuzer.

1309. *Av.* CAROL 9 VI · D · G · R · I · S - A · G · H · H · B · R · Belorbeertes
Brustbild nach rechts, darunter in einem Oval die Werthzahl 1.
Rv. ARCHID · A · D ·   B · M · M · C · TYR · 17 12. Unter einer
Krone der Doppeladler (ohne Schwert und Scepter), auf seiner
Brust ein herzförmiges Schild mit dem längsgetheilten Wappen
Unten in einer Einfassung die Initialen IFK (Joh. Franz Kropff).
Wesz. XVI. 15.   R² .R   g. e

1310. *Av.* CAR · VI · D · G · R · I · S · A   · G · H · H · B · R · Brustbild und
Werthzahl wie vorher.

Rv. ARCHID · A · D · B · PRINC · TRANSIL · 1731 Der Doppeladler
mit herzförmigem Brustschild, worin das quergetheilte Landeswappen.

Wesz. XVI. 16.   R² — Æ — s. sch.

1311. Wie der vorige, aber I · S · A · — G · (statt I · S · A   G ·)
                                                   R² — Æ — s. sch.

1312. *Av.* Wie der vorige, mit I · S · A ·, aber mit H · B · R (statt H · B · R ·)
Rv. Wie vorher. aber mit TRANSYL · 1731
                                                   R² — Æ — s. sch.

Medaillen auf die Grundsteinlegung der Festung Carlsburg (durch
General von Stainville) 1714 und 1715.

1313. *Av.* ST : C : A STAINVILLE S : C : M : CONS : BELL : EQVIT : GEN :
CATAPHR : COL · ET GEN : COMM : IN TRANSILVA :   In einer
gebirgigen Landschaft, in welcher links ein Bergwerk, rechts die
sieben Bergschlösser zu sehen sind, steht ein behelmter Krieger
in römischer Rüstung. in der Linken eine Tournierlanze haltend.
die Rechte auf einen Schild gestützt, welcher das Stainville'sche
Wappen, ein grosses Ankerkreuz, zeigt. Im Abschnitt in drei Reihen
MINERA ·CVRII ☉LIS CNEQ₃ þTVRNI | MOX ALBÆ·CÖEPTI·
CAVSA | LABORIS · ERAT · | Ganz unten die Initialen · C · H ·*)
Rv. ANNO · QVO · GENERALIS · ERAT · COMENDANS · IN TRANSILVANIA
Ansicht der Festung Carlsburg. Im Abschnitt in fünf Reihen :
CONDITVR · ALBA · CAPVT · REGNI · QVÆ · IVLIA | QVONDAM ·
A · STAINVILL · LAPIS · EST · QVI · DACCICA · RVDERA · DEVÆ ·
RESTAVRE · PARAT · DE QVO C SICK · SERREDA | PLAVDET·
Wesz. G. XXXIII. 3.   R⁴ — Æ 61 Grm. – vorzügl. erh.

---

*) Die Initialen C · H ·, H · und C · I · H · auf Nr. 1313—1318 und 1320 veranlassten
Széchényi, und nach diesem Erdy u. A., diese Medaillen dem berühmten Medailleur J. C. Hedlinger
zuzuschreiben. Es ist dies mehr als unwahrscheinlich, denn Hedlinger arbeitete 1715 zur Zeit
der Entstehung der Carlsburger Medaillen noch in der Schweiz bei Crauer in Sitten, ging 1717
nach Nancy und Paris und 1718 nach Stockholm, wo er seine Berühmtheit als Medailleur
erlangte. Wie sollte man darauf verfallen sein, den damals noch Unberühmten in so weiter
Entfernung mit der Anfertigung dieser Medaillen zu betrauen? Hierzu kommt, dass Hedlinger
seine Stempel wohl mit C · H und I · C · H bezeichnete, nicht aber mit C · I · H ., wie auf
Nr. 1314. — Endlich sind die genannten Medaillen so ausserordentlich zopfig und geschmacklos
in Anlage und Ausführung, dass sie gewiss eher einem obscuren Stempelschneider des Landes,
als dem nachmals so berühmt gewordenen Hedlinger ihre Entstehung verdanken dürften.

1314. *Av.* Unter einem Dreiblatt folgende Aufschrift in neun Reihen:
✱ LVCE SACRA | CAROLI (SIMILES | ALBA ACCIPIT ORIVS) | ✱ IN
SOLIDA PRIMVS PONITVR ARCE LAPIS· ✱ IVLIA NATA FVI: CARO-
LVS, VIM ROBVR et AVXIT: IVLIA SIN LIBEAT, SVSC CARO-
LINA VOCER . Darunter sieben Berge mit den sieben Burgen.
Rv. Ueberschrift ⋅ TVTISSIMA ⋅ QVIES ⋅ Die Ansicht der neu er-
bauten Festung. über welcher ein Adler schwebt. Im Abschnitt
✱ C : I : II ✱
Sz. XV. 2. Wesz. XVI. 1.
R⁴ — A' 17,1 Grm. (5 Ducaten)   vorzugl. erh.

1315. Dieselbe Medaille in Silber.
R² · R 17,0 Grm.   vorzugl. erh.

1316. *Av.* Aufschrift im Wesentlichen wie bei Nr. 1314. ohne das Dreiblatt. und in z e h n Reihen. Unten die sieben mit Burgen besetzten Berge.
Rv. Wie bei Nr. 1314, doch ohne die Stempelschneider-Initialen.
Beide Seiten von einem doppelten Perlenkreise. dann noch von
einem breiteren und einem schmäleren Strichelkreise umschlossen.
(Sz. XV. 3.)   R¹ R 5,1 Grm.   s. sch.

1316bis. Derselbe Jeton, in Gold, im Gewichte eines Ducaten.   Ohne
die beiden äusseren Strichelkreise, sonst von den Stempeln des
vorigen.
R⁴ — A' 3,5 Grm.   s. sch

Medaille auf die Geburt des Erzherzog's Leopold, 1716.

1317. *Av.* GEMMAM · QVÆ · DEERAT · TANDEM · CONCESSIT · OLYM-
PVS· In einer Landschaft mit den sieben Burgen ein Ring. in
dessen leere Fassung ein schwebender Engel das gekrönte Wickel-
kind als Edelstein einfügt.
Rv. CESAREÆ SOBOLI SEPTEM SVA DONA PLANETE · VESTIE-
RVNT | Um die Wiege des kaiserlichen Prinzen die sieben Planeten
auf sieben Obelisken. Im Abschnitt · C H · Die Ausführung
dieser Medaille ist eben so zopfig, wie die Darstellung.
Wesz. XVI, 2.   R¹ - R 17 Grm.   geh. g. e

Medaille auf die Einnahme von Temesvar, 1716.

1318. *Av.* (Unten links beg.) CAROLVS VI · D · G · ROM · IMP · SEMP·
AVG· Belorbeertes Brustbild des Kaisers nach rechts. unten
V (Vestner).

Rv. SECVRITAS TRANSSYLVANIAE RESTITVTA · Stehende
weibliche Figur, in der Rechten einen Lorbeerkranz, in der
Linken ein Füllhorn haltend, neben ihr ein Schild mit den sieben
Burgen. Im Abschnitt in zwei Reihen THEMESVVARIO OCCVP·
D · 12 · OCT · 1716 · !
    Wesz. XVI. 3.   R¹ — R 29,5 Grm. — vorzügl. erh.

Medaille auf die pragmatische Sanction, 1722.

1319. *Av.* PROGENIES MAGNUM CO - ELI VENTURA SUB AXEM
Eine Säule auf einem Piedestal, welches die Aufschrift OPT :
PRI: | CAR : | trägt. Links der stehende geharnischte Kaiser, in
der Rechten eine Rolle haltend, rechts ein Adler, welcher im
Schnabel einen Ring hält, in dem ein Doppelkopf, links männliches,
rechts weibliches Gesicht, die beiden Eventualitäten der Erb-
folge andeutend, erscheint. Im Abschnitt SECURITAS | PER-
PETUA | Ganz unten H
    Rv. ET NATI NATORUM ET QUÆ NASCENTUR AB ILLIS
Ein Altar mit der Aufschrift VOT : | MUT : ! Auf demselben ein
brennendes Herz, über dem sich drei aus Wolken ragende Arme
die Hände reichen. Im Abschnitt S · P · Q · DACIC · | MDCCXXII |
· S · K · D · K · ! Die letzten vier Buchstaben bezeichnen den Er-
finder der Medaille Samuel Köleséri de Keleseer.
    Sz. XV. 1. Wesz. XVI. 5.   R³ — R, 31 Grm. — Stgl.

MARIA THERESIA

1741 — 1780.

Unter ihrer Regierung erfolgte 1747 eine gründliche Verbesserung des Münzwesens in Siebenbürgen und 1765 die Erhebung dieser Provinz zum Grossfürstenthum

3 Ducatenstück.

1320. *Av.* (Unten links beg.) M · THERESIA · D : G · R · IMP · GE · HU · BO · REG · Brustbild der Kaiserin nach rechts mit Diadem und umgeknöpftem Mantel.

Rv. AR · AU · DUX · BU · ME · PR · — TRAN · CO · TY · 1760 · Der gekrönte Doppeladler, auf der Brust das gekrönte, vollständige österreichische Wappen mit dem siebenbürgischen Mittelschild.

(cf. Wesz. XIX. 11, in Silber.)　　　Rª　N'　war geh., sonst s. g. e

Ducaten.

1321. *Av.* (Unten links beg.) MAR : THERESIA　D : G : REG : HUNG : BO : Brustbild wie vorher.

Rv. ARCH : A : D : BU : PR : TRAN :　N : D : LO : B : M : D : ETR : 1742 Unter einer Krone im breiten, an den Seiten mit Laubgewinden verzierten Rahmen, das quadrirte, kaiserliche Wappen mit dem siebenbürgischen Mittelschild.

Wesz. XIX. 25.　　　　　　R'　N'　e c.

1322. *Av.* (Unten links beg.) M · THERESIA · D : G ·　RO · I · GE · HU · BO · RE · Brustbild wie vorher.

Rv. AR · AU · DUX · BU · ME · P ·　TRAN · CO · TY · 1762 · Der gekrönte Doppeladler, auf der Brust das von einem Fürstenhut bedeckte siebenbürgische Wappen.

R' — N'　vorzügl. erh.

1323. *Av.* Wie vorher, aber das Brustbild mit geblümtem (statt einfachem) Mantelüberwurf.
Rv. Wie vorher, aber 1763.
　Sz. XVIII. 18.　　　　　　　　　　　　　R² · A' — vorzügl. erh.

½ *Ducaten.*

1324. *Av.* (Unten links beg.) M · THERESIA · D : G · - RO · I · GE · H · BO · RE · Brustbild wie vorher mit Diadem und einfachem an der Schulter mit einer Agraffe aufgenommenem Ueberwurf.
Rv. AR · AU · DUX · B · M P — TRAN · CO · TY · 1759 Der gekrönte Doppeladler mit dem siebenbürgischen Wappen auf der Brust wie vorher: unten in dem gespaltenen Schwanz des Adlers die Werthzahl ½
　Sz. XVIII. 21.　　　　　　　　　　　　　R² — A' — Stgl.

1325. *Av.* Wie vorher, mit HU · BO · RE und leicht veränderter Zeichnung.
Rv. Wie vorher, aber ME · P und 1762. Die Werthzahl im Schwanz des Adlers ist quergestellt also -» (statt ½).
　　　　　　　　　　　　　　　　　　　R⁴ — A' — Stgl.

1326. *Av.* (Unten links beg.) M · THERES · D : G · -- RO · I · GE · H · B · RE · Brustbild wie vorher.
Rv. AR · AU · DU · BU · ME · P · 　 TRAN · C · TY · 1764 · Die Werthzahl ½ ist wieder gerade gestellt.
　　　　　　　　　　　　　　　　　　　R² — A' 　 Stgl.

1327. *Av.* (Unten links beg.) M · THERE · D : G · R · – I · GE · HU · BO · RE · Brustbild wie vorher.
Rv. AR · AU · DUX · BU · ME · P — TRAN · CO · TYR · 1765 Der Doppeladler wie bisher mit ½
　Wesz. XIX. 6.　　　　　　　　　　　　R² — A' -- Stgl.

1328. *Av.* M · THERE · D : G · — R · I · HU · BO · REG · Brustbild wie vorher, aber mit dem Wittwenschleier.
Rv. A · AU · DUX · B · M · PR · --- TRA · CO · TY · 1775 · Der Doppeladler wie vorher mit ½, unter seinen Krallen die Buchstaben H · G · Das siebenbürgische Wappen unter einer Königskrone. statt, wie bisher, mit einem Fürstenhut bedeckt.
　　　　　　　　　　　　　　　　　　　R¹ · A' 　 Stgl.

1329. *Av.* Wie der vorige.

    Rv. A · A · DUX · B · M · PR ·   TR · CO · TY · 1780 · Wie vorher,
unter den Fängen des Adlers II · — S ·

    Sz. XVIII. 24.   R¹   A'   Stgl.

¼ Ducaten.

1330. *Av.* (Unten links beg.) MAR · THERES   D : G · REG · HU ·
BO · Brustbild wie bei Nr. 1324.

    Rv. PRINCEPS   TRANSYL. Das siebenbürgische Wappen auf
einem vom Fürstenhut bedeckten Fürstenmantel. Unten im Oval
die Werthzahl ¼ (Ohne Jahrzahl).

    Wesz. XIX. 8.   R²   A'   Stgl

1331. *Av.* Wie der vorige, aber überall Doppelpunkte.

    Rv. PRINCIPE : — TRANSYL : Wie vorher. (Ohne Jahrzahl).

                                R²   A'   Stgl.

1332. *Av.* (Unten links beg.) M · THER · D : G ·   R · I · G · H · B · REG ·
Kopf der Kaiserin mit Diadem nach rechts.

    Rv. A · AU · D · B · PR · — TRANS · 1749 · Der gekrönte Doppel-
adler, auf der Brust das siebenbürgische Wappen. Unten in
dem gespaltenen Schwanz des Adlers die Werthzahl ¼

    Sz. XVIII. 15.   R¹   A'   Stgl.

1333. *Av.* M · THER · D · G ·   R · I · H · B · REG · Brustbild der Kaiserin
im Wittwenschleier nach rechts.

    Rv. A · AU · D · B · M · P ·   TRANS · 1768 · Der Doppeladler wie
vorher, unter seinen Krallen die Buchstaben H ·   G ·

                                R¹   A'   Stgl

1334. *Av.* Vom Stempel des vorigen.

    Rv. Wie der vorige, aber mit 1772 · und H   G (ohne Punkte).

                                R¹   A'   Stgl

1335. *Av.* Wie vorher, von etwas veränderter Zeichnung.

    Rv. Wie vorher, mit TRA · 1776 · und H ·   · G

                                R¹   A'   Stgl

1336. *Av.* Wie vorher, auf der Schulter eine den Mantel haltende
Agraffe.

    Rv. Wie vorher, mit TRANS · 1778 · Unter den Fangen des
Adlers die Buchstaben H · S

                                R¹   A'   Stgl

1337. *Av.* Wie vorher, aber D : G (statt D · G ·)
       Rv. Wie vorher. mit 1780 · und ohne Münzmeisterbuchstaben.
                                                     R¹ -- A' · Stgl.

1338. *Av.* Wie vorher, aber D · G · und auf der Schulter ein einfacher
       Knopf statt der Rosette.
       Rv. Vom Stempel des vorigen.
                                                     R¹ — A'   Stgl.

       ⅛ *Ducat.*

1339. *Av.* Unter einem Fürstenhut das quergetheilte siebenbürgische
       Wappen im ausgeschnittenen Schilde. Ohne Umschrift.
       Rv. In drei Reihen : ⁵⁄₁₆ | 1778 · | II · S · |
       Sz. XVIII. 27. Wesz. XIX. 9.   R² — A' — Stgl.

       ¹/₁₆ *Ducat.*

1340. *Av.* Wie der vorige, von etwas veränderter Zeichnung.
       Rv. In drei Reihen: ¹⁄₁₆ | 1778 · | H · S · |
       Sz. XVIII. 28. Wesz. XIX. 10.   R² · A' — Stgl.

       Thaler.

1341. *Av.* (Unten links beg.) MAR : THERESIA ·   D : G : REG :
       HUNG : BO Jugendliches Brustbild der Kaiserin nach rechts mit
       Diadem und Perlenschnüren im reich gelockten Haar. Unter dem
       Gewand ein auf der Schulter mit einer Agraffe aufgenommener
       Hermelinmantel.   • ⸜⸝
       Rv. ARCH : A : D : BU : PR : TRAN : - N : D : LO : B : M : D :
       ETR : 1743 Unter einer Krone im vielfach geschnörkelten. oben
       mit Adlerköpfen, an den Seiten mit Blumengewinden verzierten
       Schilde das   quadrirte kaiserliche Wappen mit dem sieben-
       bürgischen Mittelschild. Randschrift ⊹ IUSTITIA (Arabeske) ET
       (Arabeske) CLEMENTIA (Arabeske).
       Sz. XIX. 29. Wesz. XIX. 1.   R¹ — Æ — s. sch.

1342. *Av.* (Unten links beg.) MAR · THERESIA — D : G · REG · HUNG ·
       BOH · Das Brustbild kleiner, ohne die Perlenschnüre in den
       Haaren : der Hermelinmantel ist geblümt.
       Rv. Wie vorher, aber überall einfache Punkte, das Wappen ohne
       die Blumengewinde an den Seiten und mit 1745   Randschrift
       wie vorher.
                                                     R¹ · Æ   s. g. e.

1343. *Av.* (Unten links beg.) M · THERESIA · D : G ·   R · IMP · GE ·
HU · BO · REG · Brustbild wie vorher.

Rv. ARC · AU · DUX · BU · MEDI ·   PR · TRAN · CO · TY · 1747
Der gekrönte Doppeladler, auf der Brust das gekrönte, vielfeldige
kaiserliche Wappen mit dem siebenbürgischen Mittelschild.
Randschrift wie vorher, statt der Arabesken sind Kreuze zwischen
Punkten (· + ·)

R¹ – .R   s. sch.

1344. *Av.* Vom Stempel des vorigen.

Rv. Wie voher, aber ohne Punkt nach MEDI und mit 1750
Randschrift wie vorher.

R¹ – .R   s. sch.

1345. *Av.* Wie vorher, aber mit D · G · (statt D : G ·) Brustbild nach
rechts, im römischen Harnisch, mit darüber geknüpftem, einfachen
Mantel (ohne Hermelin).

Rv. AR · AU · DUX · BU · ME · PR · – · TRAN · CO · TY · 1752 · ·
Doppeladler mit dem Wappen und Randschrift wie vorher.

R¹   .R   Sgl.

1346. *Av.* Wie vorher, aber mit D : G ·

Rv. Wie der vorige, mit 1755 · · und ohne Punkt nach ME

R¹   .R   war geh., sonst s. sch.

1347. *Av.* Vom Stempel des vorigen.

Rv. Wie vorher, aber 1757 · · und mit dem Punkt nach ME ·

R¹   .R   s. sch

1348. *Av.* Vom Stempel des vorigen.

Rv. Wie der vorige, mit 1759 · ·

R¹   .R   war geh., s. sch.

½ *Thaler.*

1349. (Unten links beg.) MAR : THERESIA   D : G : REG : HUNG : BO :
Brustbild nach rechts, mit Diadem und Perlenschnüren im Haar
und Hermelinmantel über dem Gewand, wie bei Nr. 1341.

Rv. ARCH : A : D : BU : PR : TRAN :   N : D : LO : B : M : D :
ETR : 1742 Wappen und Randschrift wie bei Nr. 1341.

R²   .R   s. sch

1350. *Av.* (Unten links beg.) M · THERESIA · D : G · R ·   IMP · GE ·
HU · BO · REG · Brustbild ähnlich wie bei Nr. 1342.

Rv. ARC · AU · DUX · BU · MEDI   PR · TRAN · CO · TY · 1748
Der gekrönte Doppeladler, auf der Brust das quadrirte, kaiserliche
Wappen mit dem siebenbürgischen Mittelschild.

R²   .R   Sgl

14

1351. *Av.* Wie der vorige, aber mit D · G · R ·

Rv. Wie vorher, aber mit Punkt nach MEDI · und 1749

R² Ⱥ s. g. e.

30 Kreuzerstücke.

1352. *Av.* (Unten links beg.) MARIA   THERESIA - · D : G · R · IM ·
GE · HU · BO · REG · In einem auf die Spitze gestellten
Quadrat das Brustbild der Kaiserin nach rechts, auf einer Leiste,
unter welcher die Werthzahl 30 steht.

Rv.) AR · AU · D · B · M · — PR · TRAN · — COM · TY · -- 1754 · ×
Der gekrönte Doppeladler mit dem siebenbürgischen Brustschild,
ebenfalls in einem auf die Spitze gestellten Quadrat.

R³ - · Ⱥ s. g. e.

1353. *Av.* (Unten links beg.) MARIA · — THERESIA · D : G · RO · I ·
GE · — HU · BO · REG · Wie vorher.

Rv. Genau wie der vorige, aber mit 1765 · × ·

R³ — Ⱥ -- gel., s. sch.

15 Kreuzerstück.

1354. *Av.* (Unten links beg.) M · THERESIA · D : G · — R · IM · GE ·
HU BO · REG · Jugendliches Brustbild der Kaiserin mit Diadem
nach rechts.

Rv. AR · AU · DUX · BU · MEDI · — PR · TRAN · CO · TY · 1750 ·
Der Doppeladler mit gekröntem Brustschild, worin das quadrirte
österreichische Wappen mit dem siebenbürgischen Mittelschild ;
darunter zwischen den getheilten Schwanzfedern des Adlers die
Werthzahl XV

Wesz. XXIV. 4.   R⁴ — Ⱥ -- s. sch.

Poltura.

1355. *Av.* (Unten links beg.) M · THERESIA · D : G · — RO · I · GE ·
HU · BO · RE Brustbild wie vorher.

Rv. Das gekrönte, quergetheilte siebenbürgische Wappen in einem
herzförmigen Schilde, darunter in zwei Reihen : POLTURA
1747

Sz. XIX. 40. Wesz. XIX. 21.   R² · Ⱥ -- s. sch.

17 Kreuzerstücke.

1356. *Av.* (Unten links beg.) M · THERESIA · D : G · R · IM · GE ·
HU · BO · REG · Jugendliches Brustbild der Kaiserin nach rechts.
Rv. AR · AU · DUX · BU · ME · P · TRAN · CO · TY · 1763 · Der
gekrönte Doppeladler mit dem gekrönten siebenbürgischen Wappen
auf der Brust; zwischen den getheilten Schwanzfedern die Werthzahl XVII
(cf. Sz. XIX. 36.) R¹ .R Stgl.

1357. *Av.* Wie vorher, aber mit HU · BO · RE ·
Rv. Wie vorher. ohne den Punkt nach P und von verschiedener
Zeichnung.
R¹ .R s. sch

1358. *Av.* Wie vorher.
Rv. AR · AU · DUX · BU · ME · P · TRAN · CO · TY · 1764 · ·
Wie vorher. Zwei variirende Exemplare.
R¹ .R s. g. e.

1359. *Av.* Wie vorher, ohne den Punkt am Schlusse der Umschrift.
Rv. Wie vorher, mit 1764 × Zwei variirende Exemplare.
R¹ — .R s. e. e

7 Kreuzerstücke.

1360. *Av.* (Unten links beg.) M · THERES · D : G · R · I · GE · HU ·
BO · RE · Brustbild der Kaiserin wie vorher.
Rv. AR · AU · DUX · BU · ME · P · TRAN · CO · TY · 1762 · Der
Doppeladler wie bei dem 17 Kreuzerstück, mit Werthzahl VII
R² .R s. sch.

1361. *Av.* Wie vorher, aber mit R · IM · (statt R · I ·)
Rv. Wie vorher, aber ME · P · TRAN · CO · TY · 1764 · Zwei
variirende Exemplare.
Wesz. XIX. 7. R¹ .R s. g. e

1362. *Av.* (Unten links beg.) M · THERES · D : G · R · IM · GE · HU
BO · RE Sonst wie vorher.
R¹ .R s. g. s

1363. *Av.* Wie bei Nr. 1361. aber THERESIA und von verschiedener
Zeichnung.
Rv. AR · AU · DUX · BU · ME · P · TRAN · CO · TY · 1765 · ·
Sonst wie vorher.
R¹ .R Stgl.
14*

3 Kreuzerstücke.

1364. *Av.* (Unten links beg.) M · THERESIA · D : G ·   RO · I · GE ·
HU · BO · RE ·   Jugendliches Brustbild nach rechts.

Rv. AR · AU · DUX · BU · ME · P · — TRAN · CO · TY · 1762 · Der
Doppeladler mit dem siebenbürgischen Wappen auf der Brust,
unten die Werthzahl 3

R³ — AR — g. e.

1365. *Av.* Wie vorher, bedeutend grösserer Stempel.   Mit R · I · (statt
RO · I ·) und REG · (statt RE ·)

Rv. AR · AU · DUX · BO · (sic!) ME · P — TRAN · CO · TY · 1765 · ×
Wie vorher.

(Wesz. XIX, 18, mit BU ·)   R² — AR — s. sch.

Kreuzer.   •

<u>1366.</u> *Rv.* (Unten links beg.) M · THERES · D : G · R ·   I · GE · HU ·
BO · REG ·   Brustbild der Kaiserin wie vorher nach rechts.

Rv. AR · AU · D · BU · M · P — TRAN · C · T · 1762 ·   Der Doppeladler wie vorher, mit der Werthzahl 1

R¹ — AR — Stgl.

Carlsburger Greschl-Probe in Silber.

1367. *Av.* (Ohne Schrift). Unter einer Fürstenkrone das siebenbürgische
Wappen in einem geschnörkelten, an den Seiten mit Lorbeer-
und Palmzweig besteckten Schilde.

Rv. In einer mit Guirlanden verzierten Cartouche in drei Reihen:
EIN | GRESCHL | 1764 |

R⁶ — AR 4,₁ Grm. — Stgl.

Kupfer-Greschl.

1368. *Av.* Das gekrönte Wappen wie bei der vorigen Probemünze.

Rv. In einer Cartouche wie vorher EIN | GRESCHL. | 1763. |
(Punkt nach der Jahrzahl).

(Sz. XIX. 41.)   R¹ — Æ · · s. g. e.

<u>1369.</u> Wie der vorige, mit 1764 · (Punkt nach der Jahrzahl.)   Fünf
wenig variirende Exemplare.

R¹ — · Æ — s. g. e.

1370. Wie vorher, mit 1764 (ohne Punkt nach der Jahrzahl). Zwei variirende Exemplare.

R¹ .E s. z c.

1371. Wie vorher, mit 1765 · (mit Punkt nach der Jahrzahl). Sechs variirende Exemplare.

Wesz. XIX. 23. R¹ .E s. g. e.

1372. Wie vorher, mit 1765 (ohne Punkt nach der Jahrzahl).

R¹ .E s. g. e.

20 Kreuzerstücke (Conventions-Münze).

1373. *Av.* (Unten links beg.) M · THERESIA · D : G · R · IMP · GE HU · BO · REG · Jugendliches Brustbild der Kaiserin nach rechts in einem Kranze, welcher von zwei übereinandergelegten Palmen- und Lorbeerzweigen gebildet ist.

Rv. (Unten links beg.) AR · AU · DUX · BU · ME · P · - TRAN · CO · TY · 1765 · × Ueber einem mit Lorbeer- und Palmzweig besteckten Postamente der gekrönte Doppeladler mit dem siebenbürgischen Brustschild. An dem Postamente die Werthzahl 20.

R² .R g. e.

1374. Wie der vorige, aber im *Rv.* ME · PR · und 1765 · ·

R² .R g. e.

1375. Wie vorher, aber ME · PR — TRAN : CO · TYR · 1765 ×

R² .R g. e.

1376. *Av.* M · THERESIA · D · G · R · IMP · HU · BO · REG · Brustbild im Wittwenschleier nach rechts, in einem Kranze wie vorher.

Rv. ARCHID · AUST · DUX · BURG · CO · TYR · 1767 · · Der gekrönte Doppeladler mit dem Landeswappen auf der Brust: unten die Werthzahl 20 in einem mit Lorbeer- und Palmzweig besteckten Medaillon. Unter den Fängen des Adlers die Münzbuchstaben H · - G .

R¹ .R g. e.

1377. Wie der vorige, mit 1768 · ×

R¹ .R - s. g. e.

1378. *Av.* Wie der vorige.

Rv. AR · AU · DUX · BU · M · P · - TRAN · CO · TYR · 1769 · × Sonst wie vorher.

R¹ .R leidl. erh.

1379. Wie der vorige, mit 1771 · ×

R¹   Æ   g. e.

1380. Wie der vorige, mit 1772 · ×

R¹   Æ   gel., s. g. e.

1381. *Av.* M · THERESIA · D : G · R ·   IMP · HUN · BOH · REG · Brustbild wie vorher.

Rv. Wie vorher, mit 1773 × Die Münzbuchstaben H · — G · sind
grösser als seither und stehen tiefer, unter den Schwanzfedern
des Adlers.

R¹ — .Æ   s. sch.

1382. Wie der vorige, aber mit 1776 × und beide Seiten von etwas
veränderter Zeichnung. H ·   G · wieder zu beiden Seiten der
Schwanzfedern.

R¹ — Æ — s. g. e.

1383. Wie vorher, mit 1777 · ×   Zwei in der Zeichnung des *Av.*
variirende Exemplare.

R¹ — Æ — s. g. e.

1384. *Av.* Wie der vorige.

Rv. Wie vorher, aber mit 1778 · × und den Münzbuchstaben
H · — S · (anstatt H · — G ·)

R¹ — Æ — s. sch.

10 Kreuzerstücke (Conventions-Münze).

1385. *Av.* (Unten links beg.) M · THERESIA · D : G · R ·   IMP · GE ·
HU BO · REG · Brustbild der Kaiserin wie bei Nr. 1373.

Rv. (Unten links beg.) AR · AU · DUX · BU · ME · PR — TRAN ·
CO · TYR · 1765 × Wie bei Nr. 1373, an dem Postament die
Werthzahl 10

Wesz. XIX. 16.   R¹ — Æ — s. sch.

1386. *Av.* Wie der vorige, doch von verschiedener Zeichnung.

Rv. Wie vorher, mit Punkt nach PR · und von verschiedener
Zeichnung.

R¹ — Æ — s. g. e.

1387. Wie der vorige, doch mit ME · P · — TRAN · CO · TY · 1765 · ×
im *Rv.*

R¹ — Æ — leidl. erh.

1388. *Av.* M · THERESIA · D : G · R · — IMP · HUN · BOH · REG · Brustbild im Wittwenschleier, wie bei Nr. 1376.

Rv. (Oben rechts beg.) AR · AU · DUX · BU · M · P · TRAN ·
CO · TYR · 1776 · Ganz wie bei Nr. 1376, mit den Münzbuchstaben H · G ·, aber Werthzahl 10.

R¹ .R e. c

1389. *Av.* Wie der vorige, verschieden gezeichnet.

Rv. Wie vorher, mit 1780 · und den Münzbuchstaben H · S ·
(statt H · G ·)

R¹ .R s. g. c

3 Kreuzerstück.

1390. *Av.* M · THERES · D · G · R · I · HU · BO · REG · Brustbild im
Wittwenschleier nach rechts, unten E (seit 1760 Zeichen der
Münzstätte von Carlsburg).

Rv. AR · AU · D · BU · M · P · TRANS : 1777 · · Der gekrönte
Doppeladler, auf der Brust die Werthzahl 3 in ovalem Schildchen,
unter den Fängen H · G ·

R² .R s. g. c

Huldigungs-Medaillen 1741.

1391. *Av.* REGNANTI MARIÆ THERESIÆ VT PRINCIPI SVE VOTIS SE
IVRATI OBSTRINXERE DACI Das Wappen auf gekröntem Fürsten-
Mantel. In dem muschelartigen Fuss des Schildes : INV · E · B · IO ·
LAZ · DE GYAL · T · R · I · AS (Liber Baro Joh. Lazarus de Gyalakutha
Tabulae Regiae Judiciariae Assessor).

Rv. COELO NUMEN HABES · TERRAS REGINA TUETUR · SIC
COELO ET TERRIS HUNGARE TUTUS ERIS Eine reiche
von korinthischen Säulen getragene Ehrenpforte, auf welcher ein
Altar mit dem strahlenden ungarischen Kreuze steht. An den
Seiten des Altars links die Muttergottes mit dem Kinde, rechts
die knieende Kaiserin, oben das Gottesauge hinter Wolken. An
dem Gesimse der Ehrenpforte liest man : SUB CRUCE IAM GE-
MINA GEMINA EST PATRONA MARIA und am Fusse auf
einem Bande : NEC SÆVOS METUENT ARMENTA LEONES
und darunter den Namen des Medailleurs : Walliss. F.

Sz. XVI. 1. Wesz. XVII. 1. R¹ .R 141. Grm. Stgl.

1392. Genau wie die vorige, aber kleiner. Nur der Name des Medailleurs im *Rv.* ist weggelassen.

Sz. XVI. 2. R¹ .R 19 Grm. Stgl.

Medaille 1743. Wiederherstellung des Bisthums Carlsburg.

1393. *Av.* (Ueberschrift) DIUÆ — PALLADI · Die Kirche auf Wolken, in der Rechten den Kelch haltend, die Linke auf ein Schild mit dem Wappen des Bischofs Franz von Klobussitzky gestützt; zur Rechten der Kirche ein kleiner, nackter Engel, welcher Mütze und Krummstab emporhält.

Rv. REGINÆ – PROUIDENTIA Ansicht der Bergfestung Carlsburg, links vorne ein Obelisk, auf dessen Spitze ein Kreuz. Um den Obelisk windet sich ein Band mit: S · P · Q · | CAROL Im Abschnitt MDCCXXXXIII

Sz. XVI. 3.   R³ — AR 17,5 Grm. — vorzügl. erh.

Medaillen auf die Münz-Verbesserung, 1747.

1394. *Av.* (Unten links beg.) MARIA THERESIA ROM · IMP · HUNG · BOH · REX · PRINC · TRANSILV · Brustbild der Kaiserin nach rechts, mit Diadem und über die Schulter geknüpftem Hermelinmantel. Unten klein M · DONNER F ·

Rv. (Ueberschrift) LEGES METALLURG : RESTITUTÆ · Transylvania mit der Linken auf das siebenbürgische Wappen gestützt, überreicht der thronenden Kaiserin knieend ein aufgeschlagenes Buch, darin: LE | GES | ME | TAL · = RE | STI | TU | TÆ Im Abschnitt MDCCXLVII · und ganz klein G · TODA F ·

Sz. XVI. 4. Wesz. XVII. 2.   R² — AR 140 Grm. — Stgl.

1395. Dieselbe Medaille in Bronze.

                       R¹ — Æ — Stgl.

1396. Wie die vorige, aber kleiner. Im *Av.* mit TRANS · (statt TRANSILV) und M DONNER (statt M · DONNER F ·).

Im *Rv.* mit T · F · (statt G · TODA F ·)

Sz. XVI. 5.   R² — AR 26 Grm. — Stgl.

1397. *Av.* (Unten links beg.) M · THERESIA · ROM · IMP · HUNG · BOH · REX · PR · TRANS · Ihr Brustbild nach rechts; unten D (Donner).

Rv. In sechs Reihen: LEGES | METALLURGICÆ | IN | TRANSILVANIA | RESTITUTÆ | MDCCXLVII |

Sz. XVI. 6. Wesz. XVII. 3.   R² — AR 6,6 Grm. — Stgl.

1398. Dieselbe Medaille in Platin geprägt.

                     R⁶ — Platin 11,6 Grm. — Stgl.

Medaille 1762, Errichtung der Militärgränze.

1399. *Av.* (Ueberschrift) IMP·FRANCISCUS AUG·M·THERESIA AVG·
Die sich deckenden Brustbilder des kaiserlichen Paares. Unten
klein : P·KEISERSWERTH F·
Rv. In einer mit Burgen besetzten Landschaft ruht die schlummernde
Transylvania unter einem Baume, beschützt vom Adler, welcher
mit ausgebreiteten Flügeln in den Zweigen über ihr wacht. Im
Abschnitt: SECVRITAS DACIAE | MDCCLXII· und auf der die
Darstellung von der Schrift trennenden Leiste : I·D·F· (Ignaz
Donner fecit).
Sz. XVII. 7. Wesz. XVII. 1.   R¹ — Æ 70 Grm.   Stgl

1400. Dieselbe Medaille in Bronze.
                                       R¹   Æ vorzugl. erh

Medaille 1762. Wiederherstellung der Hofämter.

1401. *Av.* (Ueberschrift) M·THERESIA PIA FELIX AVG· Brustbild
der Kaiserin nach rechts. Unten F·WÜRT F·
Rv. Die Kaiserin auf dem Throne beleiht die neuernannten sieben
Hofbeamten mit den Zeichen ihrer Würde. Im Abschnitt MVNERA
RESTITVTA·MDCCLXII und an der Leiste F·WÜRT F·
Sz. XVII. 8. Wesz. XVIII. 1.   R² — Æ 87,5 Grm.   Stgl

1402. Dieselbe Medaille in Bronze.
                                       R¹   Æ – Stgl
1403. Dieselbe Medaille in Zinn geprägt.
                                       R¹ — Zinn   Stgl

Medaille 1765. Erhebung Siebenbürgens zum Gross-Fürstenthum.

1404. *Av.* (Ueberschrift) IMP·IOSEPHVS II·AVG·M·THERESIA
AVG. Die beiden Brustbilder sich deckend, unten klein F·WÜRTH·F
Rv. Fama hängt den siebenbürgischen Schild an einem Palm-
baum unter dessen Krone auf. Im Abschnitt MAGNVS TRANSYL-
VANIAE | PRINCIPATVS   MDCCLXV·| und an der Leiste
F·WÜRTH F
Sz. XVII. 9. Wesz. XVIII. 1.   R¹   Æ 70 Grm.   Stgl.

1405. Dieselbe Medaille in Bronze.
                                       R¹   Æ   vorzugl. erh.
1406. Dieselbe Medaille in Zinn geprägt.
                                       R¹ Zinn   vorzugl. erh

Medaille 1765. Steuer-Reform.

1407. *Av.* (Ueberschrift) M · THERESIA PIA FELIX AVG · Ihr Brustbild im Wittwenschleier nach rechts.   Unten klein: F · WÜRTH F ·
Rv. Allegorie: Aequitas, die Abgaben des Landes wägend. Links
das siebenbürgische Schild. Im Abschnitte: AEQVITAS TRIBV-
TORVM | MDCCLXV · und auf der Leiste klein P K · (P. Kaisers-
werth in Wien).
Sz. XVII. 10. Wesz. XVIII. 2   R¹   Æ 70 Grm. · Stgl.

1408. Dieselbe Medaille in Bronze.
                                           R¹ ·· Æ ·· vorzügl. erh.
1409. Dieselbe Medaille in Zinn geprägt.
                                           R¹ — Zinn — vorzügl. erh.

Medaille 1765. Reform der Civil-Gesetze.

1410. *Av.* Lorbeer- und Palmzweig zu einem Kranze zusammengesteckt,
worin in vier Reihen: MARIA | THERESIA | PIA | AVGVSTA |
Rv. Auf einem von Scepter und Waage, Schwert und den Fasces
gebildeten und mit Oelzweigen besteckten Untergrunde liegt das
bürgerliche Gesetzbuch, darauf ein ovales Medaillon mit dem
Brustbilde der Kaiserin und ihrem Wahlspruche IVSTITIA ET
CLEMENTIA, weiter unten das Landeswappen, und daneben ein
kleines W · (Würth) Unten herum: CVRA FORI MDCCLXV ·
Sz. XVIII. 11. Wesz. XVIII. 3.   R¹   Æ — vorzügl. erh.

*Medaille 1769. Verbesserung des Landbaues, der Bergwerke
und des Handels.*

1411. *Av.* Vom Stempel der Nr. 1404.
Rv. (Ueberschrift) DACIA FELIX Merkur schwebt über einer
Landschaft, in welcher die Embleme des Berg- und Ackerbaues
und des Handels ausgebreitet sind. Im Abschnitte: AGRIS ·
FODINIS · | COMMERCIO · | MDCCLXIX · ¡ und auf der Leiste
links : F · WÜRTH F ·
Sz. XVIII. 12. Wesz. XVIII. 5.   R¹ ·· Æ 70 Grm. --- Stgl.

1412. Dieselbe Medaille in Bronze.
                                           R¹ — Æ — vorzügl. erh.

*Medaillen auf die Grundsteinlegung beim Bau des Waisenhauses
zu Hermannstadt, 1770.*

1413. *Av.* M · THERESIA · D · G · R · IMP · HU · BOH · REG · Brustbild im Wittwenschleier nach rechts.

Rv. Unter einem Blumenzierrath in elf Reihen: FUNDANTE
AUGUSTA MARIA | THERESIA ROMAN · IMP · ET REG
HUNG · BOH · M · P · TRAN · & · & · POSITUS LAPIS FUN
DAMENTI PRO ERIGEN DO TEMPLO ORPHA' NOTRO
THERESIANI · CIBINII · XVI · IUN · MDCCLXX · Mit Laub-
rand und in der Grösse eines 20 Kreuzerstückes.

R³ — R 6,₇ Grm. - Stgl

1414. *Av.* M · THERESIA · D · G · R · IMP · HU · BO · REG · In einem
von Palm- und Lorbeerzweig gebildeten Kranze das Brustbild
der Kaiserin im Wittwenschleier nach rechts.

Rv. Vom Stempel der vorigen Nr. - Ebenfalls mit Laubrand; zum
Av. hat der Stempel des 20 Kreuzerstückes Nr. 1376 gedient.

(cf. Wesz. XVII. 5, in Grösse eines 10 Kreuzerstücks.)

R³ R 6,₇ Grm. — vorzugl. erh.

Nachträge, Berichtigungen und Druckfehler.

Seite 2 Die Nr. 15 ist zu streichen, da mit Nr. 14 identisch.
» » » » 21 hat HVNGARIE * (statt HVNGARIE).
» 3 Nach Nr. 22 ist einzuschalten:
22 bis. Wie der vorige, aber mit D · G (statt D * G)
R^2 — A/ — s. sch.
» 6 Nach Nr. 38 ist einzuschalten:
38 bis. Av. IOHAN ⊛ SGISM (sic) — ⊛ R ⊛ VNG ⊛ S · F · V · ⊛
Rv. Vom Stempel des vorigen.
R^a — A/ g. e.
» 7 Nach Nr. 41 ist einzuschalten:
41 bis. Av. Vom Stempel des vorigen.
Rv. Wie vorher, aber mit VNGA 1558 *
R^3 — A/ — s. g. e.
» 9 Die Nr. 58 hat 156z * (statt 156z)
» » » » 62 » ⊛ VNGARIE (statt VNGARIE)
» » » » 63 » ⊛ PATRONA (statt PATRONA)
» 10 Nach Nr. 69 ist einzuschalten:
69 bis. Wie Nr. 65, mit 1567 ⊛
R^2 — A/ — Stgl.
» » Bei Nr. 72 ist nur der Av. wie bei Nr. 65, der Rv. aber wie bei Nr. 70.
» 12 Die » 101 hat 1 o 5 — 6 o 5 (statt 1 5 — 6 o 5)
» 14 » » 110 hat ⊛ PATRONA ⊛ — ⊛ VNGARIE ⊛ (statt ⊛ PATRONA ⊛
VNGARIE ⊛)
» 19 Bei » 144 ist im Rv. statt des Zeichens ⚭ das Zeichen λ zu setzen.
» 25 Die » 185 hat B · D · S · (statt B · D · S)
» » » » 192 » vor SIGI keinen Punkt.

Seite 29 Nach Nr. 226 ist einzuschalten:

226 bis. *Av.* Wie der vorige: die Zeichnung wenig geändert.
Rv. Vom Stempel der Nr. 222.
R¹ — .R -- s. sch.

» » Bei Nr. 229 ist ·: (statt .:.) zu setzen. Die Zeichnung des Brustbildes
wie bei Nr. 226.

» 31 » » 244 ist zu lesen: TRANSSILVANIÆ(stattTRANSSYLVANIÆ).

» 35 » » 265 » » » »wie bei Nr. 261« (statt wie bei Nr. 254).

» » » » 266 » » » »wie bei Nr. 254« (statt wie bei Nr. 204).

» 39 » » 287 » » » »Das Wappen« (statt Der Wappen).

» 41 » » 297 » » » TRANSYLVANIE (statt TRANSILVANIE).

» 46 » » 322 » » » *Rv.* (statt *Av.*).

» 47 » » 324 » » » VANIAE (statt VANIE). Die Buchstaben V
und M im Worte MALVM sind verbunden.

» 66 » » 437 ist die zweite Zeile zu streichen.

» » Nach Nr. 440 ist einzuschalten:

440 bis. Wie der vorige, aber mit D · G (statt D : G)
R² — A' - s. g. e.

» 67 Bei Nr. 449 ist zu lesen: SICVL · (statt SICVL :)

» 69 Die » 459 hat auch nach PARTIVM nur einen Punkt.

» 72 » » 478 » vor GABRIE einen Punkt.

» 74 Bei » 493 ist nach der Jahrzahl einzuschalten : GROS · ARG |

» 85 » » 579 *Av.* finden sich schwache Punkte, so dass GABRIEL · D · G
PR — IN · TRAN zu berichtigen ist.

» 88 Die » 605 hat GAB · D : G · (nicht D · G · wie bei Nr. 598).

» » » » 606 » dagegen wieder D · G · und im *Rv.* SIC · (statt SIC)

» 89 » » 610 » HVN — DA (nicht HVN · — DA wie bei Nr. 609).

» 102 Nach Nr. 695 ist einzuschalten:

695 bis. Wie der vorige, aber D · G (statt D : G ·) und wenig
veränderte Zeichnung im *Av.* und *Rv.*
R² - A' s. g. e

» 106 Die Nr. 715 hat im *Rv.* SIC · O : OP · (statt wie vorher SIC · CO · OP ·)

» 110 » » 745 » » *Rv.* · ● PAR · R (statt wie vorher · ● PAR · RE ·)

» » Bei » 746 muss es alsdann heissen »*Rv.* Wie bei Nr. 744«. etc

» 118 Die » 819 hat im *Rv.* SIC · CO · (statt SI · CO ·)

» 119 » » 825 » » *Av.* TRANS · (statt TRAN ·)

» » » » 827 » » *Rv.* SI · CO : (statt SIC · CO ·)

» » » » 832 » » *Av.* TR · PR · HV · (statt TR · PR · PR · HV)

» » » » 833 » » *Av.* wieder TR · PR · PR · HV ·

» 120 » » 835 » » *Av.* OP · RA · D : ● (statt OP · RA · D · ●)

» 130 » » 889 » » *Av.* G · RAK · (statt G · RAKO ·)

» » » » 890 » » *Rv.* als Münzbuchstaben CV (nicht C - V)

Seite 130   Nach Nr. 890 ist einzuschalten:

     890 bis. *Av.* GEOR R D :   G P T P R H D Wappen und Werthzahl wie vorher.

             Rv. Wie vorher, aber mit · z · 4 · (statt z · 4 ·) und C · V (statt CV)

                                    R^7 — AR   - s. g. e.

» 134   Nach Nr. 903 ist einzuschalten:

     903 bis. *Av.* Vom Stempel des vorigen.

             Rv. Wie der vorige, ohne den Punkt vor ET · und SI · (statt SIC ·)

                                    R^2 — AR — gel., s. g. e.

» »   Bei Nr. 904 ist in Folge dessen zu ändern: »*Rv.* Wie bei Nr. 903, aber« etc.

» 138   » »   929 *Rv.* sind die Burgen 1, 1, 1, 3, 1 gestellt.

» »   » »   931 *Rv.* » » »   2, 3, 2 gestellt.

» »   Die »   934 hat im *Av.* G : (statt G ·)

» 140   Bei »   945 ist der *Rv.* wie bei Nr. 943, aber mit DO : und N B

» »   » »   946 steht im *Rv.* DOM · (statt DO :)

» 142   » »   963 *Rv.* sind die Burgen 1, 1, 3, 2 gestellt.

» 143   » »   970 *Rv.* ist die Jahrzahl wieder richtig 1656.

Nachdem die ersten Bogen bereits gedruckt waren, stellte sich die Nothwendigkeit heraus, die ursprünglich beabsichtigten 4 Tafeln Abbildungen auf 6 Tafeln auszudehnen und entsprechend umzuordnen. Es macht diess folgende Berichtigung der Hinweise nothwendig:

Die Nr. 358, 370, 373, 404 und 445 befinden sich auf Tafel II (statt I)

» »   451, 490, 511, 539, 575, 580, 582 und 612 »   »   III (statt II)

» »   563 . . .   . »   »   IV (statt II)

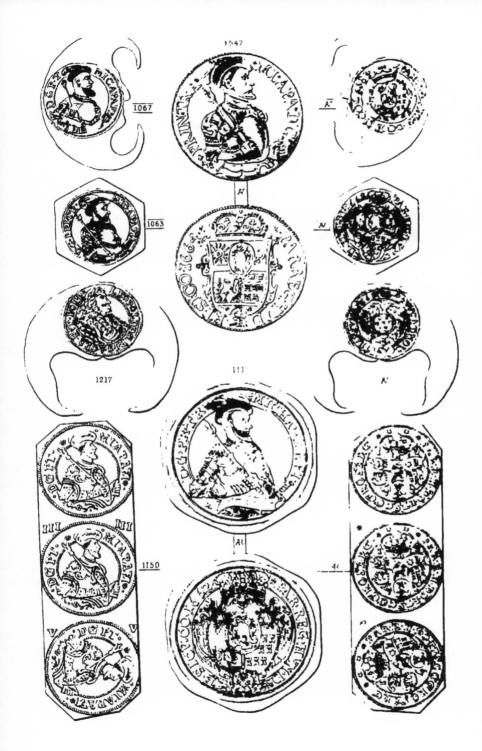

VERZEICHNISS

der

bei Versteigerung der siebenbürgischen Abtheilung

des

Fürstlich Montenuovo'schen Münz-Cabinets

erzielten Preise.

(Auction bei **Adolph Hess** in Frankfurt a. M.,

Bockenheimer Landstrasse 53,

vom 22. bis 26. September 1880.)

Preis 1 Mark.

Die mit * bezeichneten Nummern, sowie eine Anzahl Doubletten können den Herren Sammlern mit
mässigem Aufschlag noch zur Verfügung gestellt werden.

Nr.	M.	Nr.	M.	Nr.	M.	Nr.	M.	Nr.	M.
1	17	36*	52	72	23	107	11	112	22
2	15	37	49	73	28	108	28	113	22
3*	13	38*	42	74*	21	109*	24	114	75
4*	12	38 bis	19	75	13	110*	23	145	80
5	11	39*	35	76	20	111	21	116*	55
6*	18	40	48	77	24	112	33	147	22
7	15	41	39	78	15	113*	21	148*	17
8*	12	41 bis	35	79*	20	114*	35	149	22
9*	17	42*	35	80	27	115	29	150*	26
10	15	43	3	81*	85	116*	30	151	60
11	17	44 à 48	11	82*	17	117	29	152	170
12*	16	49	4	83	19	118	27	153	240
13	12	50*	25	84	17	119	33	154	130
14	11	51	68	85	16	120	20	155	305
16*	13	52	56	86*	15	121*	22	156*	270
17*	15	53*	190	87	76	122	54	157	18
18	15	54*	24	88	18	123	54	158 à 160*	10
19*	12	55	28	89	17	124*	52	161	17
20	12	56	28	90*	10	125	95	162 à 163*	25
21	12	57	29	91	9	126	105	164	17
22	12	58*	32	92	12	127*	62	165	18
22 bis	11	59*	21	93	10	128	66	166 à 167*	25
23	11	60	24	94*	10	129	95	168	15
24	13	61	30	95	12	130*	87	169*	16
25	11	62	26	96	9	131*	85	170	12
26*	16	63*	21	97	8	132*	90	171*	14
27*	70	64	17	98*	11	133	14	172	14
28	98	65	29	99	9	134	100	173à 175*	40
29	105	66*	20	100	9	135	155	176 à 177*	25
30	79	67	17	101*	13	136	85	178	17
31*	120	68*	17	102*	12	137	315	179 à 180*	41
32	29	69	20	103	20	138	225	181	12
33	32 bis	20	104	21	139	58	182	17
34	30	70	24	105	50	140*	16	183	15
35	60	71*	21	106	15	141	20	184*	15

Nr.	M.	Nr.	M.	Nr.	M.	Nr.	M.	Nr.	M.
185 à 187*	35	271 à 272*	15	345*	13	427	20	505 à 506	3
188	14	273*	9	346*	13	428 à 430*	45	507	2
189*	15	274*	10	347	15	431 à 432*	27	508 à 510	12
190 à 192	36	275 à 277*	23	348	20	433 à 434*	39	511	16
193	13	278 à 279*	14	349	15	435	130	512	10
194	55	280	8	350	30	436*	20	513	32
195	24	281	9	351	26	437*	23	514	31
196	16	282 à 284*	20	352*	26	438	24	515*	33
197	16	285	9	353*	20	439	17	516*	32
198	15	286 à 288*	20	354	24	440	18	517	43
199 à 203	48	289	10	355 à 356	22	440 bis à 442*	45	518*	39
203*	22	290*	7	357	65	443	95	519	75
204	16	291	10	358*	430	444	125	520	46
205*	12	292*	9	359	61	445	75	521	33
206	16	293*	7	360	90	446	75	522	18
207*	12	294	10	361	60	447	55	523	18
208*	15	295 à 296*	15	362	88	448	70	524	18
209 à 210*	24	297	50	363	84	449	65	525*	17
211*	13	298	190	364	21	450	70	526*	20
212	13	299	30	365*	20	451	215	527	19
213	14	300*	29	366	21	452*	45	528	18
214	15	301*	25	367*	20	453*	49	529	18
215	11	302	30	368	20	454*	45	530	18
216	175	303	30	369*	22	455*	53	531*	17
217*	10	304	27	370	440	456	52	532	18
218*	11	305	28	371	150	457	49	533	33
219*	7	306*	22	372	160	458*	42	534	30
220	9	307	150	373	315	459*	49	535*	29
221*	8	308*	105	374	380	460	50	536*	29
222*	8	309*	10	375	210	461*	48	537	115
223 à 224	16	310 à 312	20	376	57	462*	43	538	95
225 à 227*	30	313	8	377	6	463*	220	539	210
228 à 229	16	314	40	378 à 380*	4	464	80	540	95
230*	8	315	17	381	6	465 à 468 466	8	541	230
231	8	316	25	382	3	469*	1	542*	140
232 à 235*	30	317	35	383 à 387	5	470	1	543	250
236	8	318	36	388 à 390	2	471	1	544	165
237*	8	319*	18	391 à 392	5	472 à 473*	2	545	9
238	8	320*	31	393*	1	474*	2	546	7
239 à 240*	15	321	15	394	1	475	2	547	9
241	9	322	65	395*	1	476*	3	548	5
242 à 243*	16	323	270	396 à 400 3	8	477	2	549	8
244	8	324	105	401 à 403	4	478	10	550	6
245	40	325*	85	404	35	479 à 482	5	551	6
246 à 247*	15	326	30	405	5	483 à 484	5	552	6.
248*	11	327	33	406*	3	485	9	553	6
249*	7	328	39	407*	2	486	3	554	9
250	13	329	50	407 bis à 408	6	487	3	555	9
251	8	330	830	408 bis*	2	488*	4	556	6
252	9	331	290	408 ter	3	489*	6	557	13
253	8	332	160	409*	3	490	45	558	1150
254 à 256	20	333	180	410 à 411	10	491	41	558 bis	990
257	9	334	95	412*	6	492*	2	559	270
258	28	335*	125	413	7	493	2	560*	45
259 à 260*	14	336	90	414	5	494*	2	561	54
261	8	337	97	415	7	495	3	562	12
262	8	338*	325	416	260	496	8	563*	39
263	10	339*	6	417	150	497	12	564	185
264	8	340*	15	420	45	498*	5	565	58
265 à 267*	20	341	245	421	41	499	4	566	70
268	8	342*	165	422*	17	500	8	567	20
269	8	343	15	423 à 425*	42	501 à 503	12	568*	18
270	8	344*	17	426	19	504	4	569	20

Nr.	ℳ	Nr.	ℳ	Nr.	ℳ	Nr.	ℳ	Nr.	ℳ
570	20	674	2	755*	47	866	70	957 à 958	18
571*	19	675	1	756	18	867	30	959 à 962	
572	19	676	2	757	25	868	30	963	
573	17	677	3	758*	18	869	50	964 à 967*	
574	17	678*	2	759	23	870	89	96.*	8
575	95	679 à 680	5	760	30	871	60	969 à 974	13
576*	23	681	9	761*	23	872	70	975	
577*	25	682	135	762	23	873	73	976	
578*	29	683	145	763	100	874	74	977*	7
579	34	684	13	764	11	875	70	978 à 980	24
580*	72	685	44	765*	9	876	80	981 à 985	
581	105	686	13	766	10	877*	75	986 à 988	21
581 bis	110	687	15	767 à 770*	34	878*	65	989 à 991*	
582	39	688*	13	771	105	879	62	99.*	
583*	5	689	13	772	1	880	57	993*	
584*	4	690 à 693*	48	773	1	881*	63	994*	
585	3	694 à 696	44	774 à 775	2	882	50	995	20
586	4	697 à 698*	22	776*	1	883	55	996	
587	10	699	13	777 à 783	9	884	150	997*	470
588	3	700 à 701*	21	784	11	885	145	998	160
589	8	702*	12	785	8	886	195	999	52
590	225	703 à 706	44	786*	8	887	205	1000	110
591	150	707	65	787	9	888	10	1001	105
592*	145	708	25	788*	4	889	16	1002*	91
593*	14	709*	12	789	6	890	16	1003	50
594	11	710*	9	790 à 794	6	890 bis	15	1004	44
595	70	711*	8	795 à 800	6	891	21	1005	
596	130	712*	9	801 à 803	3	892	22	1006	
597	13	713	10	804	12	893	155	1007*	150
598 à 599	21	714 à 715*	12	805 à 80.		894	135	1008	
600*	17	716	10	810*		895*	130	1009	
601 à 606	64	717*	7	811*	2	896	160	1010	65
607 à 608*	21	718	11	812 à 818	5	897	13	1011	110
609	14	719	7	819 à 821	3	898 à 900*	35	1012	
610 / 611*	21	720	7	825 à 830	3	901 à 906	78	1013	
612	45	721	11	831*	2	907	25	1014	
613 à 615*	35	722	10	832 à 835	2	908	55	1015	71
616	80	723	7	836*	2	909	10	1016	
617	70	724*	16	837 à 838	1	910	155	1017	55
618	26	725*	15	839 à 841	5	911	10	1018	
619 à 623	26	726	6	842*	2	912	8	1019	
624 à 628	26	727*	7	843 à 843 bis	4	913*	8	1020	
629 à 631	15	728 à 730*	20	844*	3	914	5	1021	
632	7	731*	9	845 à 846*	3	915	10	1022	
633 à 637	25	732*	10	847*	2	916*	8	1023*	
638 à 642	26	733	72	848	8	917 à 919*	23	1024	59
643	19	734	190	849	275	920*	8	1025	70
		735*	56	850	330	921 à 923	22	1026	
		736	31	851	175	925*	8	1027	
		737	27	852	190	926 à 928*	21	1028	
		738*	28	853	270	929	9	1029	160
650 à 6..		739*	90	854	200	930 à 931	36	1030	125
653 à 658	410	740	8	855	40	935*		1031	
659 à 660	13	741	8	856	56	936 à 939	25		
661	11	742	10	857*	29	940*	8	1033	150
662 à 663*	16	743*	7	858*	27	941	8	1034	
664 à 666*	20	744 à 746*	21	859	29	942 à 947	12	1035	97
667	9	747 à 748	15	860	30	948*	9	1036*	
668	8	749	8	861	36	949 à 950	18	1037*	
669	65	750*	18	862	52	951 à 953*	21	1038*	
670	2	751 à 752	170	863*	16	954*	9	1039	
671 à 672	2	753	90	864*	11	955 à 956*	15	104.*	
673	1	754	105	865*	16			1041*	

Nr.	M.	Nr.	M.	Nr.	M.	Nr.	M.	Nr.	M.
1042	145	1108	38	1184*	6	1262	39	1332	4
1043	150	1109	40	1185 à 1188	13	1263	42	1333 à 1338*	20
1045*	3500	1110*	25	1189	7	1264	390	1339	
1046	250	1111*	140	1190	7	1265	48	1340*	
1047	205	1112	98	1191 à 1194	7	1266	50	1341	
1048	200	1113*	11	1195	10	1267	55	1342	
1049	195	1114	21	1196	42	1268*	15	1343	32
1050*	100	1115	19	1197	140	1269*	5	1349	5
1051	145	1116	20	1198	95	1270*	3	1350	5
1052	150	1117*	16	1199	200	1271	61	1351	4
1053	100	1118	18	1200	22	1273 à 1275	42	1352	4
1054*	135	1119*	35	1201*	135	1276	15	1353*	3
1055	140	1120*	38	1202	140	1277*	12	1354	5
1056*	140	1121	30	1203	115	1278*	4	1355 à 1357*	3
1057*	130	1122	25	1204*	70	1279	5	1358	3
1058	200	1123	22	1205	45	1280	5	1359	3
1059	130	1124	55	1206	15	1281	15	1360 à 1361	5
1060*	80	1125	18	1207*	13	1282*	21	1362 à 1363	3
1061	135	1126	20	1208*	12	1283	9	1364 à 1365	3
1062*	150	1127	17	1209 à 1210	28	1284	8	1366 à 1367*	30
1063	160	1128	30	1211	13	1285*	6	1368 à 1369	2
1064	55	1129	20	1212 à 1214	42	1286	6	1370 à 1372	3
1065	50	1130	44	1215*	11	1287	7	1373	2
1066	35	1131	45	1216	14	1288	9	1374 à 1375	2
1067	250	1132	35	1217	335	1289	6	1376 à 1378	5
1068*	23	1133*	15	1218*	14	1290 à 1292	10	1379 à 1384	9
1069	22	1134*	12	1219	15	1293 à 1295	10	1385	3
1070	20	1135*	10	1220*	13	1296 à 1297		1386 à 1388	3
1071 à 1073*	50	1136	14	1221	16	1298		1389	
1074*	16	1137	14	1222	28	1299 à 1300*	1	1390	1
1075	18	1138	18	1223 à 1225*	13	1301	2	1391	2
1076*	14	1139	12	1226	3	1302 à 1303	2	1392	2
1077 à 1080*	61	1140*	10	1227	1	1304 à 1305	3	1393	1
1081 à 1086*	89	1141*	12	1228 à 1231	3	1306*	1	1394	30
1087	60	1142	15	1232 à 1233*	2	1307	1	1395	4
1088	55	1143*	72	1234		1308 à 1312*	2	1396	8
1089*	45	1144	97	1235 à 1239	3	1313	41	1397	2
1090*	50	1145*	36	1240	95	1314	83	1398	23
1091*	48	1146	70	1241	17	1315*	6	1399	16
1093*	21	1147	25	1242*	14	1316*	2	1400*	3
1094	24	1148	78	1243	1	1316 bis	25	1401	26
1095	25	1149	50	1244 à 1247*	3	1317*	6	1402*	3
1096	24	1150	110	1248	1	1318	10	1403	2
1097	20	1151*	2	1249	1	1319	26	1404	16
1098*	18	1152 à 1158*	7	1250	3	1320	32	1405	3
1099*	23	1159	2	1251 à 1252*	3	1321	13	1406	2
1100	20	1160 à 1161	3	1253	1	1322	12	1407	16
1101	20	1162 à 1168	8	1254	1	1323*	12	1408*	3
1102*	17	1169 à 1172	4	1255	1	1324	8	1409*	2
1103*	16	1173	5	1256 à 1257	1	1325 à 1327	22	1410	4
1104*	17	1174	5	1258	6	1328	7	1411	16
1105*	20	1175 à 1177	3	1259*	70	1329*	6	1412	3
1106*	21	1178	3	1260	25	1330	4	1413*	15
1107	39	1179 à 1183	15	1261	45	1331*	4	1414*	15

r